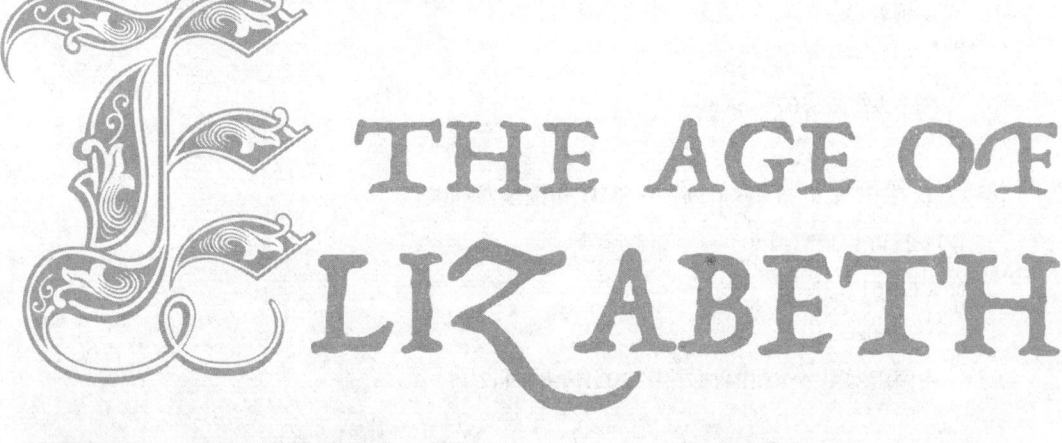

# 伊丽莎白一世时代
## 1558~1603

决定英国400年国运的关键45年

[英]曼德尔·克雷顿 著 游莹 译

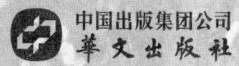

中国出版集团公司
华文出版社

图书在版编目（CIP）数据

伊丽莎白一世时代：1558—1603 /（英）曼德尔·克雷顿著；游莹译. -- 北京：华文出版社，2021.3
（华文全球史）
ISBN 978-7-5075-5438-0

Ⅰ.①伊… Ⅱ.①曼… ②游… Ⅲ.①伊丽莎白一世(ElizabethⅠ 1533-1603)—生平事迹 Ⅳ.
①K835.617=33

中国版本图书馆CIP数据核字(2021)第008442号

## 伊丽莎白一世时代：1558—1603

作　　者：[英]曼德尔·克雷顿
译　　者：游莹
选题策划：盛世意章
插图供应：029-85504182
责任编辑：景洋子　魏丹丹
出版发行：华文出版社
社　　址：北京市西城区广外大街305号8区2号楼
邮政编码：100055
网　　址：http://www.hwcbs.com.cn
电　　话：总编室010—58336239
　　　　　发行部010—58336212
经　　销：新华书店
印　　刷：三河市燕春印务有限公司
开　　本：710×1000　1/16
印　　张：32
字　　数：366千字
版　　次：2021年3月第1版
印　　次：2021年3月第1次印刷
标准书号：ISBN 978-7-5075-5438-0
定　　价：125.00元

版权所有　侵权必究

# 出版前言

随着中国开放的大门越开越大,关注世界各国尤其是西方国家文明的源流、发展和未来已经成为当下世界史研究的一个热点。为了成系统地推出一套强调"史源性"且在现有世界史出版物中具有拾遗补阙价值的作品,我们经过认真论证,推出了"华文全球史"系列,首次出版约一百个品种。

"华文全球史"系列从书目选择到译者的确定,从书稿中图片的采用到人名地名的规范,都有比较严格的遴选规定、编审要求和成稿检查,目的就是要奉献给读者一套具有学术性、权威性和高质量的世界史系列图书。

书目的选择。本系列图书重视世界史学科建设,视角宽阔,层级明晰,数量均衡,有所突出。计划出版的"华文全球史"中,既有通史,也有专题史,还有回忆录,基本上是世界历史著作中的上乘之作,填补了国内同类作品出版的空白。

人名地名规范。本系列图书中人名地名,翻译规范,重视专业性。在人名翻译方面,我们坚持"姓名皆全"的原则,加大考据力度,从而实现了有姓必有名,有名必有姓,方便了读者的使用。在注释方面,书中既有原书注,完整地保留了原著中的注释;也有译者注,体现了译者的研究性成果。

书中的插图。本系列图书的一个重要特点是书中都有功能性插图,这些插图全方位、多层次、宽视角反映当时重大历史事件,或与事件的场景密切相关,涉及政治、军事、经济、社会、外交、人物、地理、民俗、生活等方面的绘画作品与摄影作品。功能性插图与文字结合，赋予文字视觉的艺术，丰富了文字的内涵。

译者的确定。本系列图书的翻译主要凭借的是一个以大学教师为主的翻译团队，团队中不乏知名教授和相关领域的资深人士。他们治学严谨，译笔优美，为确保质量奉献良多。

"华文全球史"系列作为一套具有较高学术价值的优秀的世界历史丛书，对增加读者的知识，开阔读者的视野，具有积极的意义。同时要看到，一方面很多西方历史学家的观点符合事实，另一方面不少西方历史学家的观点是错误的，对于这些，我们希望读者不要不加分析地全盘接受或全盘否定，而是要批判地吸收外国文化中有益的东西。

华文出版社<br>2019年8月

# 序 言

我撰写此书的目的是详尽描述自己知道的当代欧洲历史中关于伊丽莎白女王时代的内容。为此,我必须极力浓缩历史内容。我虽已尽力保留历史事件的原貌,但未奢望能够万无一失。

叙述英国历史的同时,我将在多处穿插欧洲历史,因为我认为,在读者读来,这样的内容安排会十分耐人寻味。在书中,我将政治历史的重要性放在首位,只会在英格兰王国历史部分提及英格兰社会史和文学史。

德国历史学家利奥波德·冯·兰克一直是我研究都铎王朝历史的领路人。他对16世纪和17世纪的历史可谓如数家珍。在《英国史》中,利奥波德·冯·兰克清晰、生动、简明地描述了伊丽莎白女王时代。同时,《英国史》也囊括了他国相关政治事件。在《宗教改革时期的德意志史》中,利奥波德·冯·兰克已详尽描述神圣罗马帝国的宗教改革及其政治影响。他的《教皇史》阐述了宗教改革对天主教的影响、天主教改革的过程及宗教改革中新教的措施。在《法国史》中,利奥波德·冯·兰克呈现了宗教改革对法兰西君主制的影响。最后,我还要介绍利奥波德·冯·兰克的一本小书——《欧洲南部的首领及人民》。《欧洲南部的首领及人民》原先作为系列丛书的第一卷出版,该系列第二卷为《教

利奥波德·冯·兰克

皇史》。利奥波德·冯·兰克的《欧洲南部的首领及人民》详细解读了卡洛斯一世①和腓力二世时期西班牙君主制度的形成。

利奥波德·冯·兰克的上述著作,是我们了解伊丽莎白女王时代的主要信息来源。这些著作以严谨的当代史料研究为基础,重点研究威尼斯派驻各国大使的信。可以说,专门研究伊丽莎白女王时代的学者,如果要查阅这段历史的相关信息,以上作品必为首选。

此外,亚伯拉罕·海沃德的《爱德华六世传》、托马斯·古德温的《玛丽女王传》及威廉·卡姆登的《伊丽莎白女王时代》,都是研究英国历史的权威著

---

① 在神圣罗马帝国为查理五世。——译者注

作。詹姆斯·安东尼·弗劳德先生的《英格兰史》主要描述爱德华六世和玛丽一世的统治。詹姆斯·安东尼·弗劳德的研究中有不少线索，能够帮助我们解读伊丽莎白一世的政绩及性格。约翰·洛斯罗普·莫特利的《荷兰共和国的崛起》及《尼德兰七省联合共和国史》详细叙述了尼德兰的起义，刻画了伊丽莎白一世政府的典型特征。

想了解英国历史，亨利·哈勒姆的巨著《宪政史》不可或缺。谈及教会历史，约翰·斯特赖普的《宗教改革年鉴》及《坎特伯雷大主教马修·帕克传》也是重要的参考资料。

英国社会史方面，重要参考文献包括约翰·尼克尔斯的《伊丽莎白女王时期的出巡与公众游行》与约翰·斯托的《伦敦调查》，以及收录在《霍林谢德编年史》卷首、由威廉·哈里森编著的《伊丽莎白女王时代的英格兰王国》。内森·德雷克的著述《莎士比亚及其时代》涵盖了当代众多作家极具参考价值的言论。关于伊丽莎白一世的宫廷生活和个人品德，约翰·哈林顿的《古代诗歌散文论集》和罗伯特·农顿的《伊丽莎白女王晚年故事》都有许多有趣的描述。此外，在《伊丽莎白女王宫廷回忆录》中，露西·艾金也收集了许多凸显伊丽莎白一世性格的奇闻逸事。

欲知伊丽莎白女王统治时期的英格兰王国贸易史，可参考戴维·麦克弗森的《商业年鉴》。亨利·福克斯·伯恩先生的《都铎王朝时期的英格兰航海家》也清晰阐释了英格兰王国在这段历史时期的各种地理发现。

文学史方面，我将英国文学发展和伊丽莎白一世执政时期的大事件联系在一起，以此说明这些大事件对国家各类活动的重要影响。年轻学者如果不再阅读未曾涉猎的文学史和文学评论，转而阅读上述著作，必定受益匪浅。

自撰写此书时起，在描述伊丽莎白女王时代社会史部分，我全程参照约翰·理查德·格林先生的《英格兰人民简史》。此书用大量篇幅描写了伊丽莎白一世执政时期英格兰王国的社会史及文学史。因此，编写第一稿时，但凡运笔到这两方面的内容，我都会先行查阅《英格兰人民简史》中的相关详细信息。

## 各国君主及教皇统治编年表

| 英格兰王国 | 法兰西王国 | 神圣罗马帝国 | 西班牙王国 | 教皇 | 苏格兰王国 |
|---|---|---|---|---|---|
| 爱德华六世<br>（1547—1553）<br>玛丽一世<br>（1553—1558）<br>伊丽莎白一世<br>（1558—1603） | 亨利二世<br>（1547—1559）<br>弗朗索瓦二世<br>（1559）<br>查理九世<br>（1560—1574）<br>亨利三世<br>（1574—1589）<br>亨利四世<br>（1589—1609） | 查理五世<br>（1519—1556） | 卡洛斯一世<br>（1516—1556）<br>腓力二世<br>（1556—1598）<br>腓力三世<br>（1598—1621） | 保罗三世<br>（1534-1550）<br>尤利乌斯三世<br>（1550—1555）<br>马塞勒斯二世<br>（1555—1559）<br>庇护四世<br>（1559—1565）<br>庇护五世<br>（1566—1572）<br>格列高利十二世<br>（1572—1585）<br>西克斯图斯五世<br>（1585—1590）<br>乌尔班七世<br>（1590）<br>格列高利十四世<br>（1590—1591）<br>英诺森九世<br>（1591）<br>克莱门特八世<br>（1592—1605） | 苏格兰女王玛丽<br>（1542—1567）<br>詹姆斯六世<br>（1567—1625） |

# 目 录

001 **第1章**
宗教改革概述

009 **第2章**
神圣罗马帝国的宗教和解

025 **第3章**
英格兰王国的宗教改革（1547—1553）

057 **第4章**
英格兰天主教的行动（1553—1555）

083 **第5章**
法兰西王国、西班牙王国与教皇制度（1555—1558）

097 **第6章**
英格兰宗教纠纷的平息

| | | |
|---|---|---|
| 111 | 第 7 章 | |
| | 法兰西王国和苏格兰王国的宗教改革（1540—1560） | |
| 137 | 第 8 章 | |
| | 苏格兰女王玛丽 | |
| 173 | 第 9 章 | |
| | 西班牙王国的专制制度 | |
| 181 | 第 10 章 | |
| | 尼德兰革命 | |
| 205 | 第 11 章 | |
| | 费尔南多·阿尔瓦雷斯·德·托莱多的政策及其后果 | |
| 223 | 第 12 章 | |
| | 天主教与新教之争（1570—1572） | |
| 239 | 第 13 章 | |
| | 圣巴塞洛缪大屠杀 | |

| | |
|---|---|
| 261 | **第 14 章**<br>伊丽莎白一世与英格兰王国国内事务 |
| 275 | **第 15 章**<br>伊丽莎白一世的政府及大臣 |
| 297 | **第 16 章**<br>尼德兰的抗争（1576—1583） |
| 321 | **第 17 章**<br>耶稣会信徒的反抗 |
| 339 | **第 18 章**<br>西班牙王国与天主教联盟 |
| 355 | **第 19 章**<br>西班牙无敌舰队 |
| 381 | **第 20 章**<br>英格兰王国反击西班牙王国 |

| | | |
|---|---|---|
| 407 | **第 21 章** | |
| | 伊丽莎白一世统治时期的英格兰人的生活 | |

| | | |
|---|---|---|
| 421 | **第 22 章** | |
| | 伊丽莎白一世时期的文学 | |

| | | |
|---|---|---|
| 455 | **第 23 章** | |
| | 伊丽莎白一世的晚年岁月 | |

| | |
|---|---|
| 475 | **译名对照表** |

# 第1章
# 宗教改革概述

**精彩看点**

宗教改革——宗教改革的缘由——宗教改革的意义——宗教改革引发的各种问题——政治与宗教相互交织——16世纪的历史要点——16世纪中期的欧洲宗教

宗教改革时期，欧洲的总体状况发生了巨大的改变。起初，这次改变只是缓缓露出苗头，但不久后，其进展愈加明显，逐渐被世人熟知。欧洲各国人民获得新知识。社会各界新思潮呈现出百花齐放的态势。君士坦丁堡陷落之后，许多希腊文作品和古希腊文学著作流入欧洲。欧洲人重新认识了过去许多杰出的拉丁文作家，开始如饥似渴地阅读拉丁文作品。由此，"新世界"①的发现拓展了人们对周遭事物的认知，向世人敞开思考和探索的大门，使全欧洲的民族情感愈加蓬勃。与此同时，在欧洲众多强大统治者的治理下，欧洲各国民族情绪愈加高涨。

在上述状况下，人们开始追求更世俗的利益。旧式教会体制已无法同中世纪时一样，能够完全满足人民的生活需求。欧洲的改革精神逐渐演变为殖民精神，这更明显地体现出欧洲的剧变。改革精神与殖民精神都建立在欧洲人热爱冒险的秉性之上。如果受到教会思想的引导，改革精神和殖民精神将引发改革运动。而如果受到民族情感引导，这两种精神就会诱发殖民活动。发现脱离教会体制可以获得更多利益后，大众开始大肆抨击教会组织及其活动模式。人们认为，不应让人服从教会体制，而应让教会体制服务于人。于是，社会各界开始要求改变社会现状。

---

① "新世界"，即新大陆，15世纪末，欧洲人发现美洲大陆及邻近群岛，于是称这片新土地为"新世界"。——译者注

伊拉斯谟

但如果不先解决宗教问题,其他事业都不可能有任何进展。所有希望改善现状的人都发现,必须先以某种形式从宗教下手实施变革。改革者如果都像伊拉斯谟一样,是希望让人们变得更富有智慧的学者,就会很快发现,当时的宗教状况会成为改革的拦路虎。改革者如果是像查理五世一样的政客,就会很快认识到,在应对各种事件的过程中,宗教问题永远是首要问题。

总有人出于不良动机,或者出于真心热爱伴随自己成长的礼拜形式,选择坚持旧制度。但仍有人希望在保持原有宗教体制的基础上,对旧体制稍加改变。旧体制拥护者认为，教会统治永远正确，并且不可或缺。但在发展过程中，教会体制已经出现偏差，亟待改良。宗教改革支持者声称，《圣经》中没有任何文字表明现存的教会体制拥有绝对权威。因此，他们希望全盘改革教会体制。随着事态的发展，人们必须选择加入其中一个阵营。大家的想法无非只有两种，即"人只有通过教会才能与上帝沟通"，或者"上帝只会接纳虔诚向主求助的信徒"。这就是天主教教徒和新教教徒信仰的大致区别。

因此，宗教自然而然成为新制度和旧制度交锋的战场。这场交战导致宗教领域发生了巨变，也不可避免地引发了某种政治变革与社会变革。这是因为人民一旦改变信仰，就意味着脱离现存的天主教。原本天主教团体由教皇统治。教皇会团结不同教区的天主教机构，确保信奉基督教的王国在教会事务上保持统一意见。信仰一旦发生变化，必定会有人反对教皇的权威。

无论在何种情况下，宗教改革都极难实现。已习惯在平民政府统治下生活的人民一般不可能全体同时接受宗教变革。对宗教改革将会在不同层面产生何种结果，人们持有不同意见。旧教会体制触及日常生活非常基础的层面，会影响人民生活的方方面面。因此，针对宗教改革和其他严峻事态，信奉基督教的国家就宗教信仰或崇拜仪式等问题产生意见分歧。信奉基督教的国家众多，它们究竟要信仰旧教还是新教，又会不会追求世俗利益？神职人员究竟该被看作普通人，还是让人获得救赎的唯一媒介？神职人员是否可以结婚？这些问题都应该以某种方式得到解答。坚持旧教条的人，绝对无法心平气和地容忍他们敬畏的一切遭到冷落。他们不仅会坚守旧教条，还必须保证将旧制度传承到下一代。同样，信奉新教条的群体认为，必须将自身信仰发扬光大，想尽一切方法把迷信思想斩草除根。这些水火不容的观念，只会催生更多纠纷和矛盾。

由此可见，宗教改革已使教会国家出现分裂，而这种分裂的程度取决于新教势力与天主教势力的平衡程度。

然而，问题远不止如此。宗教改革除了会影响各国内部环境，还极大影响着国际关系。在旧制度之下，基督教国家是统一的整体，如今却分崩离析。人们从前认为，神圣罗马帝国皇帝是基督教国家的领袖。宗教改革时期，人民希望神圣罗马帝国皇帝能尽量让基督教国家重归统一。目前，除各种已知因素之外，宗教分歧也是导致欧洲各国争论不休的一大原因。

宗教改革使政治与宗教开始交融。在各个信奉基督教的国家内部，新教与天主教明争暗斗。同时，在很大程度上，各国之间的关系受到宗教问题影响。新教开始尝试做出非常简单的改变，即依照更具有理性和道德的规定来敬拜上帝。这种尝试虽然看似毫无害处，但会让实施变革的国家政府发生翻天覆地的变化。同时，欧洲一切政治关系也将因宗教改革产生巨大变化。

因为欧洲各国之间的利益关系错综复杂，所以几乎不可能温和地变革。各国只有经历过内部斗争，才能选定未来阵营。也只有在经历激烈冲突后，欧洲才能建立新的政治制度。16世纪上半叶，人们都在努力探究宗教改革的起因，探讨各国制定宗教新规的过程。16世纪下半叶，人们开始关注宗教运动深入各国后的政治影响。可见，宗教运动的政治结果有两个：一是影响单个国家，二是影响欧洲整体。因此，我们必须时刻牢记以下两条主线：一是欧洲各国的内部矛盾决定了每个国家的宗教立场；二是宗教改革使整个欧洲发生政治关系变化。

当然，这两条主线不可能彼此独立。但我们如果能够谨记这两条主线，就能更容易理解当时的社会状况，厘清各种重大事件的起因。

16世纪中期，北欧很多地方发生了挑战教皇保罗三世权威的起义。其中，挪威王国、丹麦王国和瑞典王国都已接受新教教义。但英格兰国王亨利八世不愿大幅改动宗教教义。当时，英格兰王国已不再服从教皇保罗三世的统治。神圣罗马帝国内部诸国已分立为新教和天主教。在神圣罗马帝国北部，新教占据上风；在神圣罗马帝国南部，天主教至高无上。瑞士邦联各行政区也分立为新教和天主教，但瑞士新教教徒与神圣罗马帝国新教教徒的政见并不一致。法兰西王国、苏格兰王国和尼德兰都已涌现新教教徒。但在这些国家，新教并未取得任何重要发展。

教皇保罗三世

我们必须探究以下国家的宗教改革情况。

一、神圣罗马帝国：暂时容忍宗教改革引发的纷乱。

二、英格兰王国：已确定要反抗罗马教皇。新教观念是英格兰王国实现政治自由的必要条件。

三、苏格兰王国：人民以迅雷不及掩耳之势摆脱天主教统治，并且改变了原先的政治观念，开始接受国内新的宗教环境。

四、尼德兰：新教催生民众对自由的渴望，并且在旷日持久的反西班牙王国战争中，为尼德兰人民提供帮助。

五、法兰西王国：宗教分歧导致长期内战。但内战最终证明，在法兰西王国，天主教的根基比新教更加深厚。

除欧洲各国的状况之外，我们还需要了解，在欧洲，新教和天主教的斗争为何逐渐集中到英格兰王国和西班牙王国。英格兰王国与西班牙王国之间的纷争使英格兰王国成为欧洲领头雁。西班牙王国虽然看似强盛，但实际已日渐衰弱。

# 第2章
# 神圣罗马帝国的宗教和解

**精彩看点**

神圣罗马帝国与宗教改革——查理五世的计划——查理五世讨伐新教——查理五世的困境——查理五世的反对派——萨克森公爵莫里斯——针对查理五世的叛乱行动——《帕绍和约》——查理五世的计划落空——1555年奥格斯堡帝国议会——宗教难题悬而未决——查理五世的希冀

神圣罗马帝国由多个小国和帝国自由城市组成。每个小国都由各自的世袭诸侯统治。除了会被神圣罗马帝国皇帝稍加管制，帝国自由城市并不受任何势力的控制。神圣罗马帝国皇帝由教皇加冕，被视为基督教世界的领袖。在神圣罗马帝国皇帝的统治下，帝国诸侯和帝国自由城市代表将齐聚在帝国议会，解决与神圣罗马帝国共同利益相关的问题。

神圣罗马帝国众多小国和帝国自由城市的多数人遵从马丁·路德的教诲，逐渐摆脱旧的罗马教会体制的束缚。当然，他们也将遭到天主教残余势力的反对。1592年，新教势力为图自保，建立施马尔卡尔登同盟，"施马尔卡尔登"是同盟建立地的地名。后来，天主教另结同盟，与施马尔卡尔登同盟分庭抗礼。自此，神圣罗马帝国分裂出两大对立阵营。

1519年，查理五世成为神圣罗马帝国皇帝。当时，查理五世如果有足够的能力，就会在新教崭露头角时出手干预，对其实施打压。然而，除了神圣罗马帝国以外，查理五世还要兼管许多其他国家，无法一心一意地关注神圣罗马帝国的状况。他是西班牙国王，需要与损害西班牙王国贸易的摩尔海盗交战。他也是历代勃艮第公爵遗产的继承人，必须与法兰西国王斗争。他还是神圣罗马帝国皇帝，要维持自己在意大利的有利地位。身为哈布斯堡王朝的领袖及信奉基

神圣罗马帝国皇帝查理五世

督教国家的领袖,面对进犯多瑙河河谷,作势要在全欧洲扩张疆域的土耳其人,查理五世还必须将他们驱逐出境。

由于需要处理上述事务,查理五世必须尽可能从神圣罗马帝国获得一切帮助。查理五世虽是神圣罗马帝国皇帝,但仍会受到小国诸侯和帝国自由城市自主权的牵制。如果想为诸多战争筹集资金、组建军队,他还必须征得小国诸侯和帝国自由城市的同意。大部分小国诸侯和许多帝国自由城市都支持宗教改革,断然不会同意查理五世采取任何与新教相悖的举措。因此,查理五世认为,当下最明智的做法是,先任由新教发展,同时向对自己心存感激、支持新教的小国诸侯求助,以完成其他政治计划。查理五世反对新教,因为他是神圣罗马帝国皇帝及天主教世界的领袖。但任由新教发展就意味着,他并不是教皇保罗三世的忠实拥护者。尽管如此,他仍然认为,某些宗教变革措施是必要的,并且希望能在行有余力时变革宗教制度。同时,只要神圣罗马帝国的宗教变革未诉诸武力,查理五世就会任其自然发展。

1544年,查理五世成功压制摩尔海盗,将更多意大利疆土收入囊中。他目睹了来势汹汹的奥斯曼人从神坛跌落。最终,神圣罗马帝国与法兰西王国握手

奥斯曼人

言和。现在,查理五世终于可以将注意力转移到神圣罗马帝国。他打算强迫教皇保罗三世召开最高宗教会议,解决天主教和新教之间的纷争。但新教教徒拒绝承认最高宗教会议的决策。因此,1546年,在教皇保罗三世的支持下,查理五世向施马尔卡尔登同盟宣战。

查理五世之所以能够获得众多新教教徒的帮助,是因为并非所有新教教徒都归属施马尔卡尔登同盟。有些新教教徒还希望,能在不抵抗王权的情况下获得宗教认同。施马尔卡尔登同盟军的主要将领有萨克森选帝侯约翰·腓特烈

萨克森选帝侯约翰·腓特烈一世

黑森伯爵腓力一世

一世和黑森伯爵腓力一世。施马尔卡尔登同盟的兵力虽然胜于查理五世，但因约翰·腓特烈一世率兵撤退而溃不成军。约翰·腓特烈一世在外作战时，他的领地被其堂弟<sup>①</sup>萨克森公爵莫里斯攻击。萨克森公爵莫里斯虽然是一个新教教徒，但加入了查理五世的阵营。施马尔卡尔登同盟军溃败后，查理五世立即逐个击破信奉新教的城市。1547年，查理五世终于击败约翰·腓特烈一世，并且俘虏了他。后来，黑森伯爵腓力一世缴械投降，同样锒铛入狱。自此，新教势力一败涂地。

---

① 约翰·腓特烈一世的祖父萨克森选帝侯欧内斯特是萨克森公爵莫里斯的祖父萨克森公爵阿尔伯特三世的哥哥。——译者注

与此同时，眼见查理五世凯旋，教皇保罗三世昼警夕惕。他曾与查理五世就意大利城镇归属权问题发生争执。教皇保罗三世担心，查理五世会以损害教皇权威的方式解决宗教问题。于是，他解散了在特伦特的最高宗教会议，因为他认为查理五世在特伦特的权力已过于强大。

查理五世开始强迫新教教徒听从最高宗教会议的命令。然而，当时，最高宗教会议已不复存在。很快，他便采取了与亨利八世的计策十分相似的计划。

亨利八世

漫画《奥格斯堡临时敕令》

1548年，查理五世颁布《奥格斯堡临时敕令》，对旧教会制度做出若干改动，并且对几个问题宽限处理。制度变革后的旧教会即将演变为神圣罗马帝国国教。后来，最高宗教会议继续召开，旧教会逐渐演变为神圣罗马帝国国教。

然而，在新教和天主教中，《奥格斯堡临时敕令》受尽白眼。在新教教徒看来，和罗马教廷一样，《奥格斯堡临时敕令》一无是处。在天主教教徒看来，该敕令是在恣意干涉宗教事务。此外，查理五世强迫人民服从命令，又在国内豢养外国军队，这极大打击了神圣罗马帝国的民族情绪。同时，由于约翰·腓特烈一世和黑森伯爵腓力一世被囚，神圣罗马帝国诸侯愤愤不平。因为囚禁这两人的做法侵害了诸侯阶层的利益，所以诸侯们都对此怨声载道。

由于曾为查理五世效力多年，萨克森公爵莫里斯后来被查理五世封为萨克森选帝侯。虽然萨克森公爵莫里斯是新教教徒，但查理五世因为希望向世人展现"治叛不治异"的形象，所以依旧愿意将萨克森公爵莫里斯纳入麾下。

一方面,萨克森公爵莫里斯归顺查理五世,也许是想要为新教争取更高的宗教认同,但眼下未能如愿。另一方面,他为查理五世效命,也有可能完全出于私心,只是为了获得萨克森公国。如今,既然得到了选帝侯头衔,萨克森选帝侯莫里斯十分清楚,只有替新教抗击查理五世,才能保住选帝侯头衔。这两种观点孰是孰非,我们很难判断,因为萨克森选帝侯莫里斯十分擅长欺天诳地,是最难捉摸的历史人物之一。1553年,萨克森选帝侯莫里斯还没来得及进一步实施计划,便猝然离世。因此,对于他心里究竟做何打算,我们根本无从判断。

萨克森选帝侯莫里斯

亨利二世

　　无论如何，萨克森选帝侯莫里斯还是制订了反对查理五世的周密计划。他意识到神圣罗马帝国的新教教徒本身并没有足够实力对抗查理五世，便与法兰西国王亨利二世结盟。当时，亨利二世刚刚即位，十分愿意通过获取痛击宿敌的功绩，为自己的统治生涯添上光彩的一笔。萨克森选帝侯莫里斯暗中制订周密的计划，打算让当初围攻马格德堡的查理五世的军队与法兰西大军结为盟军。但萨克森选帝侯莫里斯发现，自己身边的两个大臣都是查理五世的眼线。于是，他故意将这两个大臣留下，并且写下几封假信，欺瞒查理五世。一

查理五世连夜出逃

切都已准备就绪。此时,查理五世依然毫无防备,正在因斯布鲁克处理重新召开特伦特宗教会议事宜。于是,萨克森选帝侯莫里斯趁机向查理五世发起进攻。查理五世见状,只得连夜出逃,在萨克森选帝侯莫里斯赶到因斯布鲁克两个小时前,他才勉强脱身。同时,法兰西军队已进入洛林,占领了梅茨、图勒和凡尔登。查理五世风光不再,手头分文不剩,没有一兵一卒。在此情况下,如果不想让神圣罗马帝国陷入长期分裂割据的状态,查理五世必须与神圣罗马帝国的反对势力讲和。如果他有一丝犹豫,那么信奉天主教的国家便会同奥地利大公国结交,信奉新教的国家也会在法兰西王国的庇佑下自立门户。

因此,查理五世不得不违心地同意与神圣罗马帝国的新教势力讲和。1552年,在帕绍的一次会议上,萨克森选帝侯莫里斯要求查理五世对新教教徒实施宗教兼容政策。该政策必须为新教教徒自身利益而定，将来不受神圣罗马帝国议会的任何条件约束，也不需要经过教皇保罗三世批准。但查理五世不愿施行宗教兼容政策。在他看来，身为信奉基督教的国家的领袖，如果批准宗教兼容政策，便是极大的失职。只有在神圣罗马帝国议会达成一致意见后，查理五世才可以对新教实施宗教兼容政策。

显然，查理五世已经放弃维护旧制的打算。然而，他依旧坚信建立在表面统一之上的旧式政治制度。从前，查理五世曾期望统一名下众多领土，建成一大强国。为此，他预备对原有政治制度和教会制度稍做调整，但不打算抛弃这

神圣罗马帝国的双头鹰徽章

些制度的创立理念。查理五世知道如何说服西班牙王国、意大利、西西里王国和尼德兰。据一个神圣罗马帝国驻威尼斯大使说，查理五世曾以庄重的气派和广博的学识征服西班牙人，以赫赫功绩折服意大利人，还以亲切友好的态度赢得尼德兰人的好感。经过多番尝试，查理五世仍然无法猜透神圣罗马帝国人民的心思。因此，查理五世虽然在其他国家一路高歌猛进，但唯独败于神圣罗马帝国。无论是信奉新教的还是天主教的神圣罗马帝国诸侯，都十分抵触查理五世在神圣罗马帝国建立强大的中央集权政府的意图。神圣罗马帝国人民，无论是新教教徒还是天主教教徒，都无法理解为何查理五世在教会事务上要采取中立态度。在他们看来，要么保持制度不变，要么应该扩大变革范围。因此，在查理五世的计划似乎即将宣告成功之际，反对声音却愈加响亮。遭到公然反对后，查理五世必须在放弃计划和发起恶战之间做出选择。这样一来，他非常有可能同时失去尼德兰人、新教教徒和神圣罗马帝国人民的支持。

眼下，查理五世还是选择妥协。但未来的局面仍取决于他是否能够战胜法兰西王国。查理五世打算指挥军队围攻梅茨，但途中遭遇变故。寒冬来袭，查理五世部下的士兵接连在严寒中丧命。无奈之下，查理五世只得叫停围攻计划，叹息道："命运就像一个女子，对老者从来都不理不睬。"

对法兰西王国的作战失败后，查理五世别无他法，只能让步。1555年，奥格斯堡帝国议会巩固了1552年在帕绍达成的和约。1555年，各处新教教徒摩拳擦掌，想光大自己的教派。因此，神圣罗马帝国疆域内的新教与天主教都可能受到神圣罗马帝国诸侯和帝国自由城市的认同或抵制。毫无疑问，"主教民信"[①]已经成为当时普遍接受的准则。

奥格斯堡帝国议会颁布法案，使新教教徒首次在神圣罗马帝国获得合法地位。神圣罗马帝国新教教徒维护本教派权利的举措，终于得到国家无条件的承认。依照法律，任何神圣罗马帝国皇帝都不得以教派纷争为由，攻击归属

---

① 拉丁文原文为cujus regio ejus religio，意为"谁统治国家，国民就信谁的宗教"。——原注

1555年查理五世和施马尔卡尔登同盟代表在奥格斯堡帝国议会上签署和平协议

新教的诸侯，从此，新教获得法律认可。然而，当时仍有许多亟待和平解决的争端，并且许多问题无法立即和平解决。这些问题是：已加入宗教改革团体的主教及其他神职人员，他们的财产该何去何从？天主教土地持有者如果改信新教，并且结婚生子，那么其名下的天主教土地是否应该作为他用？过往被划归天主教旧派的土地，是否应该转让给新教？此外，如果目前归属教会的广大教区，往后都只能永远被天主教统治，并且永远不受新教影响，那么这对新教教徒来说是否公平？目前，对上述问题，神圣罗马帝国议会无法达成任何统一意见。但查理五世颁布一项法案后，这些问题立刻迎刃而解。法案规定，加入宗教改革团体的高级教士应一律被解除教会职务，其教会财产也应被没收。同时，神圣罗马帝国应马上选拔新人担任该职。该法案叫《教会保留原则》，由查理五世个人制定。新教教徒并不视该法案为既定法律。目前，新教和天主教都同意让一切争端平息下来。一时之间，神圣罗马帝国风平浪静，但没有人认为这种和平的状态能够长久。16世纪末，在神圣罗马帝国，宗教改革的纷争暂时停歇。但在骇人听闻的三十年战争中，宗教改革的纷争爆发得更激烈。

然而，此时，众人仍不清楚查理五世是否会接受新的和平局面。各教派暂时和睦共处的情形完全背离了查理五世想要统一名下领土的想法。因此，如果不是因为还有机会继续抵抗，查理五世也不会同意让新教与天主教讲和。但查理五世明白，神圣罗马帝国新教教徒有法兰西王国撑腰。他也很清楚，如果没有强大的后盾，他根本不是神圣罗马帝国新教教徒的对手。为了寻求盟友，查理五世将目光转移到英格兰王国。就目前来看，未来的态势取决于奥地利的西班牙政权和英格兰王国是否能够结盟。

第3章

# 英格兰王国的宗教改革
# （1547—1553）

**精彩看点**

查理五世对英格兰王国的态度——亨利八世领导的宗教改革——英格兰王国各教派的状况——爱德华六世即位——萨默赛特公爵、英格兰护国公爱德华·西摩执政时期的宗教改革——爱德华·西摩对苏格兰王国的措施——英格兰王国的各种问题——爱德华·西摩对法兰西王国的策略——爱德华·西摩失势——爱德华·西摩倒台——沃里克伯爵约翰·达德利执政——英格兰王国宗教改革进程——约翰·达德利的计谋——简·格雷——约翰·达德利黯然离世

"查理五世誓要掌握整个欧洲的控制权，但如果不镇压要求改革的新教，他完全无法达到目的。如果不能征服英格兰王国，查理五世就无法平息宗教改革的动乱。"伯利男爵威廉·塞西尔的此番评论解释了查理五世与他的儿子西班牙的腓力，即后来的腓力二世对待英格兰王国的态度。这对父子为巩固政权谋划的一切都建立在老旧的政治观念之上。在这种政治观念中，欧洲就是教皇和神圣罗马帝国皇帝统治下的各国联盟。但英格兰王国一马当先，打破了神圣罗马帝国权倾欧洲的常态。由于兹事体大，奥地利王室和西班牙王室决不能姑息英格兰王国的反叛行为。

　　在英格兰王国，反教皇运动由来已久。英格兰教会从未毫无保留地服从教皇。英格兰王国也有十分严苛的法律防止教皇侵犯本国教会的权利。英格兰国王爱德华一世和爱德华三世时期，英格兰王国以严苛的法案防止教皇侵犯本国权利。在欧洲各国普遍不满教皇保罗三世的关头，亨利八世对教皇保罗三世尤其不满。当时，英格兰王权正值顶峰，英格兰王国议会还赋予亨利八世"英格兰教会最高领导人"的头衔，并且撤销了教皇保罗三世在英格兰王国拥有的所有权力。自此，教皇保罗三世不再凌驾于英格兰教会之上。

　　亨利八世执政期间，消除教皇保罗三世的权力对英格兰王国的影响或许才是亨利八世及大部分英格兰民众的本意。亨利八世本就打算让教条保持不变，但同时要确保这些教条不受教皇保罗三世的影响。

伯利男爵威廉·塞西尔

爱德华一世

爱德华三世

随着时间的推移,英格兰教会已明显不可能完全摆脱教皇保罗三世的影响。"新学人士"①不断为宗教事务争辩,对宗教和原始习俗进行对比。在"新学人士"面前,当时留存的许多体制逐渐崩塌。目睹这一情况后,许多"新学人士"心生忧虑,并且暗忖道:"这种状况什么时候才能结束?"由于担心改革会带来更多问题,许多"新学人士"又支持原先的教皇体制,认为教皇体制比外界流传的新体制更可靠。因此,英格兰人民重拾往日信仰,决心不再随意发动起义,开始为教皇保罗三世而战。

英格兰人民的心态和"新学人士"十分相似。起初,英格兰人民似乎在一味地无视教皇保罗三世的权威。但目睹修道院被解散的惨状后,英格兰人民马上意识到,国王成为教会领导人究竟意味着什么。当初,修道院被大批解散时,许多民众拍手称快。但不久后,他们发现,自己其实没有任何理由感到高兴。修道院的土地落入更加刻薄的地主手里。政府再次开始征收百姓不愿缴纳的各种税款,国家金库似乎永远资金紧缺。看着修道院的断壁残垣,再联想到如今的日常生活,英格兰人民不禁回想起过往与修道院息息相关的庄严时刻。大多数英格兰人必然都期盼慢慢恢复旧教会制度。

然而,这批英格兰人民遭到一些虔诚的新教教徒的反对。这些新教教徒坚定地认为,旧制度下,恶性事件频发,只盼着进一步推进宗教变革,消灭旧制度的残余。

只要亨利八世在位一日,新教和天主教激进分子将一直受到镇压。此外,亨利八世还会将他自己的立场,即保留旧制和抵制教皇保罗三世强加在所有人身上。然而,晚年的亨利八世似乎也走上了深化宗教改革的道路。萨里伯爵亨利·霍华德桀骜不驯。他的父亲,即教皇派领袖托马斯·霍华德也因儿子的脾性遭到质疑。因此,亨利八世愈加倾向于推动宗教改革发展。

1547年1月28日,亨利八世驾崩。在遗嘱中,他任命了一届由十六个成员组

---

① "新学人士",即信奉新教学说的群体。——译者注

成的摄政委员会。摄政委员会成员大部分为"新学人士"。亨利八世的幼子爱德华六世成年之前,摄政委员会将主持国家的大小事务。英格兰王国宗教改革的未来走向,取决于摄政委员会成员的具体行动。

摄政委员会似乎已察觉到自身处境的艰难。风波四起时,必须要由一人的坚决意志领导整个国家。因此,摄政委员会将这一重任交给其中一个成员,即萨默赛特公爵、英格兰护国公爱德华·西摩。据说,爱德华·西摩是由亨利八世

爱德华·西摩

爱德华六世

授意获封萨默赛特公爵爵位的。身为爱德华六世的舅舅①,爱德华·西摩完全有能力维护自身利益。

作为新教首领,爱德华·西摩很快表现出宗教改革的意图。在宗教改革过程中,爱德华·西摩获得了坎特伯雷大主教托马斯·克兰默的帮助。亨利八世执政晚期,托马斯·克兰默受神圣罗马帝国改革家的影响,形成了逐渐成熟的

---

① 爱德华·西摩是爱德华六世的母亲简·西摩的哥哥。——译者注

改革思想。爱德华·西摩和托马斯·克兰默马上通力合作,让英格兰王国成为遵循新教教条管理教会的国家。

宗教改革初期,英格兰王国先是启动了全国大巡察。巡察委员被派到各个教区,检查教会工作的进展是否正常。所有神职人员都收到了一本由托马斯·克兰默编撰的布道书和经过伊拉斯谟释义的《新约全书》,并且必须在教堂中诵读这两本书。《公祷书》出版后,教会事务得到了简化和统一。《公祷书》由托马斯·克兰默对旧祈祷书做出改动后编撰而成。如今,英格兰人民仍

托马斯·克兰默

将《公祷书》视为爱德华六世时期的第一本祈祷书。《公祷书》出版后又经过多番修改和内容增补。此书的1662年修订本更是广为流传。托马斯·克兰默的《公祷书》与英格兰教会如今使用的《公祷书》内容依旧一致。《公祷书》发布的三个世纪后，即19世纪，人们依旧对它心怀依恋和敬畏。这足以证明，托马斯·克兰默的克制思想和个人智慧一直都为世人称道。从各方面来看，英格兰王国的旧制度大厦行将倒塌已有迹可循。比如说，在大斋节期间，托马斯·克兰默公然吃起了肉；各教堂内的圣像被拆毁；英格兰王国议会已通过一项法案，允许神职人员结婚。新制度的目标，就是要用《圣经》取代惯例，成为人们的信仰根基。

上述宗教改革措施，得到了英格兰多数有识之士的赞许，在伦敦及许多大型城镇也都颇得人心。但从全国范围来看，这些措施都是在未经大部分人同意的情况下通过的。因此，到处有不满的情绪在悄然发酵。爱德华·西摩也只有在顺利管理其他事务的情况下，才有可能为自己的宗教改革措施打下坚实基础。下面，让我们一同探讨爱德华·西摩是如何在其他计划中取得成功的。

爱德华·西摩先是转移目标，试图使苏格兰王国和英格兰王国结为联盟。英格兰国王亨利七世和亨利八世都曾试图与苏格兰王国联手，因为他们都清楚，只要苏格兰王国与英格兰王国为敌，时刻打算伺机而动、乘人之危，那么英格兰王国就不可能在欧洲维持独立状态。1542年，苏格兰国王詹姆斯五世驾崩，留下襁褓中的女儿玛丽·斯图亚特继承苏格兰王位。亨利八世曾努力撮合玛丽·斯图亚特和他的儿子爱德华六世，爱德华·西摩也有此意。起初，爱德华·西摩和苏格兰王室多次协商联姻。协商联姻未果后，他竟悍然出兵苏格兰王国。1547年9月10日，在距爱丁堡不远的平基，英格兰军队和苏格兰军队交战。在平基战役中，苏格兰军队大败，损失惨重。然而，爱德华·西摩无暇乘胜追击，急需赶回英格兰王国主持大局。因此，爱德华·西摩返回英格兰王国，最后未能收服苏格兰王国。

两国交战后，在英格兰王国，战功赫赫的爱德华·西摩一时风头无两。但

平基战役

这时,他开始对早已不堪重负的英格兰人民课以重税。此外,由于爱德华·西摩已在苏格兰人心中埋下了仇恨的种子,苏格兰人义无反顾地投入了老盟友法兰西王国的怀抱。苏格兰王国的众多领主决定,让年幼的苏格兰女王玛丽和法兰西王太子弗朗索瓦结婚,从而让苏格兰王国和法兰西王国结成唇齿相依的联盟。1548年8月,苏格兰女王玛丽被送往法兰西王国。到适婚年龄前,她都需

法兰西王国王太子弗朗索瓦

要在法兰西王国接受教育。这时,英格兰王国与苏格兰王国结盟的一切希望都已灰飞烟灭。最终,爱德华·西摩为两个王国结盟做的一切努力都适得其反。

爱德华·西摩想要促成英格兰王国和苏格兰王国联盟的计划落空了。不久,他在英格兰王国将面对更大的困难。英格兰国王亨利八世执政时期,英格兰王国已有不少经济问题。尽管没收了许多教会财产,英格兰王国仍旧债台高筑。于是,国家下令让货币贬值,以帮助英格兰政府还债。但在举国动荡不安的状况下,这个政策带来了许多灾难性后果。货币贬值后,物价被推高,这对商人并没有太大影响,因为商人如果以更高的价格购入商品,便能以更高的价格将商品卖出。但货币贬值使耕作产生巨大的变化。修道院解散风波过后,大量土地突然被转手,劳动者得不到更高的薪酬。许多大型农场转归地主个人所有。这些地主也很快意识到,将种植作物的大型农场改为牧场更容易获利,因为他们可以将英格兰羊毛高价出售到佛兰德斯。因此,大型畜牧业开始成为英格兰王国的主要农业形式。

从多方面来说,对劳动者,上述变化都有害无益。牧场如果想获利,就必须拥有足够大的规模。小地块将会用于种植作物,利润也相对较少。大型牧场增加后,小型耕作农场数量势必锐减,小农户人数也会下降。此外,牧场需要保持安静,远离喧嚣,所以牧场周边的村落必须拆毁,从而为牧场发展提供适宜的环境。与耕作农场相比,牧场需要的人手更少。因此,许多人纷纷失业,牧场劳动者的薪酬也保持在较低水平。

然而,问题远不止如此。从前,持有土地的修道院十分仁慈,没有将自身的权力行使到极致。但新的土地所有者与修道院相差甚远。他们把所有废地和公共用地围了起来,使许多家庭丧失了唯一的营生手段。

因此,我们不难理解,穷人为何会不满政府的作为,并且将自身的悲惨境况归咎于宗教改革。修道院已不复存在;人民的生活大不如前。人民盼着能恢复旧制。1549年夏,民间恢复旧制的情绪高涨,英格兰王国许多郡县的农民陆续揭竿而起。起初,暴动很快得到平息。但一系列暴动令爱德华·西摩警醒——他开始察觉到让农民怨声四起的各种乱象。尽管如此,他并不愿看到农民阶层反对新教的局面。因此,爱德华·西摩命各地方长官深入了解民情,并且命人拆除了公共用地的围墙。此举触怒了拥有土地所有权的贵族阶层,导致受人怂恿的农民开始向罪恶昭彰的贵族追偿。之后,起义愈演愈烈,诺福克郡尤甚。在罗伯特·凯特的领导下,诺福克起义军队伍日益壮大。后来,沃里克伯爵

罗伯特·凯特领导下的起义军队伍

安布罗斯·达德利

安布罗斯·达德利率领一支大部分由神圣罗马帝国雇佣兵组成的部队镇压起义。终于,经过一番鏖战后,安布罗斯·达德利成功平定起义。

在处理土地问题时,爱德华·西摩的所作所为促使英格兰土地所有者站到了他的对立面。至于被他激怒的农民阶层,最终也被镇压。爱德华·西摩对法兰西王国的政策与当初对付苏格兰王国的政策一样,结果是竹篮打水一场空。他认为,英格兰王国必须与法兰西王国讲和,即使要以让出布洛涅为代价,也在所不惜。这里要补充一句:亨利八世执政时,英格兰王国曾从法兰西王国手中夺走了布洛涅。直到今天,这一功绩都让英格兰人十分得意。然而,爱德华·西摩的计划并不受待见,所以他不敢轻举妄动。眼见英格兰王国内乱迭起,对查理五世毫不忌惮的法兰西王国在忙于对付神圣罗马帝国的同时,还于1549年8月往布洛涅派驻了一支庞大的军队。显然,布洛涅很快便会回到法兰西王国的怀抱,因为爱德华·西摩手下兵力不足,在战场上根本不是法兰西军队的对手。

除了上述各种困境,爱德华·西摩也已人心尽失。他处死了自己的亲弟弟托马斯·西摩。爱德华·西摩的举动无论多么大义灭亲,都让全英格兰人民

托马斯·西摩

凯瑟琳·帕尔

十分震惊。毫无疑问,托马斯·西摩身为海军大臣,一直都渴望取代兄长爱德华·西摩在英格兰的地位。这个时代,众人皆因地位和权力而野心勃发、极尽盘算之能事。为攀附权贵,同样胸有城府的托马斯·西摩仓促迎娶了亨利八世的遗孀凯瑟琳·帕尔。凯瑟琳·帕尔去世后,托马斯·西摩又打起了亨利八世之女伊丽莎白·都铎①的主意。托马斯·西摩曾尝试离间年幼的爱德华六世与爱德华·西摩,并借机获得爱德华六世的信任。托马斯·西摩也招兵买马,预备

---

① 即位后为伊丽莎白一世。——译者注

向爱德华·西摩公然叫板,还将假币纳入国库,导致英格兰政府财政吃紧。后来,托马斯·西摩因上述种种罪名受到指控。1549年,他被送上断头台。自此,爱德华·西摩再除一个对手,但遭到异常强烈的反对。人们认为,一个人即使野心再大,也不应以同胞的性命为牺牲品。

爱德华·西摩尽管对新教怀有真挚的热忱,但依旧渴望成就自身的事业。他行事无比骄横与傲慢。他对待爱德华六世十分严苛,并且对其施加诸多约束,自己则摆出一副像国王一样高高在上的姿态。给法兰西国王亨利二世写信时,爱德华·西摩常会以亨利二世的"兄弟"自居。他还在斯特兰德给自己打造了一座华丽的萨默塞特宫,用尽一切华贵物品,将萨默塞特宫装饰成与他高贵地位相称的模样。为了给萨默塞特宫腾出空地,他下令拆除教区的教堂,并且在各个教堂的废墟中挑砖拣瓦,用以兴建自己的宫殿。爱德

萨默塞特宫

亨利七世（中）与埃德蒙·达德利（右）等

华·西摩目中无人的态度，让他身边的人十分不满。他的一个朋友毫不避讳地给他写信说："您最近脾气愈加暴躁。无论针对何事，您的言行总与您脑中的想法不一致。"

很快，爱德华·西摩的反对势力推举出一个领导者——约翰·达德利。约翰·达德利是亨利七世执政时期的朝臣埃德蒙·达德利之子。亨利八世即位后不久，埃德蒙·达德利便在民众的欢呼声中被处刑。亨利八世总是乐于展现自己既能伏虎降龙又能选贤任能的形象。因此，约翰·达德利渐渐成了亨利八世的心腹，被封为莱尔子爵，并且成为亨利八世的遗嘱执行人之一，还被任命为枢密院成员。爱德华·西摩获封萨默赛特公爵的同时，约翰·达德利也获得了沃里克伯爵爵位。由此，约翰·达德利的权势逐渐凌驾于摄政委员会之上。同时，英格兰政府还将镇压农民起义的指挥权交给了约翰·达德利，而非爱德华·西摩。战胜起义军首领罗伯特·凯特凯旋后，约翰·达德利开始公开叫板爱德华·西摩。最终，摄政委员会与爱德华·西摩爆发争端，双方开始组建军队。爱德华·西摩发现，自己的名声已一落千丈。因此，1549年12月，爱德华·西摩被迫投降，交出护国公之位，为自己的种种恶行请求宽恕，并且主动退休。爱德华·西摩虽暂逃一死，但其势力过于强大，让对手觉得很受威胁。因此，只有彻底夺去爱德华·西摩的性命，才能保证政权的顺利更替。爱德华·西摩为再度掌权筹划，打算在伦敦号召起义，以求自保。最终，爱德华·西摩因犯下重度叛国罪，1551年被判死刑，并于1552年命丧断头台。

爱德华·西摩倒台后，约翰·达德利顺势成为英格兰政府首脑。尽管众人都不看好爱德华·西摩同法兰西王国讲和的计划，但约翰·达德利仍要被迫接手英格兰王国和法兰西王国言和的事务。当时，夺回布洛涅希望渺茫，因为英格兰王国已入不敷出，也没有一兵半卒。爱德华六世成年以前，野心勃勃的英格兰政府已将英军主要兵力投入战争。英格兰人同样活得捉襟见肘，饱受宗教纷争的侵扰。因此，1550年春，英格兰王国不得不同法兰西王国握手言和，并且因此重获布洛涅的控制权。同样疲于战争的苏格兰王国也加入了英格兰王国与法兰西王国的联盟。对亨利二世来说，如果要腾出双手帮助神圣罗马帝国新教教徒，给予查理五世沉重打击，那么和谈与结盟至关重要。

与爱德华·西摩不同，约翰·达德利并没有深厚的宗教信仰。除了对权力的渴望，他没有其他个人利益追求。起初，天主教希望约翰·达德利能够废除爱德华·西摩采取的一切针对新教的措施。但约翰·达德利也许在担心，如果真的这样做，就会再次巩固爱德华·西摩在人们心目中的领导地位。此时，年轻的爱德华六世已形成非常明确的新教观念。约翰·达德利不可能和爱德华

爱德华·西摩被送上断头台

六世发生正面冲突。毕竟,约翰·达德利曾宣誓要以国王的名义为国王的利益执政。上述局面使天主教大失所望。最终,约翰·达德利声称支持宗教改革,协助推行各种新教性质更加明显的措施。

查理五世在神圣罗马帝国取得的胜利,使许多神圣罗马帝国宗教改革领军人物被迫逃亡到他国寻求庇护。在英格兰王国,托马斯·克兰默仁慈地接纳了这些逃亡的改革人士。与神圣罗马帝国的宗教改革人士接触后,托马斯·克兰默的个人思想也愈加偏向于新教。逃往英格兰的改革家中,最负盛名的莫过于殉教者彼得·马特·韦尔米利和马丁·布策尔。两人被派往牛津大学和剑

彼得·马特·韦尔米利

桥大学教授新教理论,他们的改革思想获得了全英格兰路德派牧师的强烈赞同。英格兰的宗教改革热情受到极大鼓舞,但许多违法改革行为也由此滋生。在许多宗教事项上,人们意见不一,这十分值得警惕,因为一个国家是否团结向来都取决于宗教信仰是否统一。为统一宗教信仰,英格兰王国再次修订《公祷书》。英格兰议会也通过一项法案,规定教会必须使用《公祷书》,并且任何参与《公祷书》规定以外宗教活动的行为都将受到处罚。温彻斯特主教斯

斯蒂芬·加德纳

埃德蒙·邦纳

蒂芬·加德纳和伦敦主教埃德蒙·邦纳因参与不合规定的宗教活动而遭到怀疑，随后被剥夺主教之职，身陷牢狱。为了更明确地界定英格兰教会改革的范围，托马斯·克兰默效仿欧洲大陆的改革家，制定并颁布了《三十九条信纲》。《三十九条信纲》和《公祷书》一样，自托马斯·克兰默时起便经过诸多改动，但总体内容与颁布之初无异。

眼下，英格兰王国无疑已走上信奉新教的道路。但宗教改革带来的变化仍需假以时日才能完全深入人心。一些新教传教者野蛮的不法行为让民众十分畏惧变革的趋势。因此，政府必须出面制止过激的改革行为。如果有人控诉宗教改革人士心胸狭隘，那么我们必须知道，宗教事务并不只关乎宗教改革人士的个人观点。一定程度上来说，国家统一的维护取决于社会秩序和国家实力。

遗憾的是，爱德华六世在位时期的政治家几乎都各怀私心。许多主要神职人员把大量时间和精力花费在无关紧要的争论上。无论是改革后的教条，还是教条中体现的智慧与仁义，抑或是推崇改革的政治家的人格魅力，都无法打开无知大众的心门。爱德华六世麾下充满改革热情的杰出政治家基本都会对爱尔兰王国下手。他们打算禁止爱尔兰人使用爱尔兰语，并且规定爱尔兰人在做礼拜时只能使用英语。强制性的语言推广，正是宗教改革在爱尔兰王国无法成功的原因之一。统治者将改革措施强加在人民身上，口口声声说要加深爱尔兰民众的新教信念，却用一种爱尔兰人根本不明白的语言传播教义。

英格兰宗教改革依旧没有发展为全国性运动。政治领袖转信新教，并非出于宗教信仰，而是为了个人利益。真正接受和热情传扬新教观念的，是一大批虔诚的转信新教者。大部分英格兰人还是愿意遵守法律的，但仍对旧制心存眷恋。自旧制被废除后，旧制的坏处早已被遗忘，但人们如今已深刻感受到变革的诸多负面影响，认为是这些变革的弊端让他们的生活陷入水深火热之中。

爱德华六世孱弱的身体让改革拥护者十分惶恐。亨利八世的遗嘱规定，阿拉贡的凯瑟琳所生的公主玛丽·都铎[①]，将成为爱德华六世王位的继承人。然而，玛丽·都铎从未忘记自己的西班牙血统，也牢牢记着母亲阿拉贡的凯瑟琳遭受的不公平待遇。因此，在玛丽·都铎的心中，英格兰王国的宗教改革时刻在提醒她，从前自己失去合法继承人地位时，是多么颜面扫地。玛丽·都铎同样记得，自己还有查理五世这个表兄[②]，而查理五世在神圣罗马帝国施行的政策更让她永志不忘。由于玛丽·都铎有可能继承王位，英格兰执政党人惴惴

---

① 即位后为玛丽一世。——译者注
② 查理五世的母亲卡斯蒂尔的乔安娜是玛丽·都铎的母亲阿拉贡的凯瑟琳的姐姐。——译者注

玛丽·都铎公主

不安。执政党人知道，如果玛丽·都铎继位，他们将自身难保，其计划也会付之一炬。

爱德华六世的身体每况愈下，明显命不久矣。因此，约翰·达德利制订了一项新的计划来改变王位继承规则，使情况对自己和新教更有利。爱德华六世深信，自己有责任在天主教即将卷土重来之际，救国家于危难之中。有人告诉爱德华六世，依照亨利八世的遗嘱，他有权像父亲一样确定继任者。但爱德华六世忘了，父亲亨利八世确定继承人的权利，是议会法案赋予的。确信自己有权选定继承人后，爱德华六世便立即像亨利八世一样意志坚定。他严厉、专横的命令，扫除了法官们一切法律上的顾虑。出于道德考虑，托马斯·克兰默即使对爱德华六世的举措有诸多疑虑，也不得不在这位意志坚定的年轻国王面前低头。年纪轻轻却命不久矣的爱德华六世用自己无力的双手，画出一幅新制度的蓝图，保证只允许信奉新教的女王统治未来的英格兰王国。

爱德华六世表示，亨利七世的女儿玛丽·都铎和伊丽莎白·都铎都并非合法的王位继承人。根据亨利八世的遗嘱，他妹妹玛丽·都铎一脉比他姐姐玛

玛丽·都铎

玛格丽特·都铎

格丽特·都铎一脉更有继承王位的资格。[①]玛丽·都铎的大女儿弗朗西丝·格雷嫁给了萨福克公爵亨利·格雷。萨福克公爵夫妇的长女简·格雷嫁给了爱德华六世指定的王位继承人,即约翰·达德利的儿子吉尔福德·达德利勋爵。约翰·达德利盼望着伦敦的新教舆情能够成为儿子吉尔福德·达德利继承王位的后盾,希望不断通过联姻加强家族内部的联系。同时,约翰·达德利也相信,法兰西王国会协助自己阻止查理五世的表妹玛丽·都铎继承王位。

---

① 玛丽·都铎嫁给萨福克伯爵查尔斯·布兰登,玛格丽特·都铎嫁给了苏格兰国王詹姆斯四世。——原注

1553年7月6日，年仅十五岁的爱德华六世驾崩，英格兰王国宣布简·格雷为新任女王。但英格兰人民对继承人的变更感到十分诧异，只能默默接受简·格雷登上女王之位的现实。英格兰人民素来尊崇法律，也暂未因宗教纷争产生强烈的派别观念，所以并未开始采取过激的暴力措施。约翰·达德利很快发现，要让民众全力支持自己，完全是痴心妄想。此外，他并没有抓获玛丽·都铎。玛丽·都铎已逃往挪威，并且成为挪威女王，被称为玛丽一世。许多被流放的勋爵也逃到挪威，投奔玛丽一世。祸不单行，约翰·达德利已和他自己选定的女王简·格雷产生龃龉。简·格雷虽然年仅十六岁，但远比同龄人聪慧，对

简·格雷

第 3 章 英格兰王国的宗教改革（1547—1553）　053

自身政治事务有着极高的责任感。听闻自己即将成为女王时,简·格雷立马惊喜又恳切地祈祷,希望上帝能赐予她力量,让她行使王权,为国家谋福祉。约翰·达德利发现,他无法让简·格雷成为自己的傀儡。这时,单纯为谋私利与约翰·达德利联手的人认为,约翰·达德利日后即使继位为王,也无法绝对控制王权。于是,这群乌合之众便开始散去。

至此,约翰·达德利的计谋全盘落空。尽管如此,他仍然继续起兵攻打玛丽一世,但麾下的将士让他大失所望。最后,约翰·达德利心灰意冷,泪流满面地在剑桥宣布玛丽一世为英格兰女王。众望所归之下,玛丽一世进入伦敦。遭

玛丽一世进入伦敦

伦敦塔中的简·格雷

到废黜的简·格雷被关入伦敦塔。约翰·达德利由于被控犯下严重叛国罪，最终被处以斩刑。在断头台上，他对人民表示，他是为旧教复兴大业而死。纵有再大的野心，约翰·达德利最后也只能屈从于近年来的宗教改革。尽管如此，人们不再可能对他抱有任何怜悯之心，因为他一生中，除了拼尽全力追求个人利益，没有任何正面作为。计划更换王位继承人时，他轻虑浅谋，漏洞百出。约翰·达德利总是做尽蝇营狗苟之事，一辈子与宗教对立，个性虚伪而懦弱，最终成为宗教改革的拦路虎。爱德华六世在位时期，约翰·达德利之流全盘掌控着英格兰王国的政务。正因如此，新教才无法在英格兰王国更深入人心，以致英格兰王国日后波澜四起。

# 第4章

# 英格兰天主教的行动
# (1553—1555)

**精彩看点**

玛丽一世和查理五世——查理五世向玛丽一世提议——英格兰宗教改革——斯蒂芬·加德纳被封为大法官——天主教复辟——玛丽一世的联姻计划——小托马斯·怀亚特起义——玛丽一世与西班牙的腓力成婚——西班牙的腓力的英格兰岁月——恢复教皇权威——雷吉纳尔德·波尔重返英格兰——宗教迫害——被剥夺的天主教领地——玛丽一世的政府

玛丽一世继承英格兰王位时，查理五世正试图壮大实力，与法兰西王国抗衡，以求再度成为神圣罗马帝国的霸主。作为查理五世的表妹，玛丽一世自幼便对查理五世的智慧和他拥有的权力满怀崇敬。爱德华六世执政时期，查理五世一直插手英格兰王国内政，为当时还是公主的玛丽一世谋权，让她依照罗马习俗主持弥撒。但按照法律，爱德华六世急欲停止举办弥撒。玛丽一世继承大统后发现，没有一个朋友值得她完全信任。玛丽一世对天主教极度虔诚，并且满心希望在英格兰复辟天主教。为此，玛丽一世开始竭力向查理五世求助，坚信睿智的表兄能够带领她走向成功。

查理五世的许多手段和亨利八世十分相似。他不打算变更任何天主教教义或教规，但想镇压天主教一些恶迹昭彰的暴行，也希望把教皇保罗三世的权力置于自身权力之下。从玛丽一世和查理五世之子腓力二世身上，我们都能看到他们父辈艰苦斗争的结果。玛丽一世和腓力二世的思想都非常片面，性格也都十分固执，并且都完全服从教皇保罗三世，倾向于采取严苛的反宗教改革措施。因此，玛丽一世和腓力二世不可能成功实行宗教改革。在许多琐事上，玛丽一世十分谨慎。比如说，为了等阿拉斯主教安托万·佩勒诺·德·格朗韦勒带回用于加冕仪式的圣油，玛丽一世甚至推迟了加冕典礼。她担心，英格兰王国脱离罗马教廷后，圣油就会失去功效。

西班牙的腓力

　　直到查理五世采取一系列政策缓和局势，玛丽一世才开始安心。随后，玛丽一世便打算与查理五世之子西班牙的腓力成婚，以此巩固英格兰王国和神圣罗马帝国的联盟。此后，英格兰王国也许可以通过一系列法律手段逐渐恢复旧制。查理五世已摸透英格兰人的脾性，也不会自欺欺人地认为，玛丽一世和西班牙的腓力可以一帆风顺地成婚。因此，查理五世希望玛丽一世能以保住王位为首任，警醒她不要得罪人民，从而危及王权。

然而，英格兰王国不能对宗教问题坐视不管。玛丽一世已开始按照旧例管理弥撒事务。多地也已重启旧式弥撒活动。这时，亨利八世时期被剥夺圣职的天主教神父全数官复原职，而改革派主教反被收监。听闻坎特伯雷教堂重启弥撒活动后，托马斯·克兰默公布了一封信，表达心中的悲愤之情。他认为弥撒活动"亵渎神明"，并且表示愿意向公众证明，经过革新的教义才符合《圣经》的内容。最终，托马斯·克兰默因这封信身陷囹圄。托马斯·克兰默入狱后不久，伦敦主教尼古拉·里德利和伍斯特主教休·拉蒂默也被关进伦敦塔。

被囚在伦敦塔中的尼古拉·里德利

斯蒂芬·加德纳是玛丽一世的首席谋臣。亨利八世执政期间，斯蒂芬·加德纳一直被囚在伦敦塔，后来被玛丽一世释放。斯蒂芬·加德纳是最后一个保持鲜明中世纪英格兰特色的神职人员。但与神职人员相比，斯蒂芬·加德纳更像一个政客。他因宗教迫害而遭到民众厌恶，这多少有些冤枉。斯蒂芬·加德纳是彻头彻尾的英格兰人，是首批力劝亨利八世摆脱教皇权威的人之一。斯蒂芬·加德纳希望成立英格兰国教，但不愿看到宗教教义或宗教仪式发生任何改变。因此，他不赞同亨利八世执政时期的任何宗教改革，也由衷希望英格兰政府废止现行的宗教改革措施。

成为英格兰王国大法官后，每逢英格兰王国议会召开会议，斯蒂芬·加德纳都会指点玛丽一世制定政策。毫无疑问，斯蒂芬·加德纳肯定曾极力以王权利益为由，劝说议会同意玛丽一世的观点。但彼时，改革派已分崩离析。因为约翰·达德利的计划破产，改革派名声一落千丈。部分改革派人士锒铛入狱，其余人则逃到欧洲其他地方，只为安心保持自己的宗教观。基本上，英格兰大城镇中的中产阶级都支持新近的改革措施。但整体而言，英格兰人都赞同斯蒂芬·加德纳的观点，希望恢复天主教，但不愿受教皇保罗三世的摆布。

在这种情况下，难怪斯蒂芬·加德纳会认为，操纵新一届英格兰王国议会简直易如反掌。英格兰王国议会制定各种削弱玛丽一世合法地位的法案，决定重新采取亨利八世时期的各项措施。此时，《公祷书》已被废除。亨利八世执政晚期的宗教改革措施均被废止。英格兰宗教回到了亨利八世驾崩时的境况。

到目前为止，玛丽一世执政生涯仍顺风顺水。她下一步需要解决的问题，便是与西班牙的腓力成婚。查理五世非常清楚，这个联姻计划很有可能遭到人民的强烈反对。因此，他不允许教皇保罗三世再让此事复杂化。得知玛丽一世继位为女王后，查理五世马上派遣枢机主教雷吉纳尔德·波尔出任罗马驻英格兰王国的教廷使节。在英格兰王国内，有许多人希望玛丽一世嫁给雷吉纳尔德·波尔。雷吉纳尔德·波尔的母亲索尔兹伯里女伯爵玛格丽特·波尔是英格兰国王爱德华四世之弟、克拉伦斯公爵乔治·金雀花的女儿。因此，玛丽一世

玛格丽特·波尔

乔治·金雀花

如果嫁给雷吉纳尔德·波尔，就可以凭借他的家族关系攀上王室血统。亨利八世执政时期，雷吉纳尔德·波尔流亡在外。他不承认亨利八世的王权，也曾因著有一本强烈反对亨利八世离婚的书而触怒亨利八世。由于雷吉纳尔德·波尔反对亨利八世的执政计划，他的母亲索尔兹伯里女伯爵玛格丽特·波尔和多个兄弟遭到牵连，被视为叛国贼，命丧断头台。

雷吉纳尔德·波尔

伦敦塔

玛丽一世还从伦敦塔中释放了另一个候选丈夫,即德文伯爵威廉·考特尼。威廉·考特尼年轻力壮,出身高贵。他的曾祖母约克的凯瑟琳是爱德华四世的女儿。威廉·考特尼也是英格兰古老王室家族的后裔,因此备受爱戴。不过,因为威廉·考特尼品行不端,所以玛丽一世以此为由拒绝与他成婚,一心想嫁给西班牙的腓力。斯蒂芬·加德纳即便起初非常反对玛丽一世的选择,但看到玛丽一世坚决地要同西班牙的腓力成婚,只能尽最大努力保护英格兰王国的利益,尽量保证这场联姻不对国家和玛丽一世产生灾难性影响。为此,斯蒂芬·加德纳起草了联姻条款,规定在英格兰王国,西班牙的腓力不享受任何王室头衔,不具有王位继承权,并且对英格兰国务不具有任何法律影响力。查理五世也必须接受这一联姻条款。

# 约克公爵理查家谱图示

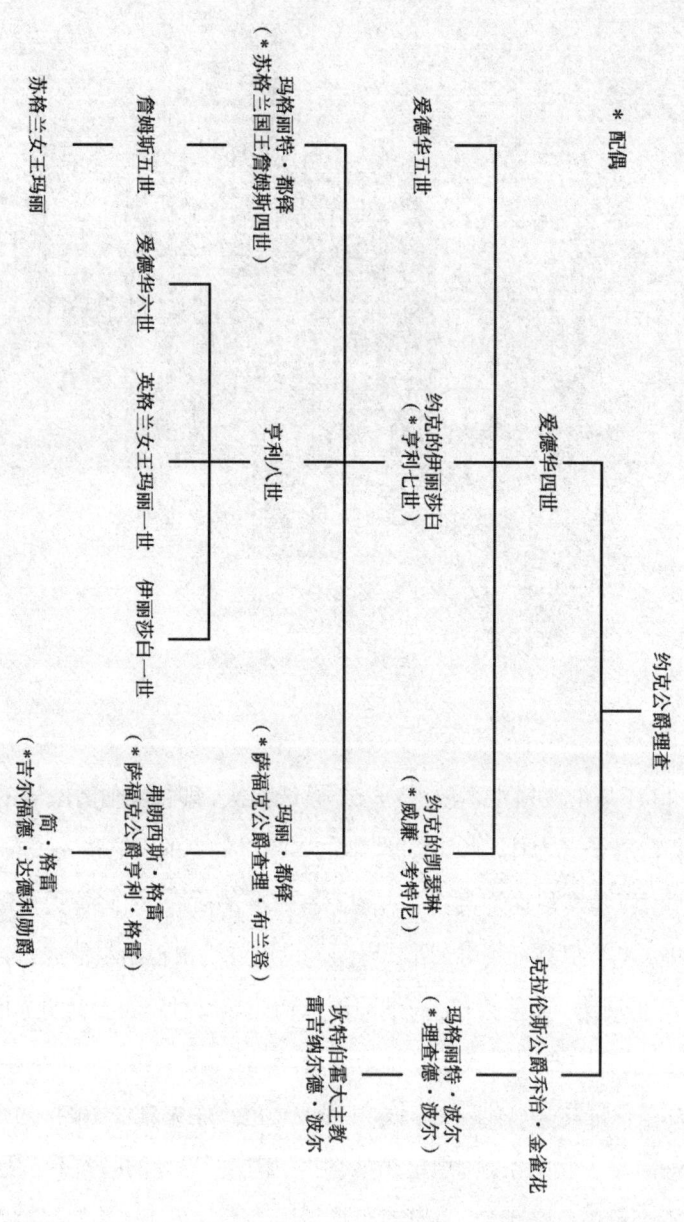

一谈及玛丽一世与西班牙的腓力的婚姻，英格兰举国上下就戟指怒目，民愤难平。一些英格兰贵族开始在各郡县带头起义，支持伊丽莎白·都铎和威廉·考特尼分别继承英格兰女王和国王的王位。但这些计划并不明智。在德文郡和康沃尔，彼得·卡鲁过早地暴露了自己，迫于无奈逃往法兰西王国。在考文垂，简·格雷的父亲亨利·格雷同样吃了败仗，沦为阶下囚。当时，只有肯特

彼得·卡鲁

郡的小托马斯·怀亚特组织了一场势不可当的起义。起义军眼看就要攻到玛丽一世的眼皮底下了。小托马斯·怀亚特亲率一万五千名起义军剑指伦敦时,玛丽一世无兵可遣,伦敦民意也摇摆不定。一次,玛丽一世孤注一掷,将一切希望押在人民的忠心上。她命伦敦市长召开市民会议,并且亲临伦敦市政厅,向伦敦市民发表演说。玛丽一世的长相并不讨喜,但在当时的情形下,她那双目光锐利的墨瞳,让蜡黄的脸庞熠熠生辉。她那平常听来像男性一般粗壮的声音,此刻却为她的外表和致辞平添一股威严之气。玛丽一世表示,婚姻对她来说并不重要,因此她不会为婚姻而牺牲人民的利益。如果议会不批准她的婚事,那么她将终身不嫁。她还说道:"请大家坚定决心,抵抗叛军,与我共迎对手,不要有丝毫畏惧。我保证,他们身上没有任何地方让你们恐惧。"

小托马斯·怀亚特

简·格雷被送上断头台

玛丽一世发表演讲后，第二天早晨，伦敦城内立马有两万人马自发组织起来护城。虽然小托马斯·怀亚特率领起义军一路向伦敦挺进，但不断有士兵掉队。他挥军硬闯伦敦，却发现城内并没有任何人挺身相助。后来，小托马斯·怀亚特曾尝试撤退，但仍于1554年2月7日身陷牢狱。

小托马斯·怀亚特起义失败后，玛丽一世的谋臣决定铲除一切可能抢夺王位的人，进一步巩固玛丽一世的地位。因此，简·格雷及其丈夫吉尔福德·达德利被送上了断头台，伊丽莎白·都铎和威廉·考特尼也身陷牢狱。还有人暗指，这两人曾参与谋划小托马斯·怀亚特的叛乱。查理五世也再三强调，必须处死伊丽莎白·都铎。但斯蒂芬·加德纳认为，玛丽一世并没有足够的权力处死伊丽莎白·都铎。英格兰人都支持玛丽一世反抗约翰·达德利和小托马斯·怀亚特。但这并不是因为玛丽一世深得民心,而是因为她是英格兰王国的合法女王。伊丽莎白·都铎同是英格兰王位的合法继承人,也拥有许多支持者。因此,玛丽一世如果要对伊丽莎白·都铎下手,必定会毁掉自己的既得地位,也会让她与西班牙的腓力的婚姻成为众矢之的。按目前的形势,玛丽一世必须给伊丽莎白·都铎留一条活路。

反对玛丽一世联姻的起义军已全军覆没。玛丽一世的支持者马上表示,要重新采取一项曾遭到质疑的措施。英格兰议会批准了玛丽一世的联姻计划。

伊丽莎白·都铎

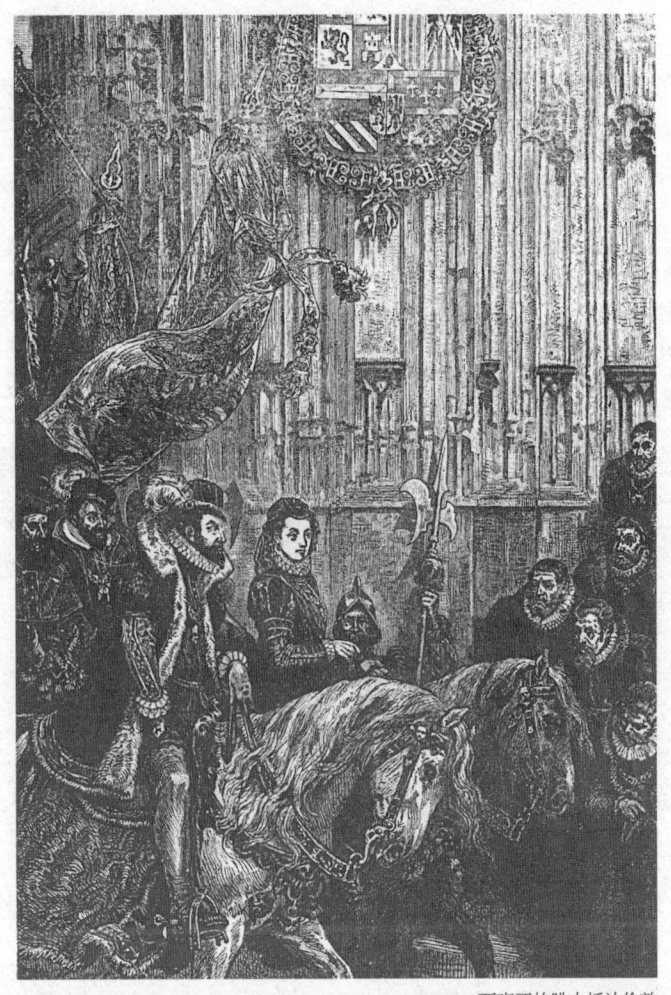

西班牙的腓力抵达伦敦

1554年7月，西班牙的腓力抵达英格兰王国。西班牙的腓力从小在西班牙王国长大，身上带有卡斯蒂尔贵族天生的骄横之气，举止冷漠高傲，谈吐拘谨呆板。西班牙的腓力并不健硕，也不热衷于户外运动和刀剑运动。西班牙的腓力离开西班牙王国，到尼德兰与父亲查理五世会合时，查理五世很失望地发现，西班牙的腓力并未博得他即将统治的四国人民的欢心。看到老气横秋的西班牙的腓力，意大利民众无不窃窃私语。佛兰德斯人对他盛气凌人的个性嗤之

奥地利的斐迪南

以鼻。神圣罗马帝国民众更是挑不出他身上任何一点可喜之处。为保住西班牙的腓力的神圣罗马帝国皇位继承权,查理五世曾做出过无数努力,但都付之东流。此外,查理五世的弟弟奥地利的斐迪南①仍不愿放弃自己儿子的神圣罗马帝国皇位继承权。神圣罗马帝国众多诸侯同样不会放弃选举权。因此,最终,查理五世无法得偿所愿,没能将所有领土传到儿子西班牙的腓力手中。

查理五世早就认识到儿子西班牙的腓力为人处世的缺陷。他疾言厉色地警告西班牙的腓力,一定要不遗余力地讨好英格兰人民。查理五世已将那不勒

---

① 奥地利的斐迪南,即后来的神圣罗马帝国皇帝斐迪南一世。——译者注

斯王国和西西里王国交到西班牙的腓力手中,因为只有这样,西班牙的腓力抵达英格兰王国时才不至于两手空空。西班牙的腓力将大量西班牙黄金带到英格兰王国,并且将黄金分给最具影响力的英格兰王国议会成员。在促使英格兰王国与教皇保罗三世言和的事务上,这些英格兰议会成员发挥着重要作用。由于安抚英格兰人心切,抵达英格兰王国后,西班牙的腓力立马叮嘱侍从遵守英格兰习俗,还以身作则地灌下一大杯英格兰麦芽酒。

让玛丽一世夫妇最头痛的问题是,如何利用天主教习俗让英格兰王国在教皇尤利乌斯三世的带领下重归统一。此事做来不易,连查理五世都对此十

教皇尤利乌斯三世

分苦恼。查理五世曾极力要求英格兰王国提高警惕,调整政策,也在一直约束玛丽一世,防止她冲动行事。查理五世还把雷吉纳尔德·波尔囚在佛兰德斯,不许他轻举妄动。查理五世很清楚,英格兰人民一直满腹牢骚,忍受着教皇尤利乌斯三世的强权重压。一旦权威被打倒,尤利乌斯三世要再次获得人民的认可非常困难。要让英格兰人承认尤利乌斯三世的权力至高无上,同时迫使英格兰贵族放弃在宗教改革中获得的天主教领地,更是无稽之谈。另外,尤利乌斯三世无法容忍任何人针对他发动叛乱,也不可能放任反叛者霸占从叛乱中获得的战利品,因为对欧洲天主教而言,对叛乱视若无睹就是一种不良行为示范。然而,在查理五世的影响下,随和、善良的尤利乌斯三世并没有太强的权力欲,并且授意雷吉纳尔德·波尔搁置收复修道院领地的计划。

尤利乌斯三世恢复权威后,许多事情便顺理成章。雷吉纳尔德·波尔开始竭力利用英格兰王权,获取英格兰王国议会可靠成员的选票。英格兰王国议会也拟定法案,提议恢复雷吉纳尔德·波尔的公民权,以此试探新一届下议院的立场。这项法案马上获得通过。此后,雷吉纳尔德·波尔打算先以英格兰贵族的身份返回英格兰王国。但由于深受民众喜爱,他不久便大张旗鼓地摆起罗马驻英格兰王国的教廷使节的阵仗。抵达伦敦时,雷吉纳尔德·波尔还深受玛丽一世夫妇的礼遇。这时,英格兰王国议会马上通过一项决议,支持英格兰教会回归罗马天主教会。1554年的圣安德鲁日,即11月30日,雷吉纳尔德·波尔向全英格兰人民庄严宣誓。当时,玛丽一世夫妇及上下议院成员、下议院成员,都谦恭地跪在雷吉纳尔德·波尔面前,因为他已帮助众人免受分裂教会的责罚,带大家重返神圣的天主教。随即,尤利乌斯三世恢复最高权力,而与此背道而驰的一切议会法案都被废止。与此同时,神职人员都必须交出天主教领地的所有权。英格兰王国议会还通过一项法案,确定了现任天主教领地所有者的权利。尤利乌斯三世恢复权威后,承认贵族和大地主对新领地的所有权,使贵族和大地主难免喜形于色。尤利乌斯三世还向新教教徒和天主教教徒承诺,不干涉他们的财产所有权。

玛丽一世夫妇

如今，天主教势力已站稳脚跟，并且如日中天，深受民众支持。然而，1554年之后的四年里，天主教日渐声名狼藉，再也无法获得人民的同情。在此期间，英格兰天主教教徒掀起了宗教迫害，在全英格兰引发严重的灾祸。英格兰人对尤利乌斯三世权力的憎恶日益加深。从此英格兰王国踏上新征程，一步步成为欧洲最主要的新教国家。

天主教获得胜利后的第一步，便是实施让英格兰人深恶痛绝的宗教迫害。英格兰王国议会恢复了许多反对罗拉德派①的法律。先前宗教改革者中的领军人物也被送进监狱，很快被判刑、处决。英格兰王国到处有人被处以火刑，全国各地风声鹤唳。曾经担任主教的约翰·胡珀、尼古拉·里德利、休·拉

约翰·胡珀

---

① 罗拉德派是英国宗教改革期间诞生的新教教派，信奉约翰·威克里夫反抗天主教权威的教义。——译者注

蒂默和托马斯·克兰默均葬身烈火之中。休·拉蒂默曾因受人诱骗而公开认罪，以求逃过一死。但他认罪的做法并未博得赦免，不过徒添耻辱。最后，休·拉蒂默还是鼓起勇气慷慨就义，无视心中的怯懦，向世人宣告他心底深沉而真挚的信仰。各地人民眼看同胞一个个被处刑，心中满是恐惧与愤恨。殉道者矢志不渝的态度博得了大众的同情。事实上，与英格兰王国相比，其他国家因宗教迫害而丧命的人更多。但英格兰王国的宗教迫害，是有意从影响力最大的人中选择迫害目标的。这场迫害并非以广泛的盲目信仰和宗教偏见为基础，而是得到了政府的批准，并且由政府独立实施。在人们心目中，英格兰王国的宗教迫害，与西班牙王国的干涉和外国入侵不无干系。在其他国家，宗教迫害从未像在英格兰王国一样，给人民带来如此巨大的影响。这种心灵震撼，在玛丽一世"血腥玛丽"的别名中体现得淋漓尽致。人们心头的恐惧，正是由满脸怒容的玛丽一世一手带来的。

但如果英格兰人能意识到，接纳尤利乌斯三世必将引发他们一直惧怕的宗教迫害，那么贵族与官员也一定会发现，尤利乌斯三世的权威将击中他们最不堪一击的软肋，即他们名下的财产。尤利乌斯三世已放弃被剥夺的天主教领地所有权。但1555年上任的新教皇保罗四世，并未立即效仿尤利乌斯三世的做法。玛丽一世因占有天主教领地而感到良心不安，于是将名下所有教会财产悉数还给天主教，还连忙重建修道院。天主教领地所有者对玛丽一世充满怀疑。他们认为，因为天主教在英格兰王国呈现出一马当先的势头，所以天主教领地所有者必将难保名下的土地。

玛丽一世对天主教慷慨解囊，必然会减少王室的收入。亨利八世时期遗留下来的债务，到爱德华六世手中有增无减。眼下，英格兰王国更是债台高筑。过去货币贬值的局面，如今并未得到改善。国家对外贸易长期疲软。英格兰王国政府在火烧异教徒的过程中过于投入，无暇顾及国防事务。国内的船舶未能得到定期修理。堡垒无人防守，逐渐沦为废墟。流亡者盘踞在英格兰王国沿海。其中，来自康沃尔的流亡者势头最猛。小托马斯·怀亚特起义失败后，他

约翰·胡珀被处以火刑

尼古拉·里德利和休·拉蒂默被处以火刑

托马斯·克兰默被处以火刑

休·拉蒂默认罪

们四处逃亡，如今在法兰西王国的庇护下摇身一变成为称霸英吉利海峡的海盗。每个英格兰人都开始意识到，这一届支持天主教复辟的英格兰政府已无法再次带领国家走向繁荣富强。

此外，玛丽一世与保罗四世失和使英格兰人民意识到，保罗四世会站在英格兰王国的对立面。玛丽一世眼睁睁看着希望的曙光消失，她的执政生涯将在人民的唾弃声和国家的灾祸中走向终点。在英格兰王国，保罗四世也难免受千夫所指。为究其原因，我们必须回顾查理五世的举措，一览西班牙王国的富强之路。

# 第5章
# 法兰西王国、西班牙王国与教皇制度（1555—1558）

**精彩看点**

意大利的反查理五世势力——查理五世退位——1557年腓力二世的功绩——保罗四世与英格兰王国——英格兰王国失去加来——玛丽一世黯然离世——伊丽莎白一世继位——伊丽莎白一世处境危险——伊丽莎白一世对法兰西王国及西班牙王国的态度

1555年，奥格斯堡帝国议会确认了神圣罗马帝国处理宗教事务的结果。这时，查理五世再次发现，除传播天主教教义之外，保罗四世还另有所图。保罗四世本名为吉安·皮耶罗·卡拉法，原为那不勒斯人。如今，他已年近八十，依旧满怀年轻时的旧式意大利爱国情怀——极端保守。当时，意大利仍未落入外族统治者手中。保罗四世十分痛恨西班牙人，决定不遗余力地将西班牙人逐出那不勒斯。为此，他连忙和法兰西国王亨利二世缔结盟约。

五十五岁的查理五世远未到年老体衰的年纪，却已觉得身心俱疲。想到要计划一场漫长战事，他开始畏缩不前。因此，查理五世打算将王位传给儿子西班牙的腓力，然后独自度过余生。其实，在很久以前，查理五世就已经有了传位的念头。在长达三十七年的统治神圣罗马帝国生涯中，他驰骋政坛未曾停歇，在同一个地方停留的时间从不超过几个月。一旦有需要，他就必须移驾广阔疆域的另一端。和儿子西班牙的腓力一样，对查理五世来说，权力意味着职责。他认为，人必须勤勉不怠、真心实意地履行职责。查理五世一心只想安度晚年，也认为当时是传位的有利时机。因此，1556年，查理五世退位，将尼德兰、西班牙和他在意大利的领地传给儿子腓力二世。接着，在埃斯特雷马杜拉的尤斯特修道院，查理五世开始了隐居生涯。先前，在此地，他已备好一个适合养

埃斯特雷马杜拉的尤斯特修道院

退隐后的查理五世

老的房子。在尤斯特修道院，查理五世一直生活到1558年年末。其间，他偶尔参与政事，热切关注欧洲大小事务，还会通过各位谏臣辅佐腓力二世。

不久，意大利爆发战争。保罗四世和西班牙人发生冲突，并且已将法兰西人拉拢到己方阵营。但无论是在意大利还是在法兰西王国，腓力二世都更得人心。英格兰王国受劝加入反法兰西王国一方。在尼德兰，彭布罗克伯爵威廉·赫伯特率领一万人马，加入腓力二世的大军。1557年8月10日，在圣昆

彭布罗克伯爵威廉·赫伯特

圣昆廷战役

廷战役中，法兰西军队全军溃败。因此，亨利二世急忙召回意大利境内的法兰西军队。西班牙王国著名的那不勒斯总督阿尔巴公爵费尔南多·阿尔瓦雷斯·德·托莱多放了保罗四世一条生路，强迫保罗四世同西班牙人言和。腓力二世开出的和约条款对保罗四世也十分有利。签署和约时，战功赫赫的费尔南多·阿尔瓦雷斯·德·托莱多满怀敬意，跪在刚刚败在他手下的保罗四世面前，因为西班牙王国不可能长期与罗马教廷为敌。

西班牙王国与保罗四世之间的这场战争，对英格兰王国有着至关重要的影响。保罗四世如果对腓力二世恨之入骨，自然也会对腓力二世的妻子玛丽一

保罗四世

世心生嫌隙。为了惹恼玛丽一世,保罗四世极力要收复英格兰王国的天主教领地,同时收回雷吉纳尔德·波尔的罗马驻英格兰王国的教廷使节权力。这时,雷吉纳尔德·波尔已接任坎特伯雷大主教托马斯·克兰默的职位。其实,保罗四世能在英格兰恢复至尊地位,雷吉纳尔德·波尔功不可没。但一直以来,保罗四世都和雷吉纳尔德·波尔水火不容。因为在罗马时,雷吉纳尔德·波尔曾支持许多新教教义,并且特别赞同"唯有信仰合理"的说法,所以在保罗四世眼中,雷吉纳尔德·波尔不亚于可疑的异教徒。因此,保罗四世让一个声名狼藉的方济会修士,也就是玛丽一世的忏悔神父接替雷吉纳尔德·波尔,出任罗马驻英格兰王国的教廷使节。玛丽一世非常清楚,如果容忍一个无耻之徒成为罗马驻英格兰王国的教廷使节，将会让国家不得安宁。于是，带着父亲亨利八世雷厉风行的做派，玛丽一世发出警告称，任何将保罗四世的诏书带入英格兰的人，都将被控蔑视皇权罪并被处以重刑。后来，保罗四世虽已不再继续对英格兰王国施压，但玛丽一世和雷吉纳尔德·波尔都因自身处境而悲从中来，因为他们余生必须侍奉保罗四世，受其势力打压。他们也都很清楚，英格兰王室内部自行分裂出对立两派的局面，正在摧毁英格兰人的信心。

玛丽一世的政府很快再次受到沉重打击。法兰西王国急欲给英格兰王国一记重拳，弥补其在圣昆廷战役中遭受的损失。英格兰王国在法兰西王国加来的防御工事破败不堪，驻军稀少，时时诱得法兰西军队进犯。1557年到1558年冬，法兰西军队奇袭加来，使英格兰王国失去了在法兰西王国的最后一块领

法兰西军队进犯加来

地。失去加来本身并不会给英格兰王国带来太大打击，但会让英格兰王国蒙受奇耻大辱，因为每个英格兰人都十分看重英格兰王国在法兰西王国拥有的权力。征战法兰西王国，向来都是英格兰人喜闻乐见的事。如今，英格兰王国痛失在法兰西王国的最后一块领地，往日荣光也随之逝去。失去加来，玛丽一世也和英格兰人一样痛心疾首。

最后的执政岁月里，玛丽一世可谓四面楚歌。她的丈夫腓力二世已自愿离开英格兰王国，回到西班牙王国管理自己名下的广阔疆土。作为玛丽一世的继承人，腓力二世本可以在手握西班牙王国大权的同时，稳坐英格兰王位。但如今，他让玛丽一世大失所望。此外，温彻斯特主教斯蒂芬·加德纳离世，使玛丽一世痛失忠臣。一直在教会政策上辅佐玛丽一世的雷吉纳尔德·波尔，也因被保罗四世打压而丢尽颜面。在海外，玛丽一世祸事连连。在国内，她不断受到民众毫不避讳的指责。于是，在十分悲凉的氛围下，她的统治生涯走向终结。她因疾病缠身而形容枯槁，看上去比实际年龄苍老许多。玛丽一世也意识到，自己的所有计划已经失败。她向来虔诚地信仰天主教，无法相信复辟天主教的计划居然得不到神的青睐。她认为，复辟天主教失败，不过是因为他们并没有全力投身复辟大计。要复辟天主教，必须牢固确立天主教教义，根除新教教义。因此，玛丽一世激情澎湃地支持宗教迫害，但天性仁慈的雷吉纳尔德·波尔一直反对激进措施。他对宗教迫害感到震怒，急欲向公众证明自身理念的正义性。正因如此，在玛丽一世执政晚期，宗教迫害激起了人民的强烈不满。在玛丽一世的鼓动下，新一轮宗教迫害热火朝天地展开。人们第一次对宗教迫害表现出强烈兴趣。只有这种强烈的兴趣，才能让人们昧着良心目睹各种审判和处刑，从而在有了更多切身经历后更加处变不惊。玛丽一世悲愤地想，人民对她恨之入骨，她却一直为人民的最高利益操劳不已。送到她面前的匿名信堆积如山，甚至连她的弥撒书里，都被人偷偷夹入匿名投诉信。1558年11月17日，玛丽一世驾崩。几个小时后，雷吉纳尔德·波尔也随玛丽一世而去。在人生的最后时光中，两人都已预料到，他们的毕生大业终将与他们的生命一起走向终结。

玛丽一世死后，众望所归的伊丽莎白·都铎立马继承王位，称伊丽莎白一世。由于先前经历了同法兰西王国和西班牙王国的战争，天主教已经十分疲弱，无法团结一心共同排挤伊丽莎白一世。眼见安妮·博林的女儿伊丽莎白一世即位，腓力二世虽然面有难色，但更不能容忍另一个继承人苏格兰女王玛丽坐上英格兰王位。苏格兰女王玛丽已嫁给法兰西王太子弗朗索瓦，如果她成为英格兰女王，英格兰王国就会成为西班牙王国的对手。此外，伊丽莎白一世的宗教观念仍不清楚。她从未强烈表示支持任何一派，但她和英格兰人民一样，一直都遵从爱德华六世和玛丽一世时期的宗教规则。伊丽莎白一世个人较偏

伊丽莎白一世

向新教，但从不愿做极端分子。腓力二世依旧希望拉拢伊丽莎白一世，因此主动表示要娶伊丽莎白一世为妻。伊丽莎白一世并没有立即回绝腓力二世的请求，因为即位之初，她必须谨慎行事，尽可能避免陷入困境。

眼下，英格兰王国可谓危机四伏：整个王国国库空虚，收入不济，债台高筑，贸易疲软，货币大幅贬值，英吉利海峡海盗为患。英格兰王国也因宗教纷争出现分裂割据，还因果断加入西班牙王国阵营而被对法战争缠身。祸不单行的是，由于英格兰国内出现王位觊觎者，伊丽莎白一世的合法继承权受到质疑。显然，执政期间伊丽莎白一世必须小心翼翼，保持警惕。

在宗教方面，伊丽莎白一世并不急于过早地表露自己的立场。一方面，她亲自主持弥撒活动，取悦天主教；另一方面，她又禁止任何人提高天主教地位，以博得新教教徒的好感。但很快，因为受到保罗四世的管制，伊丽莎白一世左右奉迎的手段难以为继。随着年龄的增长，保罗四世的脾气愈加暴躁，法兰西王国对他的牵制作用也越来越强。英格兰王国派驻罗马教廷的使臣向他宣布伊丽莎白一世即位的消息时，保罗四世回答说：＂没有我的首肯，伊丽莎白·都铎这个不合法的继承人不得坐上王位。她这么做绝对是大逆不道。让她先把继承王位一事呈报上来，由我定夺。＂

眼下，伊丽莎白一世的行动方针十分明晰。她已不能寄希望于同西班牙王国结盟，以此增强本国实力，进而对抗法兰西王国和苏格兰王国。因为伊丽莎白一世诞生于一桩教皇无法宽恕的婚事，所以在未取得保罗四世豁免令的情况下，腓力二世不可能和伊丽莎白一世成婚。如果嫁给腓力二世，她就必须妥协，把英格兰王位交由保罗四世定夺。因此，伊丽莎白一世拒绝了腓力二世的求婚。结果，她不得不同法兰西王国言和，也不得不同意由法兰西王国继续统治加来。腓力二世日夜盼望同法兰西王国讲和，因为西班牙王国国库空空如也，他也不可能彻底击溃法兰西王国。因此，伊丽莎白一世非常担心西班牙王国同法兰西王国暗中媾和，留下英格兰王国单方面与法兰西王国兵戎相见。因此，1559年4月12日，英格兰王国、西班牙王国与法兰西王国达成《卡托-康布

《卡托-康布雷齐和约》签订现场,亨利二世与腓力二世拥抱致意

雷齐和约》，同意让法兰西王国拥有加来、梅茨、图勒和凡尔登的统治权。按照《卡托-康布雷齐和约》的规定，腓力二世心满意足地收复了萨伏依公国和意大利山麓，成功保住以阿尔卑斯山脉为边界的意大利领地。

缔结《卡托-康布雷齐和约》后，伊丽莎白一世如释重负。此后，她决心在政治事务上更独立自主，坚持自身主张，信任人民，以人民利益为根本，制定一切政策。这种从政观念，恰是伊丽莎白一世统治时期的重点所在。在孤身一人的情况下，她不得不全身心地投入为人民谋福祉的事业。因此，在伊丽莎白一世的统治下，英格兰人再次变得团结和睦，使英格兰王国重回欧洲霸主之位。

第6章

# 英格兰宗教纠纷的平息

**精彩看点**

伊丽莎白一世的宗教立场——新教复辟——主教的反对——伊丽莎白一世的教会体制——伊丽莎白一世的难处

保罗四世撤换罗马驻英格兰王国的教廷使节，逼得伊丽莎白一世重新站到英格兰新教一方。此时，玛丽一世在位期间逃亡海外的英格兰新教教徒陆续回国，逐渐壮大了英格兰新教的规模。这些流亡人士大都在日内瓦避难。在日

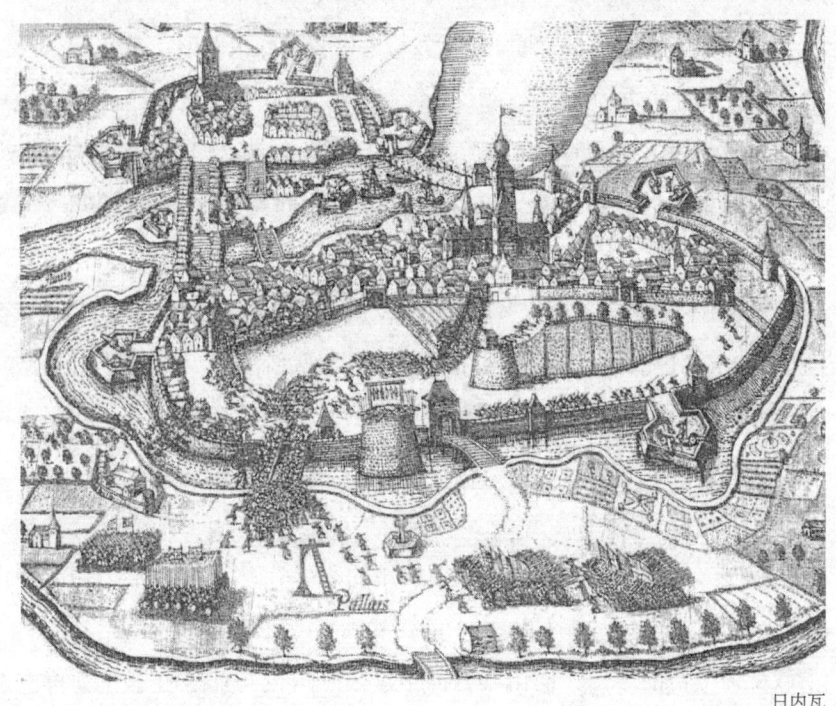

日内瓦

内瓦，他们吸收约翰·加尔文的理念。充分汲取加尔文主义的思想后，他们纷纷重返英格兰王国。在归国新教人士的努力下，加尔文主义开始对英格兰人产生更大影响。伊丽莎白一世和首席谋臣伯利男爵威廉·塞西尔都属于改革派，因为他们都明白旧式天主教制度存在不少瑕疵。但伊丽莎白一世无法说服自己接受加尔文派的改革理念。相较之下，她更赞同父亲亨利八世保留天主教制度，但不与罗马教廷有任何瓜葛的策略。同时，她还非常喜欢阅读基督教早期教父的作品，并且打算清除英格兰教会中涉及罗马教廷的信仰和措施，但不会改变英格兰教会的天主教根基。

改革计划实施的过程中，伊丽莎白一世依旧行事谨慎。她的改革计划无法扑灭大众的宗教热情，无法安抚天主教，也无法取悦加尔文主义的拥护者。只有在缜密审慎的操控下，英格兰教会改革计划才能站稳脚跟。如果要获得成功，伊丽莎白一世就必须向国内激进的新教、天主教妥协。正因如此，英格兰教会开始显现伊丽莎白一世时期宗教和解的中立色彩。

伊丽莎白一世当机立断，在新教与天主教之间采取中立态度。她宣称，新一届议会召开会议前，英格兰王国将继续施行旧式天主教制度。同时，她还竭力通过选举，组建一届对她唯命是从的众议院。伊丽莎白一世命令神学委员会修订爱德华六世时期的《公祷书》。这样一来，向英格兰王国议会呈交平定宗教纷争的计划时，才不会浪费时间。

1559年，英格兰王国议会召开会议，重新将王权置于天主教之上。议会颁布誓词，承认伊丽莎白一世为英格兰王国的最高统治者。神职人员和行政官都必须从精神上和国民义务上遵从这一誓词。修订后的《公祷书》适用于遵循旧式天主教制度的温和派人士，获得英格兰王国议会一致通过，并且在《单一法案》的规定下强制执行。

众多主教强烈反对1559年议会制定的改革措施，因为他们一直希望伊丽莎白一世继续采取软弱措施，也希望继续挑起激进改革者的不满情绪。如今，主教受命与伊丽莎白一世指派的神学家公开辩论。后来，主教不愿再继续争

约翰·加尔文

论，只好接受英格兰政府的条件。但这群主教中的主要人物被关入伦敦塔。不久，所有涉事主教均被褫夺主教职位。伊丽莎白一世任命的继任主教观念更偏向新教。马修·帕克曾是安妮·博林的牧师，现在被委任为坎特伯雷主教。马修·帕克的理念比较温和，他和伊丽莎白一世秉承相似的宗教观。他极力反对加尔文主义，坚持推行《圣经》及教会原先的习俗。此外，马修·帕克学识渊博，决断力惊人。作为挪威商人威廉·帕克的儿子，他非常有资格替中产阶级

安妮·博林

马修·帕克

发声。马修·帕克稳重、审慎的行事作风和强大的判断力，极大地平衡了两大教派的势力。他还广泛采取宗教宽限措施，保障英格兰教会的地位。

上述事件巩固了英格兰宗教改革的成果。英格兰政府向全国各地派驻专员，巡察教会发展的情况和新教教徒宣誓的情况，确保新法案得到施行。除了被革职的主教，极少有神职人员拒绝宣誓。整体而言，宗教改革在英格兰受到广泛支持。

与此同时，教皇的权力发生了变化。保罗四世离世后，枢机主教乔凡尼·安吉罗·美第奇接任教皇之位，称庇护四世。庇护四世生性温和，一直希望终结宗教分裂的局面。即位后，他迅速向伊丽莎白一世派出罗马教廷使节传

第 6 章 英格兰宗教纠纷的平息 ● 103

庇护四世

信。庇护四世表示,只要英格兰王国教会再次服从庇护四世的权威,他愿意接受现行的《公祷书》,并且接纳两大教派的宗教管理体制。但庇护四世的善意为时已晚。我们无法推测,如果是保罗四世做出这个决定,最终会导致什么局面。但当时,伊丽莎白一世已做出选择,决定要与新教教徒统一阵线,不再与西班牙王国为伍。因此,庇护四世派出的罗马驻英格兰王国的教廷使节并未获准进入英格兰王国。

伊丽莎白一世已经表态,希望尽可能保持传统的宗教制度,但坚决抵制因庇护四世权威和干预而产生的暴行。伊丽莎白一世偏好旧式天主教制度下的宗教仪式,反对欧洲宗教改革者推行的一切新式宗教礼节。她心目中合理的宗教制度倾向于两大教派中行事较温和与稳健的一派。不愿接受两派兼容的人,将被强制要求服从大局。伊丽莎白一世拥有教会事务的管辖权。起先,她指派专员确保各项法律得到履行。这些专员组成了一个永久性团体，即高等宗教事务法庭，专门审判宗教案件。之后，高等宗教事务法庭成为各代英格兰君主的宗教压迫工具。但当时，新教教徒和天主教教徒都必须服从高等宗教事务法庭的审判。英格兰天主教开始演变为英格兰国教。或许有人会怀疑，如果接下来的一系列事件不涉及民族情感，那么伊丽莎白一世统治时期的宗教和解是否还能长期维系。反对庇护四世是维护英格兰国家独立的必要手段。伊丽莎白一世统治时期的纷纷扰扰，让英格兰人民团结一心，因为他们必须众志成城地抗击对手。人们逐渐觉醒的民族热情，已经淹没坊间对极端新教教徒的微词。这时，宗教改革也并未出现任何严重争端。伊丽莎白一世的继任者詹姆斯一世上台前，宗教改革已得到多数英格兰人的认可和支持。

詹姆斯一世

然而，伊丽莎白一世最初的处境十分危险。在国内，对她不满的天主教教徒和新教教徒不在少数。在国外，法兰西王国极力支持苏格兰女王玛丽继承英格兰王位。同时，西班牙国王腓力二世已经对伊丽莎白一世的宗教措施有所警觉。因此，腓力二世似乎打算放下对法兰西王国的仇恨，与法兰西王国携手对抗伊丽莎白一世。如果法兰西王国、西班牙王国和苏格兰王国真的一起对付英格兰王国，那么伊丽莎白一世的王位将遭受威胁。此前，西班牙王国、法兰西王和苏格兰王国并未受制于宗教纷争。然而，现在，三国国内的宗教问题已开始显露。伊丽莎白一世十分清楚要如何抓住这个突破口。她为此采取的手段算不上高明，但在国家财政困难、海军荒废颓败、兵力严重不足、各地动荡不安

苏格兰女王玛丽

奥地利大公查理二世

的情况下,伊丽莎白一世想要保持高风亮节,无异于天方夜谭。就连自己的婚姻大事,伊丽莎白一世都不能遵从自己的意愿行事。英格兰王国议会恳请她尽快成婚,解决王位继承人问题。但对伊丽莎白一世来说,无论是嫁给天主教教徒,还是嫁给新教教徒,她都会失去对抗苏格兰女王玛丽的优势,或者会影响自己的政治地位。如果伊丽莎白一世不婚,那么苏格兰女王玛丽便会成为她的继任者。奥地利大公查理二世、阿伦伯爵詹姆斯·汉密尔顿及瑞典国王埃里克十四世都被推荐为伊丽莎白一世的丈夫人选,但她仍旧钟情于莱斯特伯爵罗伯特·达德利。然而,伊丽莎白一世用理智遏制了个人情感,没有与不被看好的罗伯特·达德利成婚。举棋不定之际,伊丽莎白一世利用了其他求婚者,从而提高了自己在欧洲政客中的威望。

阿伦伯爵詹姆斯·汉密尔顿

瑞典国王埃里克十四世

在其他方面，伊丽莎白一世也努力为人民带来希望，平衡两大教派的势力。她一直在尝试以最少的付出换取最大的回报，以口头承诺代替实际行动。我们务必回望历史，探寻伊丽莎白一世处理英格兰王国与苏格兰王国、法兰西王国及西班牙王国之间错综复杂关系的曲折历程，了解她如何规避危及自身和国家的一切险阻。

# 第7章
# 法兰西王国和苏格兰王国的宗教改革（1540—1560）

## 精彩看点

法兰西王国宗教改革——法兰西国王弗朗索瓦一世——日内瓦的宗教改革——法兰西王国中的加尔文派——亨利二世之死——吉斯家族的势力——英格兰王国的敌对势力——苏格兰王国概况——身在苏格兰王国的法兰西人——苏格兰宗教纷争——约翰·诺克斯——摄政吉斯的玛丽遭反对——伊丽莎白一世与苏格兰王国——英格兰王国与苏格兰王国对法作战——昂布瓦斯阴谋——法兰西王国从苏格兰撤兵——苏格兰王国的宗教改革——法兰西王国的各类事件

宗教改革使各个国家滋生政治难题，也让法兰西王国和苏格兰王国的情况不断复杂化。因此，伊丽莎白一世获得了巩固地位的机会。只要英格兰王国国内不爆发宗教战争，伊丽莎白一世就可以利用邻国身陷困境的时机，实现个人目的。如果英格兰人能够团结一心抵制外国侵扰，伊丽莎白一世就可以平衡教派势力，支持敌对国家的叛乱人士。

在法兰西王国，关于宗教的意见分歧愈演愈烈，甚至超过了神圣罗马帝国。在宗教规则方面，马丁·路德的改革运动表现得非常保守。他只希望尽量少改变天主教的信仰。马丁·路德尽管打算扫除一切宗教陋习，但仍旧迫切想保留天主教制度的框架。但在法兰西王国，宗教改革者并未专注于革除天主教的弊端，而是着力寻找新的宗教生活体系，让每个人都可以更全面地认识自己与上帝的关系。因此，法兰西新教教徒反对天主教的力度比神圣罗马帝国的改革家更大。神圣罗马帝国宗教改革只是对现存政治制度进行修补，而法兰西宗教改革是要全盘改变全国人民的生活。比起马丁·路德和菲利普·梅兰希通的教诲，法兰西王国的新教赖以建立的教规，对法兰西人民的思想与性格有着更深的影响。

法兰西国王弗朗索瓦一世执政时期，由于他和姐姐纳瓦拉女王昂古莱姆的玛格丽特都支持对宗教稍加改革，法兰西王国的新教取得了重大发展。但弗

马丁·路德

菲利普·梅兰希通

纳瓦拉女王昂古莱姆的玛格丽特

朗索瓦一世对抗查理五世的计划失败，使法兰西人民怒不可遏。当时，弗朗索瓦一世已无法压制民愤。巴黎大学索邦神学院的神学者纷纷公开强烈指责天主教，他们的观点也获得了巴黎舆论的支持。弗朗索瓦一世尽管已与神圣罗马帝国信奉新教的诸侯和土耳其人结盟，但依旧受国内形势所迫，所以不得已开始宗教迫害。到法兰西国王亨利二世执政时期，法兰西王国的宗教迫害愈演愈

弗朗索瓦一世

萨伏依公爵伊曼纽尔·菲利伯特

烈。新教学者迫于无奈，只好逃出法兰西王国。大部分人逃往隶属于萨伏伊公国的日内瓦，与使用法语的日内瓦人共同生活。

日内瓦政局混乱：其自治政府宣称有权管理日内瓦内部事务，但该国主教声称拥有日内瓦内部事务管理权。萨伏依公爵伊曼纽尔·菲利伯特也有将日内瓦收归名下的想法。日内瓦人不愿接受伊曼纽尔·菲利伯特的统治。宗教改革家的理念，正好让日内瓦人的反抗运动有据可依。在日内瓦的同盟——瑞士邦联使用德语的城镇，马丁·路德的宗教理念被广泛传播。之后，新教教义将从这些城镇首次传入日内瓦。但法兰西王国的避难者更愿意遵从日内瓦人的理念。于是，日内瓦成了法兰西新教的中心。加尔文派创始人约翰·加尔文是法兰西皮卡第人，在日内瓦宗教事务中拥有极高的影响力。约翰·加尔文曾遭对手驱逐，但1541年又回到日内瓦。从此以后，日内瓦成为约翰·加尔文宣扬教义的主要阵地。加尔文主义旨在通过宿命论，全面确立人与上帝之间的关系。宿命论的建立依据是天主教教会只接纳从一开始就注定要被救赎的人。约翰·加尔文根据这一设想，构建了极其严密的教义，并且开始利用日内瓦政府的力量传播教义。因此，日内瓦全面受到加尔文主义影响，开始强制执行极其严苛的道德准则。最终，道德规章严明的日内瓦成为所有新教国家的模范。

　　加尔文主义在日内瓦的发展自然极大地影响了法兰西王国。法兰西王国国内宗教迫害虽然严重，但新教教徒人数仍日益增加。此外，因为亨利二世政府统治手段无比卑劣，所以新教教徒的崛起显得愈加重要。亨利二世沉迷于玩乐，不理朝政。于是，他身边的宠臣开始用宗教迫害谋取钱财。凡是曾为法兰西国王效力的人，都可被赏赐教职。曾经在法兰西王国政府任职的人员，似乎一朝便能成为主教。在这种情况下，法兰西人民出于道德考虑，开始支持新教教徒。法兰西新教教徒人数增加，到1558年已达四十万。每次召开集会，法兰西新教教徒都会以日内瓦方面确立的教义为行为准则。

　　亨利二世对新教的传播感到十分恐慌，急欲投入更多精力抨击新教。据说，这也是1559年4月2日亨利二世愿意与腓力二世签订《卡托-康布雷齐和约》的原因之一。亨利二世曾颁布许多针对新教的严苛法案。有人怀疑，他曾计划帮助伊曼纽尔·菲利伯特征服日内瓦。然而，1559年7月26日，亨利二世意外被杀，法兰西王国政府遭逢巨变。

　　亨利二世驾崩后，弗朗索瓦二世即位。即位时，弗朗索瓦二世仅十五岁。刚

亨利二世意外受致命伤

亨利二世驾崩

开始，他的权力完全掌握在新教宿敌洛林枢机主教夏尔手中。洛林枢机主教夏尔是吉斯公爵克劳德①的六个②儿子之一。吉斯公爵克劳德的六个儿子都是法兰西历史上举足轻重的人物，个个器宇轩昂，孔武有力，都是狂热的天主教教

洛林枢机主教夏尔

---

① 吉斯公爵克劳德曾是弗朗索瓦一世手下的一员猛将。——原注
② 实际上，吉斯公爵克劳德共有八个儿子，但其中吉斯的菲利普和吉斯的彼得均早夭。——译者注

吉斯公爵弗朗索瓦

徒，从不愿放过任何传播自身信仰的机会。洛林枢机主教夏尔的哥哥吉斯公爵弗朗索瓦，早已因收复加来有功而享誉法兰西王国。苏格兰国王詹姆斯五世娶了洛林枢机主教夏尔的姐姐吉斯的玛丽，所以苏格兰女王玛丽是洛林枢机主教夏尔的外甥女。苏格兰女王玛丽嫁给弗朗索瓦二世之后，洛林枢机主教夏尔才成为弗朗索瓦二世身边的得力大臣。此外，在法兰西人心中，洛林枢机主教夏尔的口碑也不差。法兰西人认为，洛林枢机主教夏尔总是身先士卒、和蔼可亲、巧于辩才，为人清白正直。他总是对自身职责抱有绵绵不绝的热情，还享有十分崇高的声誉。如今，洛林枢机主教夏尔已手握大权。他为自己定下三大目标，即镇压新教，对抗英格兰王国，组建吉斯家族的势力网。

弗朗索瓦二世和苏格兰女王玛丽

在洛林枢机主教夏尔的建议下,弗朗索瓦二世和苏格兰女王玛丽立即开始声张各自对英格兰王国的权力。如此一来,苏格兰女王玛丽在英格兰王国的权力将威胁伊丽莎白一世的地位。如果苏格兰女王玛丽坐上英格兰王位,那么英格兰王国和法兰西王国的新教都将被摧毁,而吉斯家族也会对英格兰王国和法兰西王国产生至关重要的影响。

伊丽莎白一世很清楚,在此关头,腓力二世绝不会伸出援手。但庇护四世很有可能会联合一切实力雄厚的天主教势力。这些强大的天主教教徒也随时准备听庇护四世的命令行事。此外,苏格兰王国定将带头痛击英格兰王国。为避免遭到苏格兰王国的进攻,伊丽莎白一世打算援助心怀不满的法兰西和苏格兰反对派,诱使洛林枢机主教夏尔调遣在英格兰王国的势力平叛。

前文已提及法兰西王国纷繁复杂的宗教现状。同样,苏格兰王国的宗教矛盾同样是一触即发,但苏格兰女王玛丽的势力远不如弗朗索瓦二世。苏格兰贵族坐拥强大的宗族势力。英格兰王国和苏格兰王国两国边境战事不断,使苏格兰人民的好战情绪持续高涨。此外,苏格兰女王玛丽收入低微,也并不掌握军权。因此,为获得强权,苏格兰女王玛丽联合天主教,同意加强神职人员的权力,以此削弱苏格兰贵族的势力。苏格兰天主教教徒富可敌国,却奢靡不堪。当初,英格兰国王亨利八世试图说服苏格兰国王詹姆斯五世一起实行宗教改革时,苏格兰神职人员就感到十分忧虑。于是,他们收买了詹姆斯五世,诱使他转变想法,并且唆使他向英格兰王国宣战。不料在1542年的战争中,詹姆斯五世战死。不过,英格兰王国解散修道院和没收天主教财产的风波也曾给苏格兰王国带来影响,让神职人员惴惴不安。宗教迫害唤醒了人们心中激越的反抗热情。在迫害中,著名改革派人士乔治·威沙特被处以火刑。当时的行刑人员因此遭到严厉处罚。1546年,在圣安德鲁斯城堡,苏格兰枢机主教戴维·比顿遇害。接下来的十四个月里,拥护戴维·比顿的反对派占领了整个圣安德鲁斯城堡。然而,英格兰王国应对苏格兰王国的政策及1547年死伤惨重的平基战役,都迫使苏格兰王国向法兰西王国寻求帮助。天主教教徒也因此如虎添翼。法兰西王国往苏格兰王国增派兵力后,1554年,吉斯的玛丽出任苏格兰摄政。

然而,苏格兰人很快无法忍耐法兰西王国的势力,也开始厌恶被吉斯的玛丽捧上台的外国人。苏格兰人认为,虽然利用法兰西王国对付英格兰王国可以保证苏格兰王国的独立,但若要在英格兰王国和法兰西王国之间选择一个靠山,苏格兰王国更偏向于与本国关系更加密切的英格兰王国。一边是与法兰西王国和天主教教徒结盟,另一边与同英格兰王国和新教教徒为伍。苏格兰王国必须二者择其一。

乔治·威沙特被押赴火刑场

苏格兰枢机主教戴维·比顿遇害

正如日内瓦一样,在苏格兰王国,人民团结一致,秉承十分浓厚的宗教信仰;新教已成为反对法兰西对苏格兰统治权的力量象征。1557年,教会改革派建立强大党派。该党派成员的目标不尽相同。其中,一部分人拥护新教教义,另一部分人希望能分到一些教会领土,还有一部分人有意建立反对法兰西王国的党派。但随后,党派成员依照苏格兰传统,签署了《第一盟约》,促使党派所有成员向着同一个目标携手共进。所有签署盟约的成员都同意,要在各大教堂使用英格兰的《公祷书》,并且允许新教教徒传教。

苏格兰王国形势暂不明朗。1558年,在圣安德鲁斯,一个叫沃尔特·米尔的老传教士遭受火刑。在会众领主①中,此事引起了很大的反响。会众领主向

沃尔特·米尔遭受火刑

---

① 签署《第一盟约》的人士自称"会众领主"。——原注

吉斯的玛丽

  吉斯的玛丽呈请诉求,还就沃尔特·米尔受刑一事热烈讨论了一番,最终却一无所获。伊丽莎白一世即位后,改革派的势力早已得到增强。1559年5月2日,苏格兰宗教改革派的领军人物约翰·诺克斯回到苏格兰。

  1505年,在苏格兰格拉斯哥,约翰·诺克斯出生。他富有教养,但性格冒失,满怀新教热情。苏格兰枢机主教戴维·比顿被害后,约翰·诺克斯是守卫圣安德鲁斯城堡的人员之一。圣安德鲁斯城堡失守后,约翰·诺克斯沦为阶下囚,被送往法兰西充当船奴。艰苦的时光让约翰·诺克斯的新教信念愈加坚定,心胸也更狭隘。入狱十九个月后,他成功逃出监狱。约翰·诺克斯曾短居英

约翰·诺克斯

格兰王国,并且曾发表著作《反对妇人乱政的第一声》,痛斥吉斯的玛丽。随后,在日内瓦,约翰·诺克斯开始信奉加尔文主义,日后也不辞劳苦地践行约翰·加尔文的信条。在约翰·诺克斯的影响下,苏格兰王国的宗教改革不再与英格兰王国亦步亦趋,而是开始遵从约翰·加尔文心目中最严苛的改革方式。带着对加尔文主义的坚定信念,约翰·诺克斯回到苏格兰王国,决意排除万难,在苏格兰王国宣扬加尔文主义。约翰·诺克斯思维敏锐,精明狡黠,足智多谋,决不会因政治变数而动摇信念。他一心想操控政治,达到个人目的。为谋私利与约翰·诺克斯为伍的人都发现自己根本不是他的对手。约翰·诺克斯无所畏惧,从不言弃,不被困难所阻,不受谗言蛊惑,在自己的道路上一直前行。约翰·诺克斯坚信,推翻天主教是自己的最高使命。在完成使命的道路上,他决不允许自己因为怜悯他人、囿于礼节或对人性的弱点产生同情而停止前进。

约翰·诺克斯尽管一直过着饥寒交迫、艰苦朴素的生活，但依旧保持着不经意的幽默感和难得一见的辩才。因此，当权者总是处处忌惮约翰·诺克斯。但苏格兰人民一直对他敬爱有加。

很快，约翰·诺克斯对苏格兰政坛产生了影响。1559年5月，在洛林枢机主教夏尔的煽动下，吉斯的玛丽采取行动，命改革派神职人员到斯特灵。改革派神职人员来到斯特灵时，还有大批支持者尾随。吉斯的玛丽见状十分惊慌，承诺道，如果改革派能遣散尾随的支持者，她就不会进一步采取行动。苏格兰改革派答应了吉斯的玛丽的要求。但后来，吉斯的玛丽趁改革派不在场，开始审问改革派支持者并对其一一问罪。改革派支持者被迫离开斯特灵。约翰·诺克斯得知此事后十分恼怒，在一次布道中强烈抨击了崇拜邪神的现象，并且在珀斯宣扬自己的信条。珀斯人揭竿而起，捣毁各大教堂的圣像，并且拆卸所有雕塑。随后，多地开始效仿珀斯起义。苏格兰许多教堂很快便失去旧日风采。正是从这

1559年的珀斯

时起,苏格兰王国境内华美的天主教建筑开始消亡。从这些建筑现存的残垣断壁中,我们仍能依稀窥见其往日辉煌的面貌。当然,这些建筑并非顷刻间全部遭人毁坏,而是在被洗劫一空后,因无人看管而逐渐破落。在严苛的苏格兰宗教改革精神的约束下,苏格兰人民绝不可踏入被盲目的崇拜礼仪亵渎的旧式建筑,而是奉行他们心服首肯的简约的新教礼仪。

此时,会众领主已公开与苏格兰女王玛丽为敌。战争一触即发。但经过一些温和派人士的调解,战事暂时被搁置。詹姆斯五世的私生子莫里伯爵詹姆斯·斯图亚特是从中调解的温和派人士之一。对立双方都愿意放下武器,并且

莫里伯爵詹姆斯·斯图亚特

爱丁堡

同意通过召开苏格兰等级会议解决双方的争端。吉斯的玛丽承诺,不会骚扰珀斯人民,也不会往珀斯派驻法兰西卫兵。但她的承诺只是文字游戏。后来,吉斯的玛丽动用法兰西王国的资金雇佣珀斯军队惩罚珀斯人民。这种出尔反尔的举动,让会众领主有了反抗的理由。会众领主再次拿起武器,攻占了爱丁堡。后来,他们召开会议,并于1559年10月褫夺了吉斯的玛丽的苏格兰摄政头衔。

会众领主已迈出非常大胆的一步。但如果不是英格兰王国帮忙,他们无法守住自己努力得来的成果。因为吉斯的玛丽麾下的法兰西军队实力雄厚,所以会众领主必须与英格兰王国结盟。伊丽莎白一世也愿意帮助会众领主,但结盟的前景并不明朗。对处境艰难的伊丽莎白一世而言,联同反对派对抗反对派母国的合法君主,将成为世人的反面教材。在国外,伊丽莎白一世本身已树敌众多。她的对手随时准备干预英格兰王国事务。英格兰人民之所以承认伊丽莎白一世的王权,也只是因为她拥有合法的王位继承权。但英格兰人民完全可以无视她的女王头衔。伊丽莎白一世的众多大臣也远不如她谨慎。尽管威廉·塞西尔政治智慧过人，但直到伊丽莎白一世考虑到如果计划失败自己该如何自处时，他才得以在政府中施展才华。

1560年1月，在贝里克，伊丽莎白一世和沙泰勒罗公爵詹姆斯·汉密尔顿签署和约。当时，詹姆斯·汉密尔顿还在苏格兰王国任职。伊丽莎白一世承诺帮助苏格兰会众领主驱逐法兰西军队，前提是苏格兰王国必须承认她是英格兰王国女王。

此时，苏格兰王国十分怪异地一改常态，居然要与英格兰王国并肩作战，对抗法兰西王国。英格兰王国和苏格兰王国的宗教情绪，已经压倒彼此的旧

沙泰勒罗公爵詹姆斯·汉密尔顿

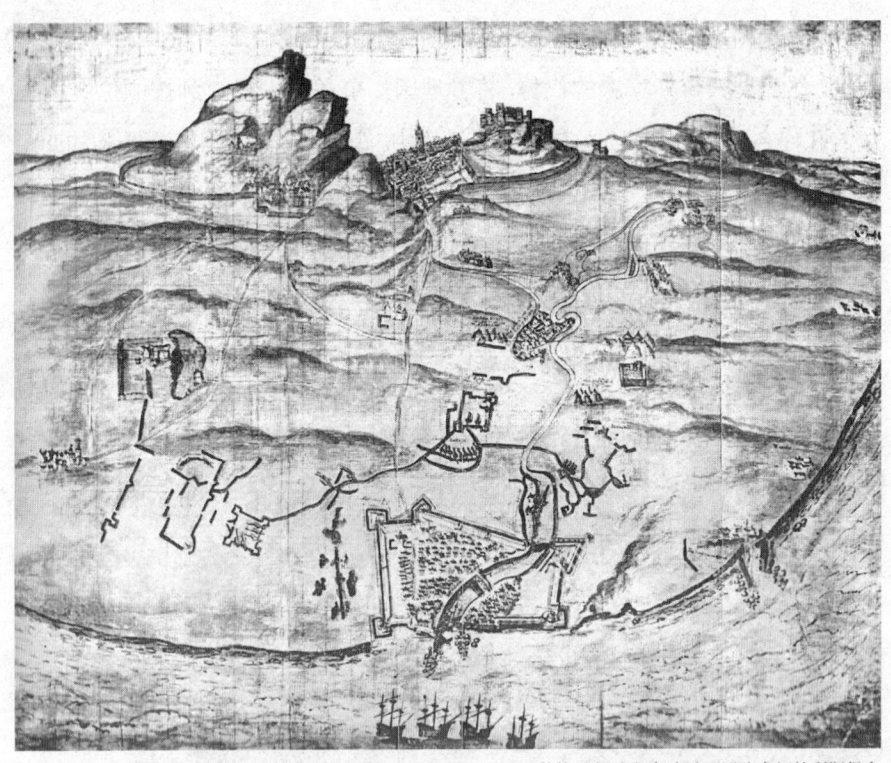

英格兰舰队袭击法兰西军队占领的利斯堡垒

仇。换言之，宗教本身已经成为英格兰王国和苏格兰王国民族精神中十分重要的元素。然而，两个王国曾对这场对法作战举棋不定。法兰西军队已占领利斯堡垒。尽管英格兰舰队已封堵法兰西军队的后路，但法兰西军队仍成功抵挡了英格兰舰队的袭击。因此，伊丽莎白一世到底会不会听从建议，派驻足够兵力，帮助苏格兰会众领主保住成功果实，实在令人怀疑。

与此同时，法兰西王国国内的局势对改革派十分有利。洛林枢机主教夏尔阻止贵族管理国家事务，屡次试图保护亲戚的权力，已然触怒贵族阶层。如今，法兰西王国负债累累，法兰西人对极具压榨性的重税也颇有微词。洛林枢机主教夏尔征收税款，完全是为了让吉斯家族获得更多利益，保障吉斯家族在苏格兰王国的权势。这更让新教教徒愤懑交加。在诸多动因的交织下，一些新教教徒开始暗中谋划,想要挟持身在昂布瓦斯的年轻的法兰西国王弗朗索瓦二世,然后摧毁吉斯家族的权势,将管理国家事务的大权交到按顺位继承王位的孔代亲王路易和纳瓦拉国王安托万手中。众人强烈建议年仅十五岁的弗朗索瓦二世远离佞臣。然而,反动新教教徒挟持弗朗索瓦二世的计划进展并不顺利,后以失败告终。1560年3月,仓促组织起来的法兰西新教起义军匆忙赶往昂布瓦斯,却被轻松击退。这支新教起义军被称为"胡格诺派",意为"仓促集结的群体"。此后,"胡格诺派"这一称谓得到沿用,专指法兰西新教教徒。

孔代亲王路易

尽管法兰西新教教徒起义失败，洛林枢机主教夏尔还是意识到自己大难临头。法兰西王国国内急需本国军队增援，所以法兰西军队不能再在苏格兰王国浪费时间了。法兰西军队撤出苏格兰王国，是苏格兰王国实现和平局面的必要条件。1560年7月的《爱丁堡条约》规定，条约生效以后，未经苏格兰王国各会众领主同意，任何人不得在苏格兰王国境内雇用外国人。这项规定让伊丽莎白一世尝到了甜头。吉斯的玛丽和弗朗索瓦二世开始承认伊丽莎白一世的英格兰女王身份，不再对英格兰王位虎视眈眈，同时放下了对准英格兰王国的武器。但1560年6月，吉斯的玛丽没等到签署《爱丁堡条约》便薨逝了。吉斯的玛丽薨逝后，法兰西王国和吉斯家族在苏格兰王国的势力暂时瓦解。

如今，苏格兰王国的会众领主胜券在握，宗教改革也在迅速进行。1560年8月25日，苏格兰王国举行等级会议，通过了《日内瓦信仰声明》。苏格兰王国等级会议宣布，苏格兰王国不再承认庇护四世的权威，禁止人民参与弥撒事务，违者将被判处重罪并获死刑。

与此同时，吉斯家族由于势力式微，已无法阻止苏格兰宗教改革的发展。在法兰西王国境内，胡格诺派要求国家兼容两派。胡格诺派领袖海军上将科加斯帕尔·德·科利尼也一直支持胡格诺派提出的宗教兼容诉求。洛林枢机主教夏尔正准备采取更有力的措施。然而，1560年12月4日，弗朗索瓦二世骤然离世，使洛林枢机主教夏尔的谋划"胎死腹中"。后来，弗朗索瓦二世十岁的弟弟查理九世即位。毫无疑问，查理九世当时不过是个未成年的孩童。因此，凯瑟琳·德·美第奇担任摄政，法兰西王国诸多亲王也陆续出任法兰西王国议会议员。一时间，法兰西王国各势力拉帮结派，各派都在争权夺利。凯瑟琳·德·美第奇是佛罗伦萨人，曾遭丈夫亨利二世与儿子查理九世冷眼。她痛恨吉斯家族，对一切能够让她大权在握的事情都坚决执行。如今，凯瑟琳·德·美第奇登上法兰西摄政之位，似乎已决心要与先前隐形人一般的生活决裂，开始释放被压抑许久的权力欲。纳瓦拉国王安托万的势力仅次于凯瑟琳·德·美第奇。他为人诚实善良，温厚和蔼，极力支持新教发展。与凯瑟琳·德·美第奇和纳瓦拉国王安托万针锋相对的吉斯家族，背后有虔诚而势力强大的天主教教徒支持。因此，吉斯家族一直盼望能有机会实施计划。

　　法兰西王国大战在即。在这场战争中，党派之争与宗教情绪诡异地交织在一起。此后一段时间内，英格兰王国和苏格兰王国都丝毫不会畏惧法兰西王国。洛林枢机主教夏尔不再打算通过武装干涉，在英格兰王国和苏格兰王国实施计划，而是预备运用政治手腕，将苏格兰女王玛丽变成自己的靠山。

# 第8章
# 苏格兰女王玛丽

**精彩看点**

苏格兰女王玛丽的法兰西岁月——苏格兰女王玛丽被苏格兰贵族控制——亨利·斯图亚特遇害——詹姆斯·赫伯恩的崛起——戴维·里奇奥遇害——达恩利勋爵亨利·斯图亚特心生不满——苏格兰天主教教徒的计划——苏格兰女王玛丽联姻的问题——1563年法兰西局势缓和——伊丽莎白一世协助胡格诺派——法兰西王国宗教战争肇始——苏格兰女王玛丽温和执政期——伊丽莎白一世及苏格兰女王玛丽的性情——伊丽莎白一世和苏格兰女王玛丽的关系——苏格兰女王玛丽的计划——苏格兰女王玛丽返回苏格兰王国

苏格兰女王玛丽十八岁守寡，从政经验比同龄人丰富。在法兰西王国，她受到的教育几乎已经清除了她身上的所有苏格兰痕迹。自弗朗索瓦一世执政时期起，法兰西人便以追求精致而优雅的生活闻名于世，而苏格兰女王玛丽也把这种风范学了个十成。在众多美丽出色的法兰西女性中，苏格兰女王玛丽的美貌和学识最受赞誉。她信仰天主教，并且完全遵从洛林主教查尔斯和吉斯的玛丽的安排。在复杂的大环境下，她知晓伪装的艺术，学会用我见犹怜的娇态掩饰心中的计谋，懂得如何运用天赋达成目的，也懂得将自身的娇媚化作施计手段。从未有任何君主能像她一样，可以将公私生活全面结合。如果政治计划不带一丁点儿私人感情和冒险性，苏格兰女王玛丽便对其提不起任何兴趣。在她看来，如果不能在享乐的同时实现宏伟目标，那么悠闲的私生活也索然无味。

起初，英格兰王国上下都不了解苏格兰女王玛丽的秉性，因此伊丽莎白一世急需弄清自己应该与苏格兰女王玛丽结成何种盟友关系。伊丽莎白一世在巴黎的使臣都极力敦促苏格兰女王玛丽签署《爱丁堡条约》，承认伊丽莎白一世为英格兰女王。但后来，在演讲中，苏格兰女王玛丽拒绝签署条约。伊丽莎白一世恍然大悟，认为必须认真对付苏格兰女王玛丽。英格兰王国与法兰西王国签署《爱丁堡条约》后，伊丽莎白一世拒绝了苏格兰女王玛丽借道英格兰王国返回苏格兰王国的请求。尽管英吉利海峡上全是英格兰王国的船，苏格兰女王玛丽还是大胆地从加来一路沿英吉利海峡航行到利斯。1561年8月中旬，苏格兰女王玛丽抵达苏格兰王国。

苏格兰女王玛丽回到苏格兰王国时，苏格兰人民的热情溢于言表。看到眼前优雅从容、年轻美丽的女王，苏格兰人民瞬间生出万丈豪情。但在苏格兰女王玛丽看来，与她习以为常的法兰西宫廷的华贵生活相比，苏格兰人的迎接阵仗似乎略显简陋。不过，苏格兰女王玛丽还是离开了金碧辉煌的法兰西宫廷，

苏格兰女王玛丽乘船返回苏格兰王国

苏格兰女王玛丽抵达爱丁堡

来到衣衫褴褛但充满激情的苏格兰人中间。苏格兰人从不卑躬屈膝，向来不拘小节。苏格兰女王玛丽抵达爱丁堡时，苏格兰人民亲密地簇拥着她。连当地的贵族都十分粗野，从未细想要如何敬待女王。苏格兰女王玛丽抵达苏格兰王国时，并未有苏格兰王室军队迎接她。她没有带任何护卫，身后也没有大批官员跟随。

苏格兰女王玛丽对自身形势了然于心，毅然决定适应当下状况，充分展现自身的强大意志和坚定决心。年轻的苏格兰女王玛丽手中并无任何实权。她身为天主教教徒，却即将统领一群陌生的新教教徒。纵使困难重重，苏格兰女王玛丽仍义无反顾地推动着心之所向的事业。

苏格兰女王玛丽满怀雄心，眼前的机会也层出不穷。如果天主教在法兰西王国占据优势，她就可以向法兰西王国寻求庇护。英格兰王国的所有天主教教徒都必须以苏格兰女王玛丽的名义行事。如果伊丽莎白一世遭逢不测，那么苏格兰女王玛丽就是英格兰王位的继承人。同时，苏格兰女王玛丽必须赢得苏格兰人民的好感，也许还可以让苏格兰人重新信奉天主教。无论如何，安全起见，苏格兰女王玛丽未来的计划必须以掌控苏格兰王国为出发点。

伊丽莎白一世猜不透苏格兰女王玛丽的心思，只是心存疑惑。苏格兰女王玛丽拒绝签署《爱丁堡条约》，进一步证实了伊丽莎白一世的猜想。伊丽莎白一世认为，因为苏格兰女王玛丽在苏格兰王国的地位毫无争议，许多人也都坚称苏格兰女王玛丽拥有英格兰王国的部分王权，所以在各个方面，自己都受到苏格兰女王玛丽的牵制。伊丽莎白一世也许希望，与苏格兰女王玛丽和平结盟后，英格兰人民可以承认自己的王位继承权。但只有苏格兰女王玛丽放弃现有权力，伊丽莎白一世才能达到目的。然而，苏格兰女王玛丽不愿放弃王权，换取仍无定论的未来利益。无论人民是否承认苏格兰女王玛丽的继承权，伊丽莎白一世的利益都必然受损。因此，为了在与苏格兰女王玛丽抗衡时不落下风，伊丽莎白一世不能谈婚论嫁。如果她嫁给新教教徒，那么失去继承王位资格的天主教教徒便会更亲近苏格兰女王玛丽。但如果伊丽莎白一世嫁给天主教教徒，新教教徒又会心生怨恨，她也会因此无法在个人立场与政治立场上保持独立。毫无疑问，伊丽莎白一世中意的丈夫人选，是约翰·达德利的儿子罗伯特·达德利。爱德华六世执政时期，约翰·达德利的地位可谓举足轻重。但伊丽莎白一世认为，如果下嫁给自己的大臣，那么她在欧洲的地位难免会下降。事实上，与国家利益相比，她更在意婚姻是否能满足自己的需要。既然无法嫁给心上人，伊丽莎白一世便干脆把婚姻当作外交筹码。

许多年里，英格兰王国的历史似乎都与伊丽莎白一世与苏格兰女王玛丽的较量息息相关。她们分别代表着那个时代两种截然不同的趋势。两人针尖对麦芒，时刻准备着抓住对方的错误，推翻对方。这两位女性天赋极高，雄心勃勃，并且都胸怀雄图大略。苏格兰女王玛丽优雅从容，胜券在握，心思更细腻敏锐。伊丽莎白一世比较傲慢自大，谨慎小心，目光更长远审慎。她们都是不择手段、狡诈虚伪的女性，随时准备利用眼前的一切工具。除了关心计谋的成

罗伯特·达德利

败,她们对其他因素一概毫不关心。但两人心中的谋划各有不同。伊丽莎白一世非常清楚自身利益与国家利益的关系,虽然有时稍显肆意妄为,但最后,对人民的责任感总是会胜过心中纯粹的私欲。伊丽莎白一世会谎话连篇、机关算尽,也会闪烁其词、欲盖弥彰,但都是为了付出最少代价,达成对人民有利的目标。苏格兰女王玛丽身上没有苏格兰人惯有的同情心。她行事完全出于私心,一切计策都是为了塑造自身的高尚形象。这也恰是她失败的原因。财运不佳时,苏格兰女王玛丽贪图享乐的本性过于张扬,甚至掩盖了她的政治才华。她的私欲已胜过对日后功成名就的渴望。她只为自己而活,为了今日的快活,甘愿牺牲未来的安宁。

起初,在同父异母①的哥哥詹姆斯·斯图亚特的引导下,苏格兰女王玛丽行事十分温和。为了能够继续信奉天主教,苏格兰女王玛丽也曾推行宗教宽容政策,使温和派人士日渐增多。她采取温和政策的主要原因是,新教神职人员已因无法获得天主教会领地而心生不满。三分之一的天主教会领地已被苏格兰女王玛丽收回手中,作为新神职人员的报酬,但另外三分之二土地依旧握在非神职人员手里。在动乱时期,拥有土地的非神职人员已经设法得到了这部分领土的所有权。

后来,苏格兰女王玛丽逐渐不满足于温和政策。第四代亨特利伯爵乔治·戈登依旧领导苏格兰北部的天主教教徒,但苏格兰政府十分质疑他的政策。1562年,苏格兰女王玛丽随詹姆斯·斯图亚特的大军北征,讨伐第四代亨特利伯爵乔治·戈登。她意气风发地策马前行,雄赳赳气昂昂地准备参与此次军事行动。在这场战役中,第四代亨特利伯爵乔治·戈登被杀。此后,戈登家族的势力迅速瓦解,天主教教徒被赶出苏格兰北部。这时,苏格兰女王玛丽仍认为时机未到,不愿用不合时宜的方法坚持自身信念,以避免使未来成功的希望破灭。

---

① 两人的父亲为苏格兰国王詹姆斯五世。苏格兰女王玛丽的母亲为英格兰的玛格丽特,詹姆斯·斯图亚特的母亲为玛格丽特·厄斯金。——译者注

凯瑟琳·德·美第奇

苏格兰女王玛丽和英格兰女王伊丽莎白一世彼此欺瞒，定会让局势对法兰西王国更加不利。趁着法兰西王太后凯瑟琳·德·美第奇与洛林主教查尔斯及吉斯的玛丽之间互相伪饰的间隙，法兰西新教教徒开始不断提升自身的社会地位。1562年1月5日，在圣热尔曼三级会议上，参会人员同意允许新教教徒拥有合法地位。后来，法兰西新教教徒得以在一定的限制条件下宣扬本教教义，而针对新教的各类刑罚也被叫停。

尽管促进新教发展已成为政治政策，但以吉斯公爵弗朗索瓦为首的狂热天主教教徒仍满腹怨尤。在激愤的民情之下，法兰西王国根本无法实行宗教宽容政策。在此形势下，在同一片土地上，天主教和新教无法和平共处。在1562年圣热尔曼三级议会法案的保护下，在法兰西王国的瓦西，吉斯公爵弗朗索瓦的手下大肆屠杀胡格诺派，使法兰西民众对新教怨气冲天。这次屠杀发生于1562年3月1日，行动计划并不周详。得到吉斯公爵弗朗索瓦的默许后，他的手下冲到毫无防备的胡格诺派信徒中间，大开杀戒。吉斯公爵弗朗索瓦抵达巴黎时，巴黎人民夹道相迎。他在法兰西王国的人气很快便超过时任法兰西国王查理九世。

瓦西大屠杀

查理九世

　　法兰西人支持天主教的情感，比凯瑟琳·德·美第奇预想中还要热烈。凯瑟琳·德·美第奇身为政客，对宗教本身的发展毫不关心。她曾试图实行宗教宽容制度，但天主教比新教势头更猛，激情更盛。眼下，凯瑟琳·德·美第奇只能暂时借法兰西国王查理九世的名义，支撑宗教宽容政策的实行。

天主教团体计划逐步废除宗教宽容政策，决定先从主要的法兰西城镇下手。随后，天主教团体成功拉拢纳瓦拉国王安托万，承诺替他收复在1512年落入西班牙王国手中的纳瓦拉国土。但胡格诺派的一个首领——纳瓦拉国王安托万的弟弟孔代亲王路易——依旧坚持新教信仰。孔代亲王路易虽为人随和，不拘小节，但一生都严谨地遵守胡格诺派的信条，全心信奉新教教义。面对种种挑战，孔代亲王路易从未轻言退缩。他对外宣称，凯瑟琳·德·美第奇和年轻

纳瓦拉国王安托万

的查理九世一直被吉斯家族的势力束缚。随后,孔代亲王路易拿起武器,打算为凯瑟琳·德·美第奇和查理九世的自由而战。

然而,孔代亲王路易仍缺乏独自向吉斯家族宣战的实力,只好请求伊丽莎白一世的帮助。伊丽莎白一世经过多番斟酌,决定以十分保守的方式提供援助,并且提出条件,要求孔代亲王路易将格雷斯德阿夫尔交到她手中。从前,伊丽莎白一世曾与苏格兰起义贵族联手,破坏吉斯家族的篡位计划,如今,她也会通过与法兰西胡格诺派结成联盟的方式,全力阻止吉斯家族帮助苏格兰女王玛丽夺权。

战争主战场在诺曼底。起初,战局对胡格诺派非常不利。1562年12月19日,孔代亲王路易打了败仗,被囚于德勒。于是,吉斯公爵弗朗索瓦率领大军,围攻胡格诺派手中最重要的城镇奥尔良。但宗教狂热并不只属于天主教教徒。胡格诺派年轻的成员让·德·博尔特罗特坚信,如果他能够带教友逃离宗教迫害者的魔窟,那么他的所作所为定能得到上帝的认可。因此,1563年2月24日,

1562年12月19日的战斗

在吉斯公爵弗朗索瓦抵达奥尔良之前，让·德·博尔特罗特便设法杀了他。法兰西宗教战争激起了十分强烈的民族情感，让许多调节人际交往的基本原则彻底崩溃。在一系列宗教争斗中，法兰西各教派的斗争血腥残暴、恨意弥漫的特点体现得淋漓尽致。

让·德·博尔特罗特刺杀吉斯公爵弗朗索瓦

第一次宗教战争结束后,凯瑟琳·德·美第奇与胡格诺派在安博瓦兹举行和平会谈

由于孔代亲王路易入狱,吉斯公爵弗朗索瓦也已不在人世,凯瑟琳·德·美第奇趁机再次大力推行宗教宽容政策,开始向多方求和。1563年3月19日颁布的《安博瓦兹敕令》,让新教教徒获得了在各城镇现有礼拜区做礼拜的权利。但巴黎不在这些城镇之列,因为巴黎天主教教徒十分顽固,无法容忍新教教徒的存在。《安博瓦兹敕令》颁布后,新教教徒与天主教教徒同意停战。显然,这种和平局面无法长期维持,但起码团结统一的民族精神已略胜一筹。终于,凯瑟琳·德·美第奇能够联合两大教派,从英格兰王国手中轻松收复格雷斯德阿夫尔。随后,伊丽莎白一世被迫与法兰西王国握手言和。

然而,在接下来几年里,吉斯家族在法兰西的势力日益壮大,其部分原因是耶稣会教义在法兰西王国得到广泛传播。此外,腓力二世对法兰西王国的影响力日渐增大。当时,面对法兰西新教教徒在尼德兰日益膨胀的势力,西班牙王国备感担忧。因此,腓力二世开始敦促凯瑟琳·德·美第奇与他一起镇压新教。但凯瑟琳·德·美第奇担心西班牙王国会借此干预法兰西王国内政,因此拒绝放弃宗教宽容政策。

阿斯图里亚斯亲王卡洛斯

吉斯家族在法兰西王国的影响力与日俱增，苏格兰女王玛丽在苏格兰王国的行动也更坚决。苏格兰女王玛丽可以利用婚姻，壮大吉斯家族在欧洲的势力。因此，许多人开始与苏格兰女王玛丽商讨联姻事宜。第一个被举荐的人选，是腓力二世的儿子阿斯图里亚斯亲王卡洛斯。但显然，腓力二世已对儿子顽劣放肆的脾性产生顾虑。凯瑟琳·德·美第奇也强烈反对阿斯图里亚斯亲王卡洛斯和苏格兰女王玛丽结婚，意欲阻挠这桩婚事。如果苏格兰女王玛丽嫁给阿斯图里亚斯亲王卡洛斯，那么苏格兰王国的宗教改革会立即溃败，苏格兰王国也将成为天主教教徒的阵地。随后，天主教教徒便会向英格兰王国发动猛攻。苏格兰女王玛丽与阿斯图里亚斯亲王卡洛斯联姻失败后，伊丽莎白一世便劝她嫁给自己的心上人罗伯特·达德利。伊丽莎白一世还表示，如果苏格兰女王玛丽和罗伯特·达德利结婚,那么自己就认可苏格兰女王玛丽为英格兰王位继承人。但苏格兰女王玛丽知道,自己作为新教教徒,一旦与臣子罗伯特·达德利成婚,就会让她再也无法对伊丽莎白一世构成威胁,也会削弱自己作为苏格兰女王的政治影响力。

苏格兰女王玛丽明白,无论是和伊丽莎白一世讲和,还是向西班牙王国寻求帮助,都不可能让民众认可她英格兰王位继承人的资格。因此,她必须相信自己的能力,另寻他法。苏格兰女王玛丽认为,在苏格兰王国,自己深得民心。她知道,约翰·诺克斯及其手下狂热的反宗教宽容主张已经将温和派成员推向

约翰·诺克斯公开反对苏格兰女王玛丽与阿斯图里亚斯亲王卡洛斯联姻

第 8 章 苏格兰女王玛丽 ● 153

支持天主教教徒的道路。苏格兰女王玛丽心想,现在她已经可以顺应内心的真实想法。1565年7月29日,她嫁给了堂弟①亨利·斯图亚特。

因为亨利·斯图亚特是天主教教徒,所以对新教教徒来说,他和苏格兰女王玛丽的婚事犹如当头棒喝。詹姆斯·斯图亚特及其手下认为,这桩婚事对他们来说是个巨大的危机。于是,他们立马全副武装,整顿军队。但出人意料的是,并未有新的士兵加入詹姆斯·斯图亚特的大军。由于无力反抗国家强制征兵的政策,所以符合征兵要求的苏格兰人已被迫逃往英格兰王国。苏格兰女王玛丽的婚事也让伊丽莎白一世备受威胁。因为亨利·斯图亚特的母亲玛

苏格兰女王玛丽与亨利·斯图亚特的婚礼

① 亨利·斯图亚特的母亲玛格丽特·道格拉斯和苏格兰女王玛丽的父亲詹姆斯五世都是玛格丽特·都铎所生,玛格丽特·道格拉斯是詹姆斯五世同母异父的妹妹。——译者注

玛格丽特·道格拉斯

格丽特·道格拉斯是英格兰国王亨利七世的外孙女①,所以苏格兰女王玛丽与利·斯图亚特成婚后,将更有资格争夺英格兰王位的继承权。

对伊丽莎白一世来说,如今,苏格兰女王玛丽的地位十分具有威胁性。苏格兰王国的众多天主教贵族再次集结。在整个欧洲,天主教势力也有所抬头。人们都认为,法兰西王国和西班牙王国已达成共识,要共同镇压新教。伊丽莎白一世考虑到整体局势,便当着法兰西王国驻英格兰王国大使和西班牙王国驻英格兰王国大使的面,接见了詹姆斯·斯图亚特,当众指责他反抗自己的合法君主苏格兰女王玛丽,并且迫使他做出声明,证明伊丽莎白一世并未参与他的叛乱。然而,这份声明没能瞒过任何人的眼睛。如今,苏格兰女王玛丽十分得意。她认为,只要苏格兰人对新教政治影响力的恐惧足以战胜对法兰西王国

---

① 玛格丽特·道格拉斯的母亲玛格丽特·都铎是亨利七世的女儿。——译者注

和西班牙王国的嫉恨,她就能快速以自己的名义,展开一次规模宏大的天主教抗英远征。

然而,苏格兰女王玛丽占据优势的局面注定转瞬即逝。她和亨利·斯图亚特的婚姻充满不愉快。亨利·斯图亚特骄傲自负、风流成性、蛮横愚昧,从未替妻子出谋划策。他不承认苏格兰女王玛丽的权威,也意识不到她一直在百般容忍。亨利·斯图亚特个性顽劣,从不顾及苏格兰女王玛丽的感受,言行举止毫无礼节可言。众所周知,这对夫妻常常发生口角。一直对苏格兰女王玛丽心怀不满的人,开始聚集在亨利·斯图亚特身边。1566年3月,苏格兰议会即将召开会议。议会规定,詹姆斯·斯图亚特和一批流亡贵族届时必须到场,解释自己的所作所为。否则,他们就只能继续亡命天涯,失去手中的权力。

亨利·斯图亚特

亨利·斯图亚特已经同意与新教领袖联合，尽可能将詹姆斯·斯图亚特及其余流亡贵族召集到自己麾下。但亨利·斯图亚特犯了严重错误。在后来的一次联盟中，他"卑劣而荒唐地剥夺了一些枢密院成员的职位，丝毫不顾及苏格兰女王玛丽的名声，不断寻找结盟双方的交易筹码。一个叫戴维·里奇奥的意大利人便是筹码之一"。戴维·里奇奥是苏格兰女王玛丽的机要秘书，专门负责替苏格兰女王玛丽拟定秘密计划，手握外务大权。因此，亨利·斯图亚特对戴维·里奇奥无比嫉恨。后来，戴维·里奇奥的权势日益扩大，触怒了骄傲的苏格兰贵族。亨利·斯图亚特暗自思量，如果戴维·里奇奥的影响力已不如从前，那么他完全可以独揽苏格兰大权。

戴维·里奇奥

1566年3月9日傍晚，在爱丁堡霍利鲁德宫大厅内，苏格兰女王玛丽与戴维·里奇奥及简·斯图亚特夫人相谈甚欢。此时，亨利·斯图亚特走进大厅，十分亲昵地和苏格兰女王玛丽交谈起来。很快，全副武装的帕特里克·鲁思文勋爵也步入厅内。为了完成接下来的血腥任务，帕特里克·鲁思文勋爵坚持从病床上起来，因此脸色苍白，十分憔悴。帕特里克·鲁思文勋爵冷漠地说："女王

霍利鲁德宫里的苏格兰女王玛丽与戴维·里奇奥

帕特里克·鲁思文勋爵让苏格兰女王玛丽交出戴维·里奇奥

陛下,请让戴维·里奇奥站出来,他已经在这里待太久了。"这番话里,要杀死戴维·里奇奥的意味已显而易见。于是,戴维·里奇奥惊恐万分地抓住苏格兰女王玛丽的裙子。这时,更多武装士兵冲进大厅,粗暴地将戴维·里奇奥和苏格兰女王玛丽分开。苏格兰女王玛丽被推挤到丈夫亨利·斯图亚特的怀中。可怜的戴维·里奇奥被硬生生拖到大厅门前,身中数刀,尸首被人从阶梯上扔了下去。霍利鲁德宫的侍从赶到现场时,立马被亨利·斯图亚特遣散。亨利·斯图亚特声称,戴维·里奇奥被杀一事是他一人所为。

第 8 章 苏格兰女王玛丽 ● 159

戴维·里奇奥惊恐万分地抓住苏格兰女王玛丽的裙子

戴维·里奇奥被杀

1566年3月10日，詹姆斯·斯图亚特带着流亡贵族回到了苏格兰王国。戴维·里奇奥不幸遇害后，苏格兰女王玛丽立马明白这场阴谋是在针对自己。但在危机四伏的情况下，她的意志十分强大，心思也愈加敏锐。苏格兰女王玛丽接受了亨利·斯图亚特的说辞，并且表示会原谅他。她还接纳流亡归来的贵族，假装与他们议和。但同时，她清楚，支持她的第五代亨特利伯爵乔治·戈登和詹姆斯·赫伯恩都逃亡在外，并且正在招兵买马。于是，苏格兰女王玛丽心生险计。她先是好言好语地哄住亨利·斯图亚特，随后成功离间他和他的盟友，劝诱这个软弱的男人否认他曾参与戴维·里奇奥谋杀案。在保证亨利·斯图亚特的安全后，1566年3月12日晚上，苏格兰女王玛丽和亨利·斯图亚特悄悄逃到邓巴。詹姆斯·赫伯恩召集人马，与苏格兰女王玛丽及亨利·斯图亚特在

詹姆斯·赫伯恩

儿童时期的詹姆斯一世

邓巴会合。1566年3月28日,苏格兰女王玛丽回到爱丁堡,但在她返回之前,叛乱贵族再次逃脱。此后,苏格兰女王玛丽重掌大权。1566年6月19日,她诞下一子,即后来的英格兰国王詹姆斯一世,进一步巩固了地位。如果苏格兰女王玛丽的英格兰王位继承权得到认可,她获得英格兰王位便指日可待。得知苏格兰女王玛丽可能夺权后,伊丽莎白一世对比形单影只的自己和日渐强大的苏格兰女王玛丽,潸然泪下。伊丽莎白一世感叹道:"苏格兰女王玛丽已是一个可爱孩子的母亲,我却依然无儿无女、孑然一身!"

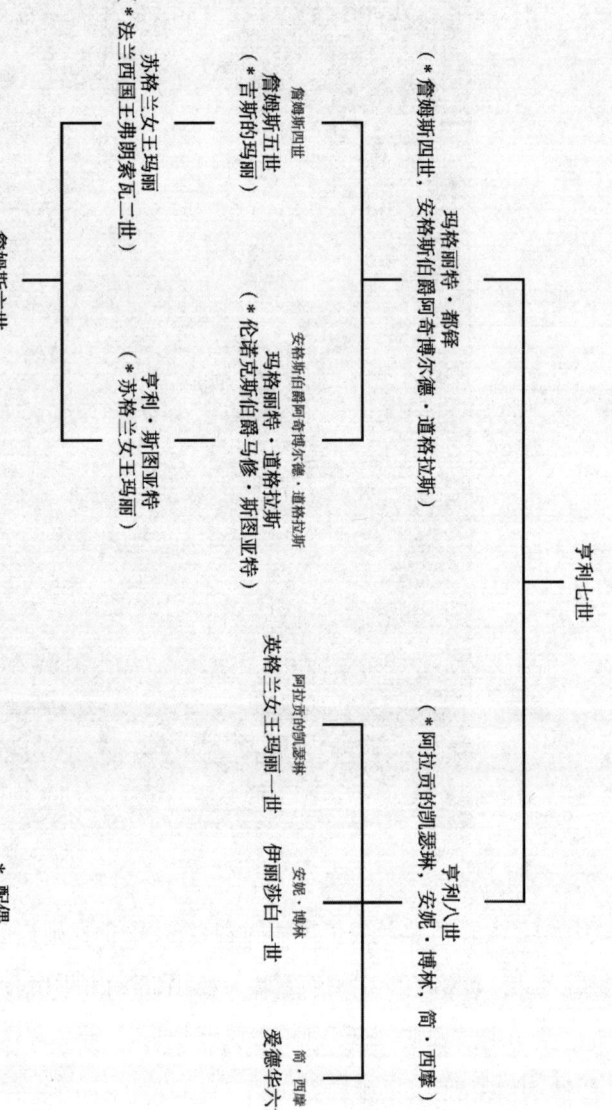

苏格兰女王玛丽的英格兰王位继承关系示意图

* 配偶

与此同时，人人都已经对亨利·斯图亚特万分鄙夷。于是，在亨利·斯图亚特剥夺叛党首领的合法头衔后，苏格兰女王玛丽不再掩饰自己对他的厌恶。由于先前背弃盟友，亨利·斯图亚特如今再无法取信于人，同时失去了新教领导权。此时，苏格兰女王玛丽已经是天主教领袖。失势的亨利·斯图亚特只得在宫廷中漫无目的地晃荡。他受尽冷眼，现在只要遇到愿意听他说话的人，都会一股脑地向对方倾吐怨言。一次，与他人谈话时，亨利·斯图亚特正要提出逃往法兰西王国的想法，却被对方制止，因为一旦谈论这个话题，就很有可能引发流言。亨利·斯图亚特曾与苏格兰女王玛丽谈起离婚一事，而这个问题也会招来各种麻烦。

在邓巴，詹姆斯·赫伯恩曾大力帮助苏格兰女王玛丽。因此，苏格兰女王玛丽对他推心置腹。苏格兰女王玛丽把两片富饶的苏格兰教会土地梅尔罗斯和哈丁顿一并赐给詹姆斯·赫伯恩，同时封他为海军上将和苏格兰边境守卫官。从此，在苏格兰王国，詹姆斯·赫伯恩出尽风头，拥有很大权势，甚至开始得寸进尺。当时，苏格兰女王玛丽深受詹姆斯·赫伯恩的影响。经历过各种艰险磨难和跌宕起伏后，苏格兰女王玛丽似乎已失去自立自强的魄力。她开始完全依靠詹姆斯·赫伯恩，对他的依恋之情也愈加炽烈。因此，尽管两人都各有婚配，但詹姆斯·赫伯恩还是心生一计，想娶苏格兰女王玛丽为妻。

詹姆斯·赫伯恩得宠后，亨利·斯图亚特第一个遭人灭口。但谋害亨利·斯图亚特的人手段漏洞百出，其不轨之心昭然若揭。亨利·斯图亚特曾患病，患病时便搬到格拉斯哥，由父亲伦诺克斯伯爵马修·斯图亚特照料。亨利·斯图亚特病情有所好转时，苏格兰女王玛丽到格拉斯哥探病。但亨利·斯图亚特病愈后，苏格兰女王玛丽并未让他返回霍利鲁德宫，而是安排他回到爱丁堡城墙附近的柯克奥菲尔德。1567年2月9日傍晚，有人投放火药炸毁了柯克奥菲尔德，致使亨利·斯图亚特在屋外的花园中丧命。就在此时，苏格兰女王玛丽正在霍利鲁德宫举办舞会。

苏格兰女王玛丽丧夫不久，众人就开始怀疑，詹姆斯·赫伯恩是谋害亨利·斯图亚特的幕后黑手。被情爱冲昏头脑的苏格兰女王玛丽认为，这次事故是针对自己而来的，她只是侥幸逃过一劫。然而，漫天谣言无法止息。爱丁堡市政厅的大门上也已经张贴公告，称詹姆斯·赫伯恩就是谋害亨利·斯图亚特的主谋。亨利·斯图亚特的父亲马修·斯图亚特向苏格兰女王玛丽致信，要求她审判此案，并且获得了苏格兰女王玛丽的首肯。此时，受审人詹姆斯·赫伯恩竟大张旗鼓地往爱丁堡派兵。在人们眼中，这场审判的发起人是马修·斯图亚特，而不是苏格兰女王玛丽。但因为苏格兰女王玛丽不允许马修·斯图亚特携非家仆人员随行，所以马修·斯图亚特不敢贸然前往有重兵把守的爱丁堡，唯

马修·斯图尔特

詹姆斯·赫伯恩与苏格兰女王玛丽

恐自己会丢掉性命。由于起诉人马修·斯图亚特并未出现在审判现场,也没有任何人能提供证据指控詹姆斯·赫伯恩,最终,詹姆斯·赫伯恩被无罪释放。

此时,詹姆斯·赫伯恩的计划进展迅速。他成功让苏格兰王国的几个领主签了一份协约,让他们促成自己与苏格兰女王玛丽的婚事。接着,1567年4月31日,在斯特灵,苏格兰女王玛丽探望儿子詹姆斯·斯图亚特后返回爱丁堡,途中遇见詹姆斯·赫伯恩,被他带到了邓巴城堡。

琼·戈登

詹姆斯·赫伯恩与苏格兰女王玛丽的婚事还有一重阻碍,那就是詹姆斯·赫伯恩仍在人世的妻子,即第五代亨特利伯爵乔治·戈登的妹妹琼·戈登。因此,詹姆斯·赫伯恩必须先和琼·戈登离婚。由于詹姆斯·赫伯恩是新教教徒,苏格兰女王玛丽是天主教教徒,两人婚前必须再三确认各方面万无一失。后来,琼·戈登以詹姆斯·赫伯恩与苏格兰女王玛丽私通为由,将詹姆斯·赫伯恩告上新教代理主教法院,后获准离婚。获得苏格兰王室的许可后,天主教监督法院重新建立。此后,天主教监督法院根据罗马教廷法律,以詹姆斯·赫伯恩与琼·戈登有血缘关系为由,判决二人离婚。随后,詹姆斯·赫伯恩被封为奥克尼公爵。1567年5月15日,詹姆斯·赫伯恩与苏格兰女王玛丽完婚。

詹姆斯·赫伯恩谋杀亨利·斯图亚特的罪行已众所周知。因此,与詹姆斯·赫伯恩成婚后,苏格兰女王玛丽在苏格兰的名声一落千丈,在欧洲也名誉扫地。就这样，伊丽莎白一世目睹着苏格兰女王玛丽的地位日渐下滑。到最后，苏格兰女王玛丽已无法对伊丽莎白一世构成任何威胁。苏格兰女王玛丽对詹姆斯·赫伯恩的迷恋，已完全吞没她的政治智慧。她的执政才能已被男欢女爱掩盖，让她再无心施展宏图。与信奉新教的詹姆斯·赫伯恩结婚后，苏格兰女王玛丽不再被视为天主教领袖。由于苏格兰女王玛丽与性格乖张的詹姆斯·赫伯恩结成夫妻，苏格兰全体人民已对她厌恶至极。

此时，詹姆斯·赫伯恩权势迅速扩大，这让苏格兰贵族忧心忡忡。他们从未想过，与一个强盛的封建家族结合后，苏格兰王权会变得如此强大。苏格兰贵族终于明白，苏格兰女王玛丽和詹姆斯·赫伯恩结合，将极大地威胁苏格兰贵族的自主权。因此，许多曾承诺援助詹姆斯·赫伯恩的贵族，开始密谋暗算詹姆斯·赫伯恩。后来，苏格兰女王玛丽要为苏格兰边境探险队征收封建税时，苏格兰上下居然无人响应。见此情形，苏格兰女王玛丽和詹姆斯·赫伯恩十分惶恐，只能双双隐居于博斯威克城堡。但很快，第四代莫顿伯爵詹姆

博斯威克城堡

斯·道格拉斯和亚历山大·霍姆勋爵率领军队赶到博思威克城堡,声称要将苏格兰女王玛丽从詹姆斯·赫伯恩的手中拯救出来。由于博思威克城堡无法抵挡詹姆斯·道格拉斯和亚历山大·霍姆的攻势,詹姆斯·赫伯恩只好先行逃跑,苏格兰女王玛丽随后逃跑,两人都藏身于邓巴。之后,詹姆斯·道格拉斯和亚历山大·霍姆率军进攻爱丁堡。爱丁堡城堡驻军见势立马投降。之后,詹姆斯·道格拉斯和亚历山大·霍姆发布公告,指控詹姆斯·赫伯恩谋害亨利·斯图亚特,诱骗苏格兰女王玛丽与他结成"不正当婚姻"。在詹姆斯·赫伯恩召

詹姆斯·道格拉斯

苏格兰女王玛丽投降

集兵马时,詹姆斯·道格拉斯和亚历山大·霍姆勋爵离开了爱丁堡,打算与詹姆斯·赫伯恩会面。双方在马瑟尔堡会面,但詹姆斯·赫伯恩很清楚,多番逃亡以后,他的军衔早已下降。因此,詹姆斯·赫伯恩不愿开战。在卡伯里,苏格兰女王玛丽也宣布投降。但她提出的条件是,詹姆斯·道格拉斯和亚历山大·霍姆勋爵必须允许詹姆斯·赫伯恩出逃。1567年6月15日,詹姆斯·赫伯恩逃往邓巴,接着又辗转抵达他的公爵领地奥克尼。后来,詹姆斯·赫伯恩逃到丹麦北部。最终,1578年,詹姆斯·赫伯恩在丹麦去世。

在人民的咒骂声中，苏格兰女王玛丽被带回爱丁堡。在她眼前，写着"抵制谋害国王"标语的横幅迎风飘拂。人们举着亨利·斯图亚特的幼子詹姆斯的画像，呼喊着要为詹姆斯的父亲亨利·斯图亚特报仇。苏格兰女王玛丽的所作所为已让她永远丧失了在欧洲的重要地位。如今，她已蒙上奇耻大辱，因此法兰西王国不可能再对她伸出援手。苏格兰女王玛丽已完全失信于苏格兰臣民，无法在苏格兰王国东山再起。苏格兰贵族本想让苏格兰女王玛丽摆脱詹姆斯·赫伯恩，独立执政。但苏格兰女王玛丽因为依旧牵挂着她一无是处的丈夫詹姆斯·赫伯恩，所以还是被赶出爱丁堡。最后，苏格兰女王玛丽被关押在利文湖城堡。

据说，苏格兰女王玛丽被囚利文湖城堡的第三天，即1568年6月20日，苏格兰众多结成联盟的会众领主拿到了詹姆斯·赫伯恩的一个首饰盒。盒里装着苏格兰女王玛丽给詹姆斯·赫伯恩的信。詹姆斯·赫伯恩一直保留着这些信，以博取苏格兰女王玛丽的好感。信中字里行间洋溢着苏格兰女王玛丽对詹姆斯·赫伯恩的浓烈爱意，还曾提及铲除亨利·斯图亚特的计划。如果这些信并非伪造，就能证实苏格兰女王玛丽的滔天罪行和通奸行为。但信的原件早已被毁，如今无法证实它们的真伪。的确有人由于急需确凿证据，证实心中对苏格兰女王玛丽和詹姆斯·赫伯恩的怀疑，有动机伪造上述书信。无论如何，当时，苏格兰贵族都坚信"藏在首饰盒里的信"是真实的，也的确曾按照信中的内容采取行动。1567年6月24日，苏格兰女王玛丽的谋杀罪名成立，她被迫将王位让给儿子詹姆斯。詹姆斯即位后称苏格兰国王詹姆斯六世。此外，苏格兰女王玛丽同父异母的哥哥詹姆斯·斯图亚特被封为苏格兰摄政。

# 第9章

# 西班牙王国的专制制度

**精彩看点**

查理五世的政府——查理五世对尼德兰的统治——腓力二世的改革措施——腓力二世其人——腓力二世的宗教政策——腓力二世掌权

查理五世手中的权力来源非常复杂。查理五世之所以大权在握，并不是因为他拥有杰出的政治理念，而是因为他是西班牙多个统治家族的后裔。查理五世曾在尼德兰接受教育，受姨母阿拉贡的凯瑟琳的照料。在阿拉贡的凯瑟琳的耳濡目染之下，查理五世逐渐开始奉行勃艮第旧式政治原则。查理五世的外曾祖父①，即勃艮第公爵"大胆"查理，曾不遗余力地摧毁了法兰西国王路易十一的势力，打算在莱茵河沿岸建立独立于法兰西王国的国家，并且将自己的领土勃艮第和尼德兰纳入新国家的版图。然而，勃艮第公爵"大胆"查理的建国计划落空了，他的勃艮第领土也被路易十一夺走。因此，从法兰西王国手中收复勃艮第领土，成为查理五世即位后的首要目标。

　　即位之初，查理五世统治国家的方式以佛兰芒人的利益为中心。但这种执政方式引起卡斯蒂尔人的强烈反感，继而引发激烈的起义。后来，查理五世认清了错误。为了未来的良好统治秩序，他不再与统治下的任何一个国家过度亲密。当时，查理五世统领卡斯蒂尔王国、阿拉贡王国、尼德兰、神圣罗马帝国、米兰公国、那不勒斯王国和西西里王国，还在东方及美洲新大陆拥有多处殖民地。但查理五世在不同领地拥有不同的头衔，行使的权力也不尽相同。统治期间，查理五世的主要目标是确保自己在所有领地掌握最高权力，并且利用统一管理体制，把他在所有领地的主权合为一体。

① "大胆"查理之女勃艮第的玛丽是查理五世之父，即卡斯蒂尔国王腓力一世的母亲。——译者注

# 查理五世亲缘关系表

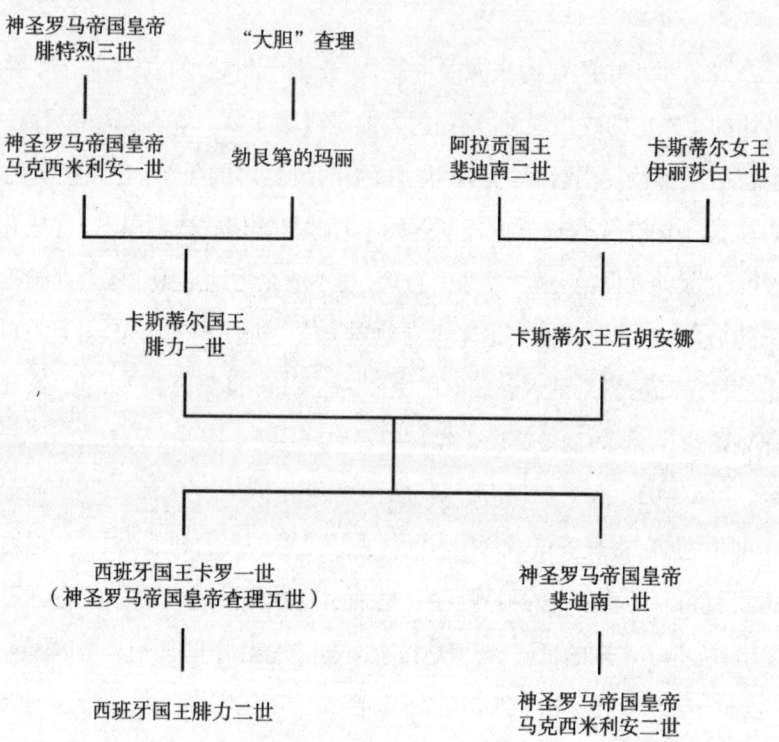

从很大程度上来说，查理五世是一个成功的君主。他让遵循旧制的卡斯蒂尔王国、米兰公国、那不勒斯王国和西西里王国彼此竞争，以此维护自身王权在领地中的最高地位。在保证自身地位的同时，查理五世还要与王国的其他势力互相制衡。但我们可以看到，查理五世未能维护哈布斯堡家族在神圣罗马帝国的最高地位。查理五世认为，有必要在尼德兰采取温和政策，并且尊重尼德兰各省的宪法特权，因为尼德兰是查理五世统治下最富裕的领土，商业活动十分活跃。尼德兰贸易城市都已各自制定章程，并且只有在本地章程得到严格遵守的情况下，这些贸易城市才愿意向查理五世提供资金援助。

尼德兰的贸易城市已帮助查理五世筹得与法兰西王国继续交战的大部分资金。统治尼德兰时，他十分小心，几乎不敢与尼德兰贸易城市的人发生冲突，也不敢贸然修改这些城市的宪法。查理五世的政府只能通过平衡查理五世与尼德兰之间的权力，来维系政府对尼德兰的统治。尼德兰会对查理五世解囊相助，但尼德兰人表示，他们资助查理五世纯属自愿，不会向查理五世缴纳任何强制税款。对此，查理五世回应说，他会给尼德兰人自由的权力。但尼德兰人也不应像叫卖的小商贩一样讨价还价。因为查理五世幼时在尼德兰长大，所以在君与民都承认彼此权利的基础上，尼德兰各省都对查理五世忠心耿耿，视他为尼德兰的君主。

但在查理五世的儿子腓力二世统治时期，尼德兰的局面发生了变化。腓力二世在卡斯蒂尔长大，从性格、举止、外貌和语言上来看，他都是彻头彻尾的西班牙人。腓力二世冷漠傲慢、不可一世的性格，让佛兰芒人十分不满。他沉默不语的举止，在佛兰芒人看来也十分具有轻蔑的意味。起初，佛兰芒人对腓力二世仍十分忠诚，因为尼德兰和英格兰王国联军曾替腓力二世赢得具有决定性意义的圣昆廷战役，也让腓力二世得以与法兰西王国签订1559年的《卡托-康布雷齐和约》。

签订《卡托-康布雷齐和约》后，腓力二世回到西班牙王国，从此再未踏出西班牙国土半步。查理五世在位时，并没有单独为名下任何属国牟利。查理五

马德里

世从未确定首都,而是根据时局需要,在不同地方居住。但在即位之初,腓力二世就已将卡斯蒂尔王国定为政治中心。建立西班牙帝国后,腓力二世才确定马德里为首都,统一管理马德里各处领地。受腓力二世统领的国家,都被视为西班牙帝国属地。所有属地都属于西班牙帝国行政体制的一部分,由各属地总督管理。此后,腓力二世统领下的国家的政治关系逐渐发生变化。这些变化牵扯到欧洲的命运。可以说,一个人如果能够统一调度分散各地的资源,往各属地人民思想中灌注西班牙人果敢、刚烈、狂热的精神,并且让各属地联合起来,为西班牙和天主教而战,就一定能牢牢掌握欧洲的未来。

　　腓力二世野心勃勃,和他的祖先一样,都认为他们的家族注定要称霸世界。然而,他不得不从自身性格特征和能力出发,调整治国策略。腓力二世并不是一个可以凭借面容威震全军的军事领袖,也不是精力充沛、和蔼可亲的君主。他身上没有友善与迷人的气质,无法博得臣民的强烈好感。但腓力二世是一个非常勤勉刻苦、冷静精明的政客。他虽然存在个性缺陷,并且身体抱恙,无法在国际事务中发挥出色的能力,但雷厉风行。安静独处时,腓力二世不会因士兵热情好战而动摇，也不会受意见不一的混乱局面的干扰。面对欧洲大小复杂事件时，他沉着冷静，能够按照自身目的扭转局势。这便是腓力二世理想的生活方式。他在西班牙王国与世隔绝的昏暗王宫内运筹帷幄，控制着欧洲事务的进程。他夜以继日地独自坐在房中批阅公文。腓力二世就是自己的首席谋臣，亲自批阅呈递上来的所有书面意见。他会反复阅读每份文件，在上面划线标号，分析过后还会在文件留白处批注。他会把批阅过的文件放到一旁，并且仔细地与其他文件比较，不断权衡和考虑。腓力二世还会用尽一切方法，检验文件内容的真实性和文件撰写人的品格。一旦文件中有任何可疑的不实内容，他都会不留情面地检查出来。在仔细考量和对比所有矛盾说法之后，腓力二世会得出结论，拟定确切的计划。在决策过程中，他头脑冷静，目的明确。计划成型后，他会马上慎重执行。他不会因计划成功喜上眉梢，也不会因计划失败满腹牢骚。此外，腓力二世还是个认真可敬的商人，他把治理王国的过程看作一场交易。如果一个人只需勤勉认真便可管理好政治事务，那么腓力二世本可以过上一帆风顺、令人羡慕的生活。

腓力二世从不相信任何人，把诸位大臣都看作实施计划的棋子。他习惯保持沉默，并且会在不背离自己想法的基础上，倾听各方的声音。彼此意见相左的大臣总会在腓力二世面前不遗余力地控诉对方。在倾听过程中，腓力二世并不会失去自我判断能力。他会允许大臣实施某项计划，但只会以计划成败论其好坏。计划一旦失败，腓力二世会马上弃用这个大臣。因此，没有任何大臣敢打包票，自己能够长期得到腓力二世的青睐。腓力二世如果对某个人生疑，不会明显地表现出来，而是会安排这个人慢慢远离手头事务，让其无法损害国家利益，最后再出其不意地革除他的职务。

腓力二世认为，自己的政治地位之所以不稳固，是因为对他来说，政治地位毫无吸引力，并且在人民眼中，他是个对政治地位缺乏兴趣的君主。事实上，他试图全身心投入宗教事务，以此维护百姓的根本利益。但这不代表腓力二世是个伪君子。腓力二世之所以采取这种策略，是因为他虔诚地信奉天主教。但腓力二世十分清楚，如果自身利益与天主教教徒利益一致，情况便对他十分有利。作为天主教领袖，腓力二世干预欧洲各项事务时，每当天主教获利，西班牙的势力都会增强。为巩固实力，腓力二世把自己的政府与西班牙王国政府统一起来。当时，人们认为，新教观念是犹太人和摩尔人的污浊血统的象征。而西班牙王国刚好在讨伐摩尔人的征战中获胜，所以反新教的形象更符合腓力二世的宗教倾向。

因此，在腓力二世的统治下，西班牙王国成为狂热的天主教国家。看着由腓力二世掌权的西班牙王国政府，卡斯蒂尔人得意扬扬，也愿意继续缴纳税款，支撑西班牙王国的正常发展。宗教事务激发了卡斯蒂尔人的勇敢精神。作为天主教领袖，腓力二世一直被人民的赤诚忠心围绕着。其实，西班牙百姓此时此刻的忠诚与从前的西班牙精神已经相差很多。因此，腓力二世选择掌控西班牙王国政府是十分高明的。腓力二世尽管有诸多缺点，但控制西班牙王国政府后，便掌握了连父亲查理五世都没能拥有的巨大权力。然而，在卡斯蒂尔王国以外的属地，特别是在尼德兰，腓力二世仍需努力培养当地人对西班牙王国的忠诚。

# 第10章

# 尼德兰革命

**精彩看点**

尼德兰概况——尼德兰政府——尼德兰的昌盛——腓力二世遭到反对——腓力二世的教会政策——枢机主教安托万·佩勒诺·德·格朗韦勒退出政坛——腓力二世遭到宗教势力的反对——贵族同盟对英格兰王国的影响——"乞丐帮"崛起——安特卫普的破坏圣像运动——支持腓力二世的抗暴活动——腓力二世的盘算——阿尔瓦公爵费尔南多·阿尔瓦雷斯·德·托莱多被派往尼德兰——奥兰治亲王威廉的反抗

都铎王朝时期，今荷兰和比利时统称"尼德兰"，也因地势较低而被称为"低地国家"。在尼德兰，有一片辽阔的平原位于莱茵河、默兹河和斯顿尔特河交汇处。中世纪时，这片土地曾归属于不同领主，但最终逐渐归历代勃艮第公爵统一管辖。直到"大胆"查理之女勃艮第的玛丽嫁给神圣罗马帝国皇帝马克西米利安一世，尼德兰才转由奥地利家族统治。

查理五世统治时期，尼德兰仍不是统一的行政国家。当时，尼德兰由十七个省构成，每个省都有各自专属的宪法、等级议会及各自的省长或地方管理者。有时为了某些共同目的，尼德兰所有省份会一起召开等级会议，但每个省会分别规定各自的税目，并且分别向国王呈报不满意见。尼德兰每个省都有自己的章程和特权，都执着地坚持本省宪章，坚定维护本省特权。因为尼德兰各省地方性原则非常强，所以对腓力二世来说，要将尼德兰各省变成西班牙君主制统治下的领地并非易事。尼德兰的城镇非常富裕，城镇居民有强烈的独立精神。同时，尼德兰贵族人数众多，并且十分好战，高度自信。尽管许多尼德兰人生活捉襟见肘，但其中大部分人依旧野心不减。因此，腓力二世面临的问题是，要如何按照他的意愿改造尼德兰人民。

16世纪早期，尼德兰贸易获得极大发展。葡萄牙探索者开辟了直接沟通印

"大胆"查理

勃艮第的玛丽

神圣罗马帝国皇帝马克西米利安一世

度和南非的海路,从此打破了威尼斯对西方与东方通商的垄断局面。当时,意大利已沦为欧洲各国主战场,其商业逐渐萎缩。北欧国家的贸易却取得了前所未有的发展。安特卫普成为世界商贸之都,威尼斯驻荷兰大使只能一边叹息,一边目睹本国商业地位被安特卫普迎头赶上。此时,尼德兰到处是商业繁荣发展、社会富庶及人们锦衣玉食的景象。尼德兰人勤劳肯干,具有独创精神。尼德兰非贵族阶层的人不喜欢战争,习惯储蓄财富,以此维护国家的长治久安。尼德兰人非但不好习武,反倒喜欢闲暇时在各大"文学会"上表演寓言故事。他们凭借独到的艺术眼光和富饶家产,制作出华美炫目的戏服,以有形的方式,阐述道德真谛和世俗箴言。

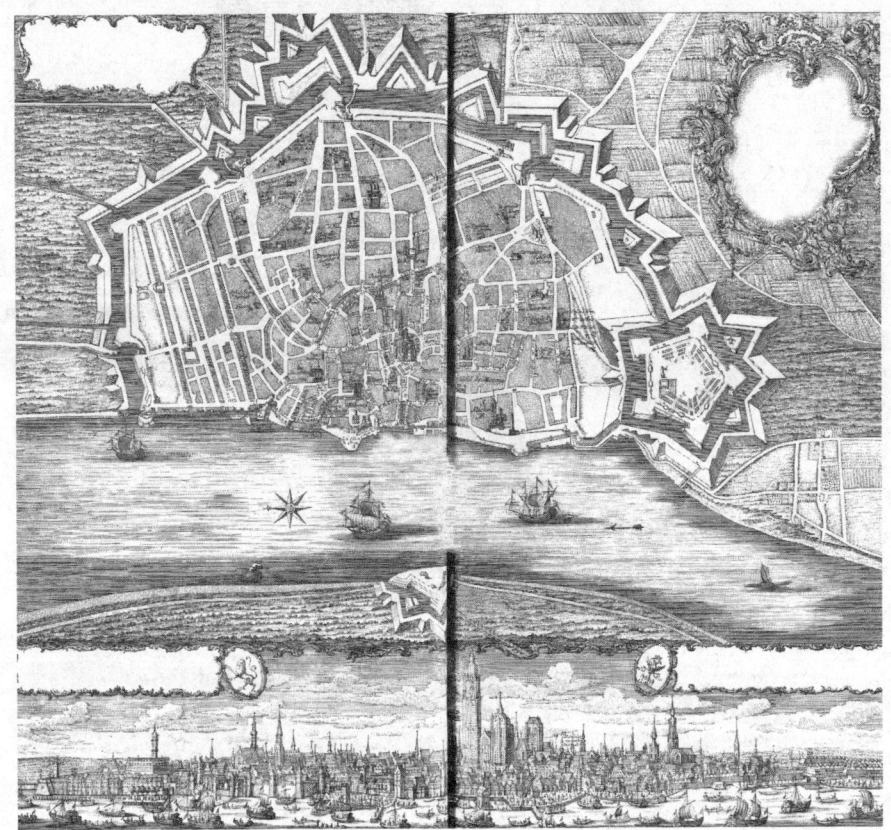

安特卫普

帕尔马的玛格丽特

1559年，腓力二世离开尼德兰时，任命自己同父异母①的妹妹帕尔马的玛格丽特为尼德兰摄政。辅助帕尔马的玛格丽特执政的是尼德兰国家议会。此议会成员多数为尼德兰本地贵族。尼德兰国家议会受枢密院牵制。枢密院由腓力二世的亲信组成。然而，连枢密院成员都很快发现，尼德兰摄政帕尔马的玛格丽特奉命所行之事，没有一件得到过安托万·佩勒诺·德·格朗韦勒的批准。安

---

① 两人的父亲为查理五世。腓力二世的母亲是葡萄牙的伊莎贝拉，帕尔马的玛格丽特的母亲是约翰娜·玛利亚·范·德·盖因斯特。——译者注

安托万·佩勒诺·德·格朗韦勒

托万·佩勒诺·德·格朗韦勒是查理五世的重臣尼古拉·佩勒诺·德·格朗韦勒的儿子,他本人也曾侍奉查理五世。此时,安托万·佩勒诺·德·格朗韦勒身为阿拉斯主教,理应深得腓力二世的信任,也该为腓力二世的利益做出奉献。安托万·佩勒诺·德·格朗韦勒是天主教教徒,完全可以运用自身的影响力,镇压查理五世本人无力抑制的、已进入白热化阶段的改革运动。

尼德兰贵族很快便发现自己遭到忽视。奥兰治亲王威廉①的堂兄沙隆的

---

① 即位后为威廉一世,也称"沉默者"威廉。——译者注

勒内①统领奥兰治,曾娶奥兰治查隆斯家族的女继承人洛林的安娜为妻,但无子而终。后来,奥兰治亲王威廉从沙隆的勒内手上继承了奥兰治的统治权,所以被尼德兰人称为奥兰治亲王。奥兰治亲王威廉的父亲拿骚-迪伦堡伯爵威廉一世曾是查理五世的忠诚将领,奥兰治亲王威廉也曾深得查理五世的宠信。但他发现,自己当时的地位处于枢机主教安托万·佩勒诺·德·格朗韦勒之下。曾为腓力二世打赢圣昆廷战役的埃格蒙特伯爵拉莫拉尔和名将霍恩伯爵

沙隆的勒内

---

① 奥兰治亲王威廉的父亲拿骚-迪伦堡伯爵威廉一世是沙隆的勒内的父亲拿骚-布雷达伯爵亨利三世的弟弟。—译者注

菲利普·德·蒙莫朗西

菲利普·德·蒙莫朗西都发现，腓力二世只起用西班牙人，无视他们二人的存在。尼德兰中产阶级认为，自己很可能受到西班牙外族势力的掣肘。依照古老的尼德兰自由原则，尼德兰中产阶级拒绝让外族人担任尼德兰各省的政治职务。当时，尼德兰出现了许多应征抗击法兰西的西班牙士兵，这唤醒了尼德兰人的戒备之心。腓力二世离开尼德兰前，尼德兰等级议会要求西班牙军队撤出尼德兰，因为外国军队进驻尼德兰境内侵犯了尼德兰人民的自由权利。尼德兰人民威胁道，如果外国军队继续玷污尼德兰的土地，尼德兰人就会打开堤坝，任凭海水灌进来。因此,尼德兰摄政帕尔马的玛格丽特不得不向腓力二世致函,要求他撤兵。1560年年底,腓力二世勉为其难地同意从尼德兰撤出军队。

一旦公众起疑,一切苗头都会使疑虑变本加厉。因此,腓力二世的教会政策很快便引起了动乱。由于尼德兰只有三个主教职位,腓力二世便向庇护四世提出申请,要求增加尼德兰的主教职位。为此,庇护四世颁布通谕,为尼德兰增加三个大主教职位和十五个主教职位。欲谋教职者要用自己的修道院财产换取心仪的职位。因此,贵族家庭年轻成员的财富会有所减少。腓力二世一旦扩大其政治权力,便能够更有效地镇压异教徒。尼德兰贵族发现,教职数量的增加让遭人憎恶的安托万·佩勒诺·德·格朗韦勒的权力有所扩大。如果尼德兰政府承认宗教迫害合法,那么安托万·佩勒诺·德·格朗韦勒很有可能会以打击异教徒的名义,抨击尼德兰贵族。1522年,在尼德兰,查理五世成立了西班牙异端裁判所,该裁判所设有常驻官员和审判异教徒的法庭。不久,异端裁判所便对尼德兰造成了毁灭性影响。尼德兰人对异端裁判所审理人执行的宗教迫

异端裁判所

害政策恨之入骨。查理五世于1550年颁布的一个法案和腓力二世于1555年颁布的另一个法案,进一步加深了宗教迫害的程度。

由于上述事件,在尼德兰各阶层中,安托万·佩勒诺·德·格朗韦勒声名狼藉。尼德兰贵族向腓力二世进谏,请求罢免安托万·佩勒诺·德·格朗韦勒的职务,但并未如愿。最终,几个领头贵族组成对抗安托万·佩勒诺·德·格朗韦勒的保卫同盟。尼德兰人用各种讽刺性绘画和文章,大肆抨击安托万·佩勒诺·德·格朗韦勒。为讥讽安东尼·佩勒诺·格朗韦勒哗众取宠的浮华做派,尼德兰贵族身穿十分简朴的粗缝羊毛制服,制服袖口上绣着一个既像一顶滑稽的帽子,又像修道士蒙面斗篷的图样。这种佛兰德斯式粗野伎俩,开始在尼德兰人中流传开来。与此同时,尼德兰摄政帕尔马的玛格丽特也开始厌倦对安托万·佩勒诺·德·格朗韦勒低声下气的生活。因此,奥兰治亲王威廉、埃格蒙特伯爵拉莫拉尔和菲利普·德·蒙莫朗西纷纷退出尼德兰政务院。他们表示,自己在政务院里不过是影子一般的存在,只有安托万·佩勒诺·德·格朗韦勒才是唯一掌握实权的人。

事已至此,腓力二世只好让步。1564年2月,腓力二世给安托万·佩勒诺·德·格朗韦勒写信,让他最好离开尼德兰,去探望自己的母亲。安托万·佩勒诺·德·格朗韦勒领命离开尼德兰后,再也没有回来。见此状况,尼德兰贵族欢欣鼓舞。随后,奥兰治亲王威廉、埃格蒙特伯爵拉莫拉尔和菲利普·德·蒙莫朗西都回到政务院,并且决意实施自己的政治计划,坚决维护尼德兰政府。

此时,尼德兰各位新晋主教均已上任,新的教会措施也已开始实施。当时,尼德兰宗教迫害十分残酷,惹得天怒人怨。虽然尼德兰已摆脱了西班牙军队和安托万·佩勒诺·德·格朗韦勒的控制,但西班牙王国对尼德兰的影响似乎还会借教会势力卷土重来。腓力二世也可能会打着宗教的幌子,确立他在尼德兰的权威。因此,尼德兰贵族与百姓都竭尽全力,试图修改尼德兰的宗教法案。如果现行尼德兰宗教法案被叫停,新任主教就无法对尼德兰实施任何政治危害。因此,埃格蒙特伯爵拉莫拉尔接受委派,来到腓力二世座前,商议宗

埃格蒙特伯爵拉莫拉尔

教法案的修改事宜。腓力二世不愿让步,虽然对埃格蒙特伯爵拉莫拉尔以礼相待,但还是巧言令色地打发了他。腓力二世还给尼德兰摄政帕尔马的玛格丽特写信,命令她将特伦特宗教会议通过的各项教规公之于众,并且吩咐各地法官帮助异端裁判所审判官镇压异教徒。

　　腓力二世的举措,触怒了尼德兰人民,让尼德兰贵族十分担忧。有人怀疑,法兰西王国和西班牙王国已结成同盟,打算联手打击新教教徒,巩固各自在领地的王权。因此,尼德兰各阶层人民心中均已充满抗击异端裁判所的决心，其中包括满怀爱国情怀的尼德兰天主教教徒和犹如惊弓之鸟的尼德兰新教教徒。早在1566年，在一个叫"贵族同盟"的组织中，这种对抗异端裁判所的激烈情感就已经体现。贵族同盟成员声称，异端裁判所"邪恶不公，举措有违法律、人性和神性"。贵族同盟成员团结一心，只求"将异端裁判所这个邪恶与动乱的源头斩草除根"。

贵族同盟的成员多数是尼德兰地位较低的贵族和富商。尼德兰商人最能感受到尼德兰混乱的事态带来的压力。据估计，宗教迫害开始前，尼德兰已有三万个编织工人逃往英格兰王国。伊丽莎白一世早已敞开怀抱，接纳来到英格兰王国的尼德兰工人，将他们安顿在桑威奇和诺里奇。每个来到英格兰王国的佛兰芒人都安居乐业。按照英格兰律例，他们每人必须至少雇用一个英格兰学徒。因此，英格兰人已从佛兰芒人那里学到更好的织布技艺、织丝技艺和染布技艺，从此不再将本国羊毛出口到尼德兰进行生产。尼德兰的安特卫普会将器具出口到英格兰王国以外的地方。英格兰诺里奇的船则会载满本国织物，然后将其销往佛兰德斯。至此，尼德兰各地都已强烈感受到腓力二世宗教宽容政策带来的变化。

随后，贵族同盟起草文书，向尼德兰摄政帕尔马的玛格丽特请愿。他们认为，异端裁判所发起的宗教迫害，很有可能引起暴动，所以恳请帕尔马的玛格丽特，让她在完全了解腓力二世的盘算之前，叫停异端裁判所的一切活动。1566年4月5日，约两百个贵族同盟成员举行盛大仪式，但帕尔马的玛格丽特并未答应他们的请愿，而是遣散了集结起来的贵族。当时，帕尔马的玛格丽特十分恼怒。她的顾问查尔斯·德·贝尔蒙特为了取悦她，高呼道："公爵夫人，对您来说，这些乞丐有什么可怕的？"这番话不胫而走。此后，贵族同盟成员以乞丐钱袋上的纹印作为组织徽章，自诩为"乞丐帮"。"乞丐帮"的激情传到普通人中间后，大家马上聚拢成群，聆听新教牧师的布道。和别处一样，在尼德兰，新教的政治影响力已十分巨大，但尼德兰新教几乎瞬间就已发展壮大，这是因为在尼德兰，新教与对抗国外压迫势力的活动有着最直接的联系。

民众捣毁安特卫普圣母大教堂里的圣像

激愤的民意如果找不到特定的宣泄渠道，社会稳定必定无法长久维持。1566年8月18日是尼德兰举行"奥米冈"①的日子。当天，安特卫普的游行队伍高举圣母像。许多神父走过安特卫普大街小巷时，围观人群对他们嘲讽地高呼："小玛丽②！小玛丽！你时日无多了！"接下来的两天里，安特卫普圣母大教堂发生暴动，使人们怒不可遏。在这场暴动中，圣母大教堂里的圣像被砸得粉

---

① 尼德兰语，意为游行。——译者注
② 此处的"小玛丽"是破坏圣像者对圣母玛利亚的蔑称。——译者注

安特卫普圣母大教堂遭洗劫

碎，教堂内部用来装饰的雕塑被悉数捣毁。后来，圣母大教堂爆发的暴动蔓延到其他教堂。不久，暴动遍及安特卫普大小城镇。破坏圣像运动开始蔓延到安特卫普之外的地方。尼德兰许多城镇的贵族教会建筑遭到掳掠，建筑内奢华的装饰品被洗劫一空。

这场暴动让帕尔马的玛格丽特寝食难安。然而，正当她准备反击时，她的谋臣却开口阻拦。1566年8月25日，帕尔马的玛格丽特发布《协议书》，宣布废除异端裁判所，并且允许人们在遵循新教教条的教区自由布道。

看到异端裁判所被废除，腓力二世心生不满。他先任由破坏圣像暴动继续，静候后续发展。当时，尼德兰所有温和派人士都因暴徒的举动而惊愕不已，虔诚的天主教教徒对混乱局面感到绝望透顶。尼德兰地位显赫的贵族忍无可忍，都想利用新教教徒的宗教情绪，作为抨击腓力二世的武器，却不打算在尼德兰建立新教。他们只想给腓力二世施加压力，不愿被暴动牵连，也未曾有过武力对抗腓力二世的念头。这时,埃格蒙特伯爵拉莫拉尔不再与反对腓力二世的势力为伍,而是决心从今往后只为腓力二世效力。菲利普·德·蒙莫朗西也已告老还乡,不再参与政事。眼下,结成同盟的尼德兰贵族都疲惫不堪,无力再举行游行。因此,尼德兰贵族不再反对废除异端裁判所的协议。随后,他们解散了贵族同盟。

上述事件使尼德兰政府的控制力量得到增强,也让反对尼德兰政府的势力开始瓦解。不久,尼德兰摄政帕尔马的玛格丽特因势利导,出手平息了尼德兰各处的骚乱。瓦朗谢讷城不愿让帕尔马的玛格丽特的戍守部队进城,遭到围攻。最终,埃格蒙特伯爵拉莫拉尔攻占了瓦朗谢讷,并残忍地处罚了城内居民。埃格蒙特伯爵拉莫拉尔急欲向腓力二世表忠心,说自己无意发起暴动。对当时的局势来说,瓦朗谢讷的悲惨命运起到了决定性作用。一时间,尼德兰新教教徒有的连忙向腓力二世屈服,有的则匆匆逃离尼德兰。在西班牙王权的控

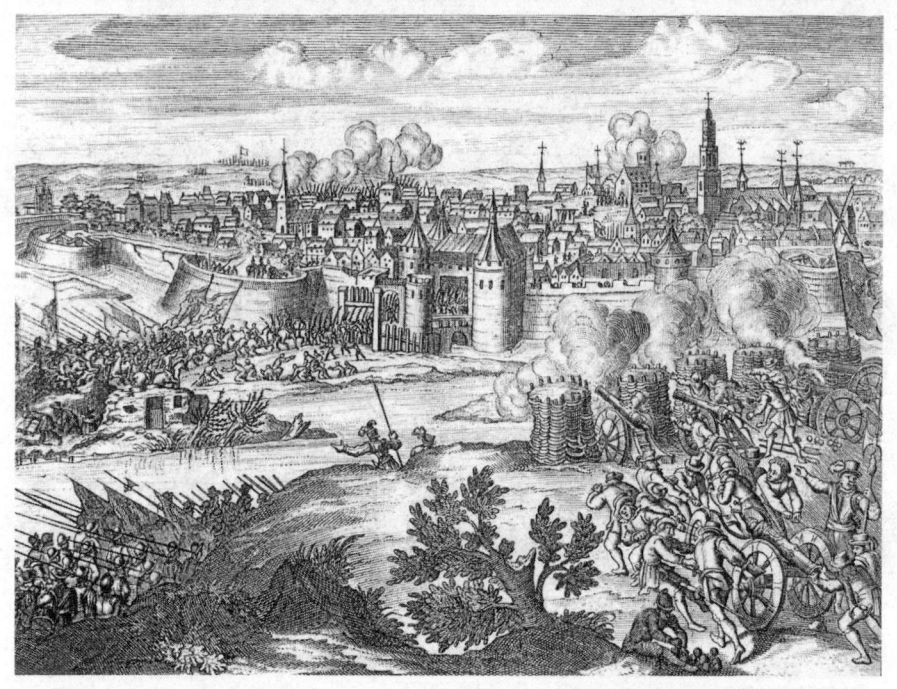

埃格蒙特伯爵拉莫拉尔率军围攻瓦朗谢讷

制下，尼德兰所有官员都必须再次发毒誓，宣称效忠腓力二世，承诺无条件服从腓力二世的政府。所有尼德兰贵族都已接受新规，只有"沉默者"威廉（奥兰治亲王威廉）仍旧坚持旧制。后来，"沉默者"威廉辞去所有官职，离开尼德兰，前往神圣罗马帝国，静观事态的发展。

对腓力二世来说，自己统治下的西班牙枢密院有两个官员的意见至关重要。这两个人是费尔南多·阿尔瓦雷斯·德·托莱多和埃博利亲王鲁伊·戈麦斯·德·席尔瓦。两人性格大相径庭。鲁伊·戈麦斯·德·席尔瓦性格坚韧，能说

费尔南多·阿尔瓦雷斯·德·托莱多

会道，对腓力二世的性情了如指掌，深得腓力二世的青睐。腓力二世觉得自己思维迟缓，所以经常向鲁伊·戈麦斯·德·席尔瓦求助。鲁伊·戈麦斯·德·席尔瓦深谋远虑、做事细致入微，似乎能预见腓力二世的想法。但对待君主时，他依旧谦恭有礼。而费尔南多·阿尔瓦雷斯·德·托莱多是典型的西班牙贵族，个性傲慢、刚愎自用。他自认为立下了不少功劳，获得现在的地位理所应当。费尔南多·阿尔瓦雷斯·德·托莱多对腓力二世鞠躬尽瘁，因为只有效忠腓力二世，他才能获得无上荣耀。因此，鲁伊·戈麦斯·德·席尔凡和费尔南多·阿尔瓦雷斯·德·托莱多势同水火。腓力二世只能轮番安抚两人，不时倾听他们对彼此的埋怨。腓力二世认为只有这样，才能听到两位大臣的真实意见，尽可能从他们的想法中获益。

在应对尼德兰问题的政策上，鲁伊·戈麦斯·德·席尔瓦和阿瓦尔公爵费尔南多·阿尔瓦雷斯·德·托莱多各执一词。鲁伊·戈麦斯·德·席尔瓦因为并非军人出身，所以倾向于对尼德兰采取温和措施。费尔南多·阿尔瓦雷斯·德·托莱多是西班牙将领之一，主张对尼德兰采取严厉镇压政策。费尔南多·阿尔瓦雷斯·德·托莱多表示，如果可以调遣西班牙军队，自己保证可以让尼德兰永远臣服于腓力二世，并且让尼德兰定期向腓力二世缴税。这样一来，腓力二世就可以充盈国库，将尼德兰异教徒的钱财用于战争，并且用他自己的资产填补尼德兰动乱带来的损失。后来，腓力二世同意采用费尔南多·阿尔瓦雷斯·德·托莱多的措施。为了让尼德兰臣服，腓力二世派给费尔南多·阿尔瓦雷斯·德·托莱多一万精兵，所有士兵都选自意大利军队和西班牙军队。

1567年5月，费尔南多·阿尔瓦雷斯·德·托莱多出征尼德兰，决心圆满完成招降尼德兰的使命。由于他的政治信誉已经十分堪忧，所以他必须抓住这次千载难逢的机会，全力效忠腓力二世，从而证明自己的远见，并且证明他能在击败尼德兰后凯旋。费尔南多·阿尔瓦雷斯·德·托莱多全力以赴地攻打尼德兰时，尼德兰摄政帕尔马的玛格丽特发现自己大势已去，便主动辞去摄政之职，退出政界。费尔南多·阿尔瓦雷斯·德·托莱多领兵占领了尼德兰各城镇，决心乘机威吓尼德兰。为此，他捉拿了埃格蒙特伯爵拉莫拉尔和菲利普·德·蒙莫朗西，并将两人送入监狱。接下来，费尔南多·阿尔瓦雷斯·德·托莱多组建了除暴委员会，专门审判近期暴动中的各种罪行。除暴委员会因审判手段十分血腥而得名"血腥议会"。遭除暴委员会迫害的受害者不计其数，使整个尼德兰人心惶惶。埃格蒙特伯爵拉莫拉尔和菲利普·德·蒙莫朗西被控密谋推翻腓力二世。后来，他们二人被判有罪并被处以死刑。即使身处高位，血

狱中的埃格蒙特伯爵拉莫拉尔

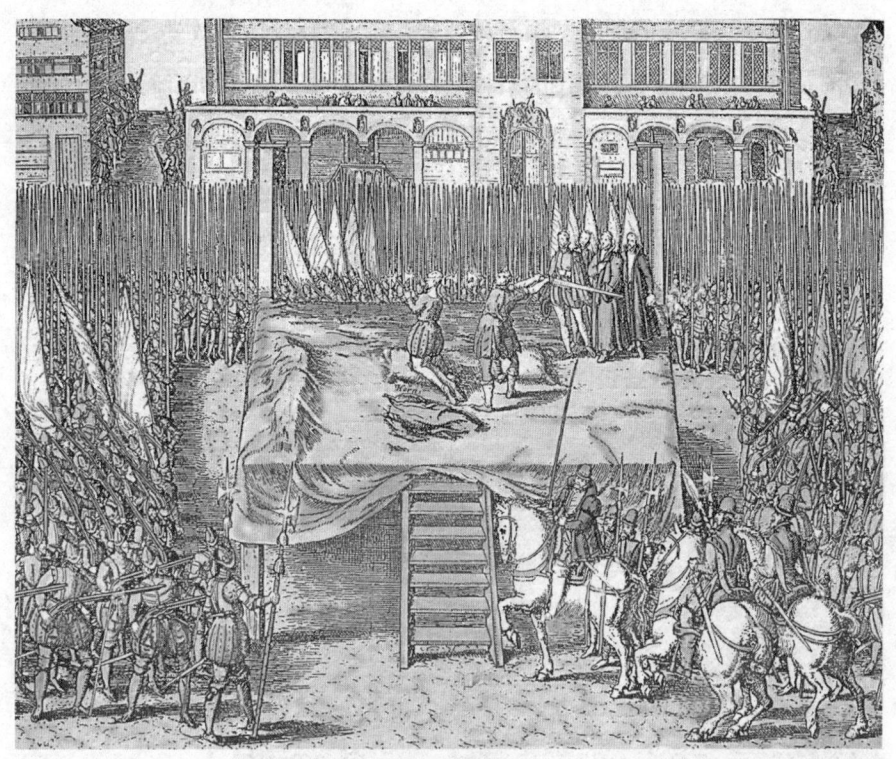

埃格蒙特伯爵拉莫拉尔和菲利普·德·蒙莫朗西被送上断头台

统尊贵,曾为腓力二世效力,他们也没能躲过腓力二世震怒下对他们实施的严惩。1568年6月5日,在布鲁塞尔市政厅前的大广场,埃格蒙特伯爵拉莫拉尔和菲利普·德·蒙莫朗西被送上断头台,最终身首异处。

在费尔南多·阿尔瓦雷斯·德·托莱多的威吓下,尼德兰只得向西班牙王国屈服。但当时,尼德兰仍有一人执意反抗西班牙王国。此人身份显赫,连费尔南多·阿尔瓦雷斯·德·托莱多都无法威吓他,那就是"沉默者"威廉。在指控埃格蒙特伯爵拉莫拉尔和菲利普·德·蒙莫朗西时,除暴委员会也曾一同控诉"沉默者"威廉。因此,当时暂居神圣罗马帝国的"沉默者"威廉发布《辩护词》,控诉腓力二世的暴政。这时,"沉默者"威廉的角色发生了转变。在受到控诉之前,"沉默者"威廉一直遵从天主教教条。但在休养期间,他逐渐改变观念，开始变成坚定的加尔文派新教教徒。与当时盛行的宗教观念相比，"沉默者"威廉主张施行更大范围的宗教宽容政策。于是，他开始以腓力二世的名义招兵买马，对抗费尔南多·阿尔瓦雷斯·德·托莱多。为了表明自己对腓力二世和对尼德兰的忠心，同时维护腓力二世赐予的特权，证明自己没有拥兵自重的打算，"沉默者"威廉授予弟弟拿骚的路易委任状，允许拿骚的路易征兵。起初，在弗里斯兰，拿骚的路易稍占优势，希望能够得到法兰西胡格诺派的支援。但1568年7月22日，在耶明根①，费尔南多·阿尔瓦雷斯·德·托莱多起兵反

"沉默者"威廉

① 今耶姆古姆。——译者注

拿骚的路易

抗拿骚的路易。面对西班牙王国的精良部队，拿骚的路易手下由新兵组成的军队立马溃散。在接下来的两天里，费尔南多·阿尔瓦雷斯·德·托莱多的军队大肆屠杀拿骚的路易的军队中的逃兵。虽然拿骚的路易成功脱身，但他的军队中很少有士兵能侥幸逃脱。在此战中，拿骚的路易的军队中，七个西班牙士兵和七千叛军士兵都战死了。显然，命运多舛的尼德兰已反抗无望，但"沉默者"威廉并未退缩。1568年9月，"沉默者"威廉挥师进入布拉班特，向费尔南多·阿尔瓦雷斯·德·托莱多宣战。费尔南多·阿尔瓦雷斯·德·托莱多虽然不愿开战，但还是重挫了"沉默者"威廉的军队。经过一个月的战斗后，"沉默者"威廉不得不引退。他的反抗活动并未改变当时的局势。

费尔南多·阿尔瓦雷斯·德·托莱多再次大获全胜，使整个尼德兰臣服于他。费尔南多·阿尔瓦雷斯·德·托莱多开始变本加厉地严格控制尼德兰，并且在安特卫普城堡中竖起自己的巨型雕像。他认为自己"平息暴动，惩治暴徒、修复平和的宗教局面、匡扶正义，成功奠定了和平的局面"。

# 第11章

# 费尔南多·阿尔瓦雷斯·德·托莱多的政策及其后果

**精彩看点**

胡格诺派崛起——法兰西王国的第二次宗教战争——1570年《圣日耳曼和约》——苏格兰女王玛丽的处境——苏格兰女王玛丽越狱——苏格兰女王玛丽的英格兰岁月——约克会议——伊丽莎白一世的举措——第四代诺福克公爵托马斯·霍华德与苏格兰女王玛丽——英格兰北部发生叛乱——镇压叛乱的残暴过程

对欧洲新教来说，费尔南多·阿尔瓦雷斯·德·托莱多在尼德兰的一切行动无疑是一种威胁。如果腓力二世收服尼德兰，费尔南多·阿尔瓦雷斯·德·托莱多一定会先帮助腓力二世镇压法兰西胡格诺派，然后对付英格兰王国。

在法兰西王国，胡格诺派马上意识到自己已身陷险境，对此十分警觉。他们意识到，凯瑟琳·德·美第奇倾向于天主教，洛林枢机主教夏尔也已重掌法兰西王国议会的大权。法兰西王国政府召集军队，表面上是为了在前线进行防御，但胡格诺派怀疑，实际上，法兰西王国政府是要举兵打败胡格诺派。为了先发制人，胡格诺派立马暗中武装起来，意图在莫城附近的蒙索突袭法兰西军队。胡格诺派打算迫使法兰西王国政府废除洛林枢机主教夏尔的职务，强迫政府解散瑞士军队。率领法兰西军队抗击胡格诺派军队的，是年事已高的大将军蒙莫朗西公爵安内。1567年11月10日的一场激战过后，法兰西军队击败胡格诺派军队，但蒙莫朗西公爵安内也战死了。随后，神圣罗马帝国派出军队援助胡格诺派军队。1568年3月，法兰西国王弗朗索瓦二世被迫与胡格诺派军队讲和，并且重新发布完善后的《隆瑞莫和约》。

然而，和平局面转瞬即逝。费尔南多·阿尔瓦雷斯·德·托莱多对年轻的弗朗索瓦二世多次强调，在宗教问题上让步并非王室做派。对叛军让步，是在出让上帝的权力，而非国王自己的权力。费尔南多·阿尔瓦雷斯·德·托莱多

1567年11月10日的激战

蒙莫朗西公爵安内阵亡

大胆直言的举动,让天主教的其他势力充满信心。此外,费尔南多·阿尔瓦雷斯·德·托莱多还表示,愿意帮助弗朗索瓦二世镇压暴徒。近年来,有所抬头的胡格诺派势力让法兰西人惶恐不安,民间反对胡格诺派的情绪十分强烈。因此,最终,应庇护五世的要求,仅仅生效六个月的《隆瑞莫和约》被废止。这时,法兰西军队和胡格诺派军队都已准备好作战。1569年,1568年在尼德兰发生的宗教纷争也将在法兰西王国上演。

庇护五世

雅纳克战役

这时,"沉默者"威廉和拿骚的路易已与胡格诺派结成盟军。神圣罗马帝国给他们派出援军,伊丽莎白一世则提供资金援助。但在战场上,盟军运气欠佳。1569年5月,在雅纳克,盟军打了败仗,盟军将领孔代亲王路易战死。1569年10月,盟军继续与法兰西军队交战。在蒙孔图尔,在弗朗索瓦二世的弟弟、安茹公爵亨利①的率领下,法兰西王国军队给"沉默者"威廉与胡格诺派盟军带来了毁灭性打击。但胡格诺派领袖加斯帕尔·德·科利尼仍未完全绝望,率领大军有序地撤到拉罗谢尔,因为拉罗谢尔周围只有新教教徒居住。当时,法兰西王国政府并未收服拉罗谢尔。拉罗谢尔拒绝承认废止宗教宽容政策的法案的合法性,还宣称拉罗谢尔现由纳瓦拉国王安托万统治。尽管弗朗索瓦二世已亲临军中指挥战斗,但拉罗谢尔小镇圣让当热利仍在坚持战斗。拉罗谢尔的士兵还装备了一支小舰队,命舰队突袭邻近海岸,出售缴获的战利品,为他们选

---

① 即位后为法兰西国王亨利三世。——译者注。

加斯帕尔·德·科利尼

中的统治者纳瓦拉国王安托万筹集物资。此时,加斯帕尔·德·科利尼再次起兵,誓要进军巴黎。

当时,胡格诺派势力过于强大,一时无法全部击败。此外,胡格诺派还有英格兰王国和尼德兰相助。如果宗教战争持续,那么天主教只能与西班牙王国结成紧密的联盟。但天主教对西班牙王国由来已久的猜忌成了双方结盟的拦路虎。费尔南多·阿尔瓦雷斯·德·托莱多没有如众人所料,热心地帮助天主教教徒。他在尼德兰战绩斐然,是法兰西王国的心腹大患。在腓力二世的帮助下镇压胡格诺派,意味着要牺牲法兰西王国的国家独立,让法兰西王国归属于贪婪的西班牙王国。因此,法兰西王国政府决定与胡格诺派讲和,并且提议再次修改和平法案。胡格诺派要求法兰西王国政府保障他们的安全,希望获得四个城镇两年的管辖权，其中包括拉罗谢尔。终于，1570年8月的《圣日耳曼和约》让法兰西王国恢复和平。但从《圣日耳曼和约》能看出，在必要时，胡格诺派还是会坚决通过武力维护自身安全。

然而，费尔南多·阿尔瓦雷斯·德·托莱多治理尼德兰，不仅对法兰西王国产生了重要影响，也深刻影响着英格兰王国。费尔南多·阿尔瓦雷斯·德·托莱多征战尼德兰时，苏格兰人的耐心已经被苏格兰女王玛丽消磨殆尽了。苏格兰女王玛丽王位被废、遭到囚禁后，英格兰天主教教徒群龙无首。此时，在全

被囚禁的苏格兰女王玛丽

欧洲，苏格兰女王玛丽声名狼藉，天主教教徒根本不会再借她的名义重振雄风。即便如此，伊丽莎白一世依旧非常忌惮费尔南多·阿尔瓦雷斯·德·托莱多，也不愿与抛君弃主的苏格兰贵族结盟。她隐隐觉得，如果承认苏格兰贵族的弃主行为，一定会产生潜在危机。伊丽莎白一世即便一直密切留意近年来苏格兰王国的大事件，也不能支持苏格兰贵族。也许她认为，苏格兰女王玛丽已身败名裂，之后不会对自己构成任何威胁。伊丽莎白一世也可能想到，如果英格兰王国能够帮助苏格兰女王玛丽恢复名誉，那么苏格兰女王玛丽将从此受到压制。无论如何，伊丽莎白一世已提出要求，让苏格兰贵族释放苏格兰女王玛丽。但后来，伊丽莎白一世发现，如果向苏格兰贵族提出更多强硬要求，可能会让苏格兰女王玛丽丢掉性命。

苏格兰贵族坚称，不应让苏格兰女王玛丽重掌大权。但费尔南多·阿尔瓦雷斯·德·托莱多的多次凯旋，让苏格兰女王玛丽得以再次积蓄实力。这时，苏格兰女王玛丽已身陷囹圄一年。于是，她决定逃到汉密尔顿。很快，苏格兰女王玛丽召集了一支大军。听闻苏格兰女王玛丽越狱，詹姆斯·斯图亚特惊讶之余开始着手整顿大军。当时，苏格兰女王玛丽认为前往邓巴顿岩石能够保障自己的安全，但遭到詹姆斯·斯图亚特的阻拦。1568年5月13日，在克莱德河附近的朗赛，两军交锋。有趣的是，这场战役用的是古老的作战方式，战局也十分古怪。交战双方全副武装，两军在士兵冲锋时，都会用手中长矛刺向对方铠甲的关节连接处。最终，两军在前线僵持不下。整场战役变成前线士兵间的混乱厮杀。后方士兵无法上阵，只能往重甲加身的士兵上空投掷石头。后来，詹姆斯·斯图亚特麾下的骑兵发动进攻，终于让这场战役尘埃落定。苏格兰女王玛丽的大军四处溃逃，她本人飞速逃离战场，连忙越过英格兰王国和苏格兰王国的边界，来到英格兰卡莱尔避难，乞求伊丽莎白一世的庇护。

目前的情况令伊丽莎白一世及其谋士感到十分困惑。现在应如何是好？如果帮助苏格兰女王玛丽恢复实力，那么英格兰王国与苏格兰王国的关系势必会疏远，而原先友好的苏格兰王国政府也会敌视英格兰王国。苏格兰女王

苏格兰女王玛丽逃离囚禁地

苏格兰女王玛丽在朗赛战场慰问受伤的将士

苏格兰女王玛丽登船前往英格兰王国寻求庇护

玛丽一旦前往法兰西王国，就会落入欧洲天主教教徒手中。同样，把苏格兰女王玛丽留在英格兰王国也并非易事，因为伊丽莎白一世没有理由关押苏格兰女王玛丽。如果苏格兰女王玛丽出逃，天主教教徒就会以此为由，再生事端。在英格兰王国北部，英格兰天主教势力最强盛，所以如果苏格兰女王玛丽出现在英格兰王国北部，那么伊丽莎白一世的处境也将岌岌可危。看到苏格兰女王玛丽本人，听闻她的不幸遭遇前，英格兰人已逐渐忘却她的罪过。因此，英格兰古老的骑士精神再度苏醒。大家都认为，应该让苏格兰女王玛丽离开卡莱尔前往约克郡的博尔顿城堡。

起初，伊丽莎白一世试图与苏格兰女王玛丽及苏格兰摄政詹姆斯·斯图亚特达成和解，但苦无门路。苏格兰女王玛丽表示，伊丽莎白一世可以选择帮助她恢复权势，或者让她从英格兰王国自由通行到法兰西王国。苏格兰女王

博尔顿城堡

第四代诺福克公爵托马斯·霍华德

玛丽要求与伊丽莎白一世会面,但伊丽莎白一世拒绝说,必须等苏格兰女王玛丽洗清身上的罪名,才会与她会面。伊丽莎白一世还表示,只有苏格兰女王玛丽惩罚手下的叛乱贵族,知晓叛党的罪行轻重后,她才会帮助苏格兰女王玛丽重掌大权。因此,苏格兰女王玛丽同意召开会议。此次会议将于1568年年底在约克举行。伊丽莎白一世指派英格兰天主教首领,即第四代诺福克公爵托马斯·霍华德为该会议的首席特派员。詹姆斯·斯图亚特和苏格兰女王玛丽也已派出代表。但这次会议并未产生任何明确结果。会议上只有部分证据能够证明苏格兰女王玛丽并未杀害亨利·斯图尔特,其中就有被苏格兰女王玛丽"藏在首饰盒里的信"。这盒信被放到英格兰王国主要参会代表面前。英格兰王国主要参会代表向伊丽莎白一世汇报说,"藏在首饰盒里的信"全是"污秽之物"。

他们表示，伊丽莎白一世完全有理由拒绝与苏格兰女王玛丽会面。会议的主要议题并未得到解决，苏格兰女王玛丽依然要留在博尔顿城堡。詹姆斯·斯图亚特以"维护英格兰王国与苏格兰王国的和平"为由，向伊丽莎白一世借来五千英镑后，返回了苏格兰王国。

之后应该何去何从，伊丽莎白一世毫无头绪。法兰西胡格诺派遭到镇压，尼德兰被费尔南多·阿尔瓦雷斯·德·托莱多征服后，整个欧洲已经打算一起对付伊丽莎白一世。面对这样的险境，威廉·塞西尔和一众新教教徒强烈要求伊丽莎白一世争取欧洲新教领袖之位，让她公开向费尔南多·阿尔瓦雷斯·德·托莱多宣战，再将苏格兰女王玛丽送回苏格兰王国。天主教教徒和温和派人士都希望英格兰王国与西班牙王国讲和，也希望苏格兰女王玛丽继承英格兰王位。因此，伊丽莎白一世选择了折中的办法：给法兰西胡格诺派提供资金援助。此外，1568年12月，由于天气恶劣，费尔南多·阿尔瓦雷斯·德·托莱多军中载着士兵军饷的船，被迫驶入英格兰王国的南安敦和普利茅斯。伊丽莎白一世顺势截获这些船，重挫了费尔南多·阿尔瓦雷斯·德·托莱多的大军。费尔南多·阿尔瓦雷斯·德·托莱多一怒之下，收缴了尼德兰的所有英格兰船和房屋。受此刺激，伊丽莎白一世开始报复身处英格兰王国的西班牙人。她谎称船上的钱财属于热那亚银行家，并不是费尔南多·阿尔瓦雷斯·德·托莱多的军饷。她表示，她手上的钱是向热那亚银行家借来的，但费尔南多·阿尔瓦雷斯·德·托莱多从未向热那亚方面借款，所以这些钱理应落到她手中。在与英格兰王国交战前，腓力二世急于先平息尼德兰的事端，便无视了伊丽莎白一世的鲁莽及冒犯。

同样，伊丽莎白一世希望，约克会议特派员看到约克会议的文件后，能够消除心中的疑虑，同意将苏格兰女王玛丽拘押在英格兰王国。但伊丽莎白一世打错了算盘。第四代诺福克公爵托马斯·霍华德已心生一计，欲娶苏格兰女王玛丽为妻。出于政治原因，许多反对威廉·塞西尔的人都希望，第四代诺福克公爵托马斯·霍华德能够在苏格兰女王玛丽和西班牙王国之间调停。这些反对者也承诺会帮助第四代诺福克公爵托马斯·霍华德。然而，这个计划早已被伊丽莎白一世识破。因此，在伦敦塔，第四代诺福克公爵托马斯·霍华德被囚禁了一段时间。包括莱斯特伯爵罗伯特·达德利在内的同党也一度遭到降职或罢免。

苏格兰女王玛丽确实是一个十分危险的俘虏。她的同党一直在观望，想看苏格兰女王玛丽与西班牙王国能否结盟。但在看到苏格兰女王玛丽与西班牙王国结盟失败，发现威廉·塞西尔异常警觉后，苏格兰女王玛丽的同党开始诉诸武力。在英格兰北部，诺森伯兰伯爵托马斯·珀西和威斯特摩兰伯爵

诺森伯兰伯爵托马斯·珀西

查尔斯·内维尔仓促发动叛乱。他们要求英格兰王国政府恢复天主教,解雇伊丽莎白一世的傲慢谋臣。接着,叛军来到达勒姆,在达勒姆大教堂里做弥撒,并且当着众人的面将英格兰《圣经》撕得粉碎。然而,叛军的胜利局面转瞬即逝。天主教贵族仍未做好反叛准备,叛军也未能如愿等到费尔南多·阿尔瓦雷斯·德·托莱多的援助。在英格兰南部援军赶来之前,萨塞克斯伯爵托马斯·拉德克利夫一直在英格兰北部拖住叛军。终于,托马斯·拉德克利夫的部队有足够实力同叛军交锋,打得叛军四散溃逃。查尔斯·内维尔逃往尼德兰,在腓力二世微薄的救济金的支撑下,悲惨地度过了余生。托马斯·珀西躲到苏格兰王国,后来却遭到詹姆斯·斯图亚特的关押。最终,托马斯·珀西被詹姆斯·斯图亚特交给英格兰王国政府,并在约克被处决。

最终,英格兰北部两位伯爵发起的叛乱被轻易镇压,肇事者也已受到严惩。伊丽莎白一世因这次叛乱受到极大惊吓,心中的恐惧慢慢演变成复仇的欲望。托马斯·拉德克利夫抱怨说,他平叛后虽留在北方,"却只是在收拾残局"。托马斯·拉德克利夫揪出了英格兰北部每个小村庄的叛党,一一处决了叛党成员。就目前来看,伊丽莎白一世的举措还算仁慈。但由于威胁统治地位的各种矛盾加深,伊丽莎白一世不再心怀慈悲,而是狠下心来,采取强硬手段。

1569年年底,伊丽莎白一世依旧牢牢掌握着英格兰民心。长期以来,天主教教徒暴动都未能动摇伊丽莎白一世的统治。费尔南多·阿尔瓦雷斯·德·托莱多认为,他仍没有足够的实力,支持任何反对伊丽莎白一世的叛乱。尽管伊丽莎白一世先前得罪了腓力二世,但此刻,腓力二世尚未做好迎战准备。此外,对伊丽莎白一世来说,法兰西王国还不足为惧。因为法兰西王国忌惮西班牙王国,所以英格兰王国和法兰西王国的关系会更加紧密。法兰西王国甚至还曾提议与伊丽莎白一世联姻。

# 第12章
# 天主教与新教之争
# （1570—1572）

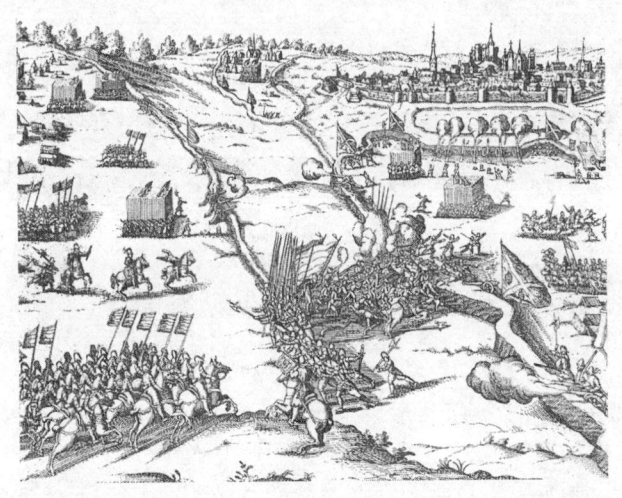

**精彩看点**

伊丽莎白一世被逐出教会——苏格兰王国的众多事件——英格兰王国对庇护五世的回应——罗伯特·迪·里多尔菲的阴谋——法兰西王国与英格兰王国的关系——法兰西国王查理九世的政府——加斯帕尔·德·科利尼的计划——费尔南多·阿尔瓦雷斯·德·托莱多向尼德兰征税——尼德兰人民的反抗——荷兰共和国的建立——法兰西王国帮助尼德兰

英格兰叛军失败的重要原因是,天主教教徒未能团结一致参与暴动。他们依然忠于伊丽莎白一世,却没有意识到,天主教正在号召他们参与暴动。然而,天主教的计划很快就被打乱了。在这种情况下,英格兰天主教即将与新教公开对立。

成为教皇之前,庇护五世曾担任多明我修会的异端审判官。他为人严肃,充满热忱,意志坚定,殚精竭虑地镇压异端分子。庇护五世在位期间,异端裁判所已将意大利的新教教徒全部诛灭。庇护五世无比虔诚,在镇压教会分裂分子时毫不退缩。庇护五世非常欣赏费尔南多·阿尔瓦雷斯·德·托莱多在尼德兰采取的残酷措施。他将一把已受洗的剑和一顶帽子赠予费尔南多·阿尔瓦雷斯·德·托莱多,以示支持。庇护五世这样的人物,决不会让英格兰天主教对他的职责存疑。随后,庇护五世将伊丽莎白一世逐出教会。但在惩罚伊丽莎白一世时,庇护五世没有对外声张,以避免法兰西王国和西班牙王国出手阻挠。1570年5月,有人发现,伦敦主教约翰·艾尔默宅邸的门上张贴了惩罚伊丽莎白一世的通谕。张贴通谕的人是林肯律师学院的学生约翰·费尔顿。因为这一番鲁莽举动,约翰·费尔顿付出了生命的代价。

对伊丽莎白一世和她的谋臣来说,庇护五世的惩罚等同于宣战。英格兰人对庇护五世的行为十分恼火,并且将此事视为挑衅。此外,当时苏格兰王国发生的一系列事件让人们开始担忧伊丽莎白一世的生命安全。苏格兰天主教教徒孤注一掷，他们希望，如果苏格兰摄政詹姆斯·斯图亚特被废黜，那么他们将能够再次掌权。后来，博斯韦尔平原的詹姆斯·汉密尔顿接到了暗杀苏格兰摄政詹姆斯·斯图亚特的任务。1570年1月23日，詹姆斯·斯图亚特正准备进入林利斯戈时，詹姆斯·汉密尔顿从镇上一间屋子的走廊上射杀了他。詹姆斯·斯图亚特一死，苏格兰顿时陷入一片混乱。接下来的几年里，苏格兰女王玛丽一派与詹姆斯·斯图亚特的追随者拉开了苏格兰内战的序幕。

　　1571年，英格兰王国议会召开会议，想要通过各项法案宣称，任何称伊丽莎白一世为异教徒、断言某人为伊丽莎白一世的继任者，或者私自公开教皇通谕的行为都会被视为叛国行为。此次议会甚至提出一项议案，意在迫使所有超过年龄限制的人，按照既定教会仪式接受圣餐。但最终，经过讨论，该议案被撤销。天主教教徒因袭击英格兰王国而遭到猛烈报复。英格兰王国政府开始迫害天主教教徒。但此次宗教迫害的起因不是宗教观念差异，而是天主教教徒一手造成的政治结果。英格兰天主教要求所有成员严格遵从教会教条。但在英格兰王国议会通过一系列反对天主教的法案后，由坎特伯雷大主教马修·帕克担任主席的高等宗教事务法庭要求所有新教教徒遵从现行的教会仪式。

　　不久，英格兰王国将再次爆发宗教斗争。为了重获自由，苏格兰女王玛丽蓄谋已久，打算与第四代诺福克公爵托马斯·霍华德成婚，借此帮助天主教重整旗鼓。这一次，英格兰天主教如果要东山再起，外国势力的援助十分关键。因此，长居英格兰王国的佛罗伦萨人罗伯特·迪·里多尔菲接到委派，要与费尔南多·阿尔瓦雷斯·德·托莱多、腓力二世和庇护五世协商。腓力二世满心欢喜地接受了罗伯特·迪·里多尔菲的计策。庇护五世也宣称，为了天主教复兴的宏伟目标，他甚至已做好出售教堂圣餐杯的准备。协商各方认为，费尔南多·阿尔瓦雷斯·德·托莱多应调遣一万名士兵帮助此次计划的共同参与者。但作为计划的策划者，罗伯特·迪·里多尔菲过于愚钝，竟无法瞒过机警的威廉·塞西尔。威廉·塞西尔发现了一包可疑文件，第四代诺福克公爵托马斯·霍华德的

詹姆斯·汉密尔顿射杀詹姆斯·斯图亚特

秘书因此被囚禁，并且供出了事实，使整个阴谋被暴露。苏格兰王国驻英格兰王国大使罗斯主教约翰·莱斯利被投入伦敦塔，驻英格兰王国的西班牙王国使者也被驱逐出境。后来，第四代诺福克公爵托马斯·霍华德受审，最终被控犯有叛国罪，并且被判处死刑。即便众人花费多日劝说伊丽莎白一世，她也没有同意处决第四代诺福克公爵托马斯·霍华德。但最后，伊丽莎白一世还是做出了让步。1572年6月2日，第四代诺福克公爵托马斯·霍华德被斩。

诺福克公爵托马斯·霍华德受审

勒班陀战役

  1569年叛乱之所以以失败告终，是因为其影响范围太小，并且没有大力动员天主教势力。罗伯特·迪·里多尔菲的宏大计划虽然有众多天主教强大势力参与，但仍然功败垂成。腓力二世并未因为西班牙王国使臣遭遣返而怨恨伊丽莎白一世。眼见国外众多势力合伙对付伊丽莎白一世，英格兰人更加珍视他们的女王。

  与此同时，法兰西王国愈加害怕遭到西班牙王国的入侵。在勒班陀，威尼斯舰队与庇护五世和腓力二世的联合舰队大胜土耳其人。腓力二世眼看就要开启自己新的扩张征程。因此,法兰西王国和英格兰王国的关系日益紧密,有人便提议让伊丽莎白一世和法兰西国王查理九世的弟弟、安茹公爵弗朗索瓦成婚。协商联姻时,伊丽莎白一世故意表现得踌躇不决,以迷惑众人。在英格兰王国,这桩婚事并不被看好。由于1572年法兰西王国大事频出,联姻事宜被暂时搁置。

安茹公爵弗朗索瓦

洛伦佐·德·美第奇

在法兰西王国,王室政策必然涉及与胡格诺派和平共处的方法,这些政策往往体现了法兰西王国对西班牙王国的嫉恨。年轻的查理九世头脑愚钝,却饱含狂热激情。由于身体孱弱,查理九世没有受到太多教育,所以无法倾尽心力处理国家大事。查理九世的母亲凯瑟琳·德·美第奇以儿子的名义统治法兰西王国,因此,查理九世只能完全被母亲左右。凯瑟琳·德·美第奇的父亲是洛伦佐·德·美第奇。意大利著名历史学家尼科洛·马基雅维利曾效命于洛伦佐·德·美第奇,并且称其为"君主"。凯瑟琳·德·美第奇精通伪饰之道。丈夫亨利二世统治法兰西王国期间,凯瑟琳·德·美第奇毫无权势。经历漫长的无权岁月后,她决心要在权柄在握时满足自己的一切欲望。但凯瑟琳·德·美第奇的权力并不稳固。从血统上来说，在法兰西王国，她是异族人，无法代表任何大国利益或任何政党。她不受任何强大家族势力的庇护，无法获得普通百姓的热情拥护。尽管如此，凯瑟琳·德·美第奇掌权后，还是把全部精力只放在维护自身权力上。面对法兰西王国的各种严重问题，凯瑟琳·德·美第奇视若无睹，一心只想让各个党派互相争斗，从而维护自己的权力与地位。凯瑟琳·德·美第奇身形高大，相貌威严，对身边的人有着极大的影响力。她个性坚毅，思维敏捷，并且极具洞察力，能够适应任何环境。凯瑟琳·德·美第奇非常懂得如何驯服对手，也懂得在未做明确承诺的情况下，如何满足对手的要求。她不相信任何人，也没有人能完全信任她。她希望，人民能视她为法兰西王国内部各斗争派系之间的调停者。但面对任何有可能妨碍自己执政的人，她会毫不犹豫地除掉。

因此，凯瑟琳·德·美第奇十分反对吉斯家族，也和苏格兰女王玛丽势同水火。凯瑟琳·德·美第奇对查理九世有着绝对的控制权。她决心不惜一切代价，保住手中的统治权。但她发现，她对儿子查理九世的思想控制突然受到了威胁。由于在蒙孔图尔战役中，查理九世的弟弟安茹公爵亨利带领天主教教徒获得胜利，查理九世开始忌妒安茹公爵亨利的名望。而巴黎人素来十分痛恨胡格诺派，自然会将胡格诺派的主要对手视为大英雄。因此，查理九世对弟弟安茹公爵亨利的崇高地位忌惮不已，并且担心有人会谋害自己。因此，受到刺激的查理九世突然决定要争夺荣誉，便开始与胡格诺派联手，向西班牙王国宣战。

胡格诺派首领加斯帕尔·德·科利尼是法兰西名将。在钩心斗角、盲目狂热和追逐私利的风气中，加斯帕尔·德·科利尼不为所动，达到了更崇高的自我奉献境界。因此，在当时的法兰西历史中，他是卓尔不群的人物。加斯帕尔·德·科利尼是古老的勃艮第家族的后代，早年从军，战绩斐然，深谙所有从军门道，不仅胆识过人、沉着冷静，还十分克己慎行，具有极高的军事素养。在圣昆廷战役中，加斯帕尔·德·科利尼尽管深知抵抗腓力二世如同螳臂当车,也知道一旦防守失败,自己的名声会受挫,但还是担下了抵御腓力二世大军的重任。圣昆廷战役后,加斯帕尔·德·科利尼被囚。其间,他的宗教观念发生了转变。之后,他开始信奉加尔文主义。法兰西宗教战争打响后,加斯帕尔·德·科利尼已经完全了解所有相关因素的重要性。计算过战争花费后,他义无反顾地投入到法兰西宗教斗争中。他问妻子杰奎琳·德·蒙贝尔·德昂特勒蒙是否有勇气面对充满危难的、不幸的、颠沛的生活,是否能够在必要时面对死亡。他还问杰奎琳·德·蒙贝尔·德昂特勒蒙是否已做好准备,为宗教信念牺牲孩子的未来。杰奎琳·德·蒙贝尔·德昂特勒蒙同他一样豪情万丈,恳请丈

杰奎琳·德·蒙贝尔·德昂特勒蒙

夫务必为了自己，无所畏惧地踏上履行宗教职责的道路。在杰奎琳·德·蒙贝尔·德昂特勒蒙的精神感召下，加斯帕尔·德·科利尼义无反顾地投身宗教斗争。他的精神从不因过度狂热的宗教信念或权欲名望而动摇。他肩负起艰苦卓绝的神圣使命，在履行使命时胜不骄，败不馁。他击破各种恶语谗言，在自己的道路上踽踽独行。他冷静、自持、不怒自威，让伙伴心悦诚服。同党派人士对加斯帕尔·德·科利尼表现出的感情，更多的不是爱戴，而是尊重和服从。当时，法兰西王国满是盲目的宗教狂热、阴险的权谋算计和无耻的名利追逐。但加斯帕尔·德·科利尼的追求远不止这些。在众人心目中，他的形象无比高大。人们认为，加斯帕尔·德·科利尼胸怀大志，肩负重任，会毫不妥协地在完成使命的道路上坚持到底。

加斯帕尔·德·科利尼坚信，互相对立的天主教和新教终将握手言和。因此，他只身一人前往法兰西宫廷，向查理九世更明确地陈述观点。他不断努力地加深查理九世对腓力二世的恐惧，并且劝诱查理九世向西班牙王室宣战。如果查理九世向西班牙王室宣战，那么尼德兰新教教徒水深火热的局面势必大大缓和。

费尔南多·阿尔瓦雷斯·德·托莱多在尼德兰的残暴统治并非一帆风顺。1569年年底，费尔南多·阿尔瓦雷斯·德·托莱多自以为已经镇压住了尼德兰异端分子，也已让尼德兰臣服于自己。他认为，眼下只需履行先前许下的承诺，让尼德兰为他们引起事端付出代价，还要强迫这些省日后负责供给大部分西班牙王室物资。为此，费尔南多·阿尔瓦雷斯·德·托莱多出台了一项新税制。该税制规定，尼德兰众领主向尼德兰各邦政府申请资金时，尼德兰政府不可在主观同意尼德兰众领主资金用途的情况下拨款，而应按照制度规则调拨资金。每次房屋转手，房主必须缴纳二十便士税款，即转手费的百分之五。所有个人房产或商品出售时，出售者必须付十便士税款。

民愤激昂时，只需点点星火便可激起人民的反抗情绪。一群尼德兰异议分子发起的突袭，为一场让尼德兰人难忘的起义做了铺垫。

当时，许多尼德兰人并未向费尔南多·阿尔瓦雷斯·德·托莱多屈服，而是选择离开尼德兰。他们中的许多人已经习惯在海上生活，便开始大肆劫掠船舶。在英吉利海峡，这些海盗声称要以"沉默者"威廉的名义，向费尔南多·阿尔瓦雷斯·德·托莱多宣战。这些海盗都是坚强、刚毅、冷酷的冒险者，在重创西班牙船舶的同时，他们发现，英格兰王国是一个现成的战利品交易市场。当时，许多尼德兰海盗盘踞在英格兰王国南部的港口城市。因此，1572年年初，由于伊丽莎白一世为海盗提供庇护所，费尔南多·阿尔瓦雷斯·德·托莱多对此表示抗议。伊丽莎白一世只希望能尽快平息这个小争端。于是，伊丽莎白一世下令不再为尼德兰海盗提供食物。海盗威廉二世·德·拉·马克原本是弗兰

威廉二世·德·拉·马克

芒的一个乡绅，受生存所迫，率领一支由二十四艘军舰组成的小舰队，从英格兰王国出发，袭击西班牙王国。在恶劣天气的影响下，舰队被迫驶入缪士河河口，来到布里尔对岸。这支仅有二百五十人的舰队从未认真考虑如何才能取得成功，但仍要铤而走险。舰队传出信息，要求布里尔投降。城内人心惶惶，官民纷纷逃离布里尔。布里尔随之落入这群"海上乞丐"手中。随后，这些弗兰芒海盗一直以"沉默者"威廉的名义，盘踞在布里尔。

西班牙王国收复布里尔失败，更鼓舞了尼德兰人的士气。弗拉兴是第一个推翻西班牙王国政府统治的尼德兰城镇。接着，荷兰、泽兰、海尔德兰、上艾瑟尔和弗里斯兰所有主要城镇纷纷效仿弗拉兴。1572年年中，大部分尼德兰省都已公开反抗费尔南多·阿尔瓦雷斯·德·托莱多。

"海上乞丐"攻占布里尔

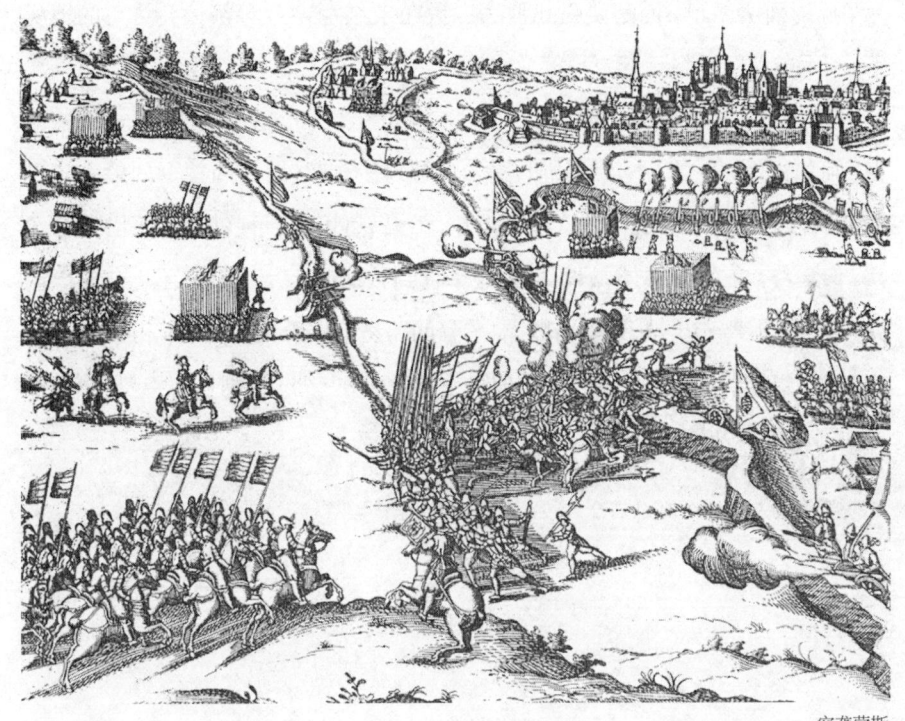

突袭蒙斯

与此同时，拿骚的路易一直忙于博取法兰西胡格诺派的同情。后来，胡格诺派将领让·德·昂热出兵，帮助拿骚的路易实现突袭艾诺主要城市蒙斯的大胆计谋。拿骚的路易的突袭非常成功。费尔南多·阿尔瓦雷斯·德·托莱多发现自己腹背受敌。尼德兰北部动荡不安。在法兰西王国的帮助下，尼德兰南部的起义也一触即发。这时，即便费尔南多·阿尔瓦雷斯·德·托莱多废除十便士税制，也为时已晚，因为起义早已成形。1572年7月，在多特，荷兰等级议会代表会晤，并且承认"沉默者"威廉为荷兰、泽兰、弗里斯兰和乌得勒支的合法总督。当时，没有人表示不再效忠腓力二世。但为抵制费尔南多·阿尔瓦雷斯·德·托莱多的专制统治，尼德兰人重新建立了旧式宪制。1569年，"沉默者"威廉曾被腓力二世任命为荷兰总督，所以尼德兰人愿意跟随"沉默者"威廉，维护自己的合法权益不受残暴的统治者的侵害。尼德兰人发动起义，并非为了反对腓力二世，而是要阻止腓力二世在未经尼德兰等级议会许可的情况下，利用自身权威恣意变更尼德兰宪法。

  费尔南多·阿尔瓦雷斯·德·托莱多采取的第一步措施，是派儿子法德瑞克·阿尔瓦雷斯·德·托莱多围攻蒙斯，因为让·德·昂热的援军如果不能迅速赶到，蒙斯就无法抵挡这次围攻。让·德·昂热迅速赶往法兰西王国招募新兵。但最终，在蒙斯城外，只有少数援军赶到蒙斯。让·德·昂热还是被法德瑞克·阿尔瓦雷斯·德·托莱多击败了。拿骚的路易依然盼望着自己能得到更强大的支援，也仍旧相信，蒙斯的命运取决于加斯帕尔·德·科利尼的势力，而非法兰西国王查理九世的影响力。

# 第13章
# 圣巴塞洛缪大屠杀

**精彩看点**

谋害加斯帕尔·德·科利尼的计划——巴黎与胡格诺派——圣巴塞洛缪大屠杀计划——1572年8月24日圣巴塞洛缪大屠杀——大屠杀造成的后果——大屠杀对尼德兰造成的影响——哈勒姆之围——费尔南多·阿尔瓦雷斯·德·托莱多撤出尼德兰——圣巴塞洛缪大屠杀的后果——查理九世之死——安茹公爵亨利即位——英格兰王国蓄势待发

加斯帕尔·德·科利尼强大的精神力量，让查理九世深受影响。因此，在法兰西王国与西班牙王国在尼德兰交战的问题上，查理九世愈加认可加斯帕尔·德·科利尼的看法。凯瑟琳·德·美第奇十分忌惮加斯帕尔·德·科利尼的势力。如果加斯帕尔·德·科利尼赢得查理九世的信任，那么她对查理九世的影响力便一去不复返了。因此，凯瑟琳·德·美第奇开始与天主教教徒交好，决心不惜一切代价，摧毁加斯帕尔·德·科利尼向西班牙王国宣战的计划。她与吉斯公爵弗朗索瓦的遗孀安娜·德埃斯特联手，共谋暗杀加斯帕尔·德·科利尼。1572年8月22日，加斯帕尔·德·科利尼一边阅读书信，一边缓步踏进自己家中时，吉斯家族门下的夏尔·德·莫勒维尔向加斯帕尔·德·科利尼开了一枪。这一枪是从加斯帕尔·德·科利尼家对面的一幢房子的窗边射出的。加斯帕尔·德·科利尼手臂中枪，但并无性命之忧。当然，法兰西当局很快便要为这桩未遂的谋杀案展开调查。但凯瑟琳·德·美第奇并没有退缩，叫停了暗杀计划。她认为，必须除去加斯帕尔·德·科利尼，让查理九世永远不再受此人的鼓动。但加斯帕尔·德·科利尼受伤后，查理九世对他十分同情。于是，胡格诺派成员聚在加斯帕尔·德·科利尼身边，要求他复仇。胡格诺派成员打算一同面见查理九世，指控吉斯公爵弗朗索瓦的遗孀安娜·德埃斯特意图暗杀加斯帕尔·德·科利尼。胡格诺派成员威胁查理九世，宣称如果胡格诺派得不到补偿，他们就会采取报复行动。同时，法兰西人民更是怒不可遏：巴黎人民已做好准备，帮助吉斯家族抵抗胡格诺派的袭击。胡格诺派虽然与巴黎人民生活在同一片土地上，但只能十分悲哀地站在巴黎人民的对立面。

加斯帕尔·德·科利尼一直在天主教和胡格诺派之间努力调解。1572年8月18日，年轻的纳瓦拉国王亨利三世与查理九世的妹妹瓦卢瓦的玛格丽特成婚，此事被视为两派承诺和解的象征。亨利三世的父亲纳瓦拉国王安托万驾崩后，

纳瓦拉国王亨利三世

瓦卢瓦的玛格丽特

亨利三世成为胡格诺派名义上的领袖。他与瓦卢瓦的玛格丽特结婚，是为了联合胡格诺派与天主教。为参加两人的婚礼庆典，胡格诺派成员络绎不绝地来到巴黎，展示本派系的势力。而巴黎人民在无声地威胁胡格诺派人士。巴黎人民本身都是狂热的天主教教徒，他们满眼恨意地看着加斯帕尔·德·科利尼进入巴黎。后来，法兰西王国议会召开会议时，加斯帕尔·德·科利尼本应坐在纳瓦

吉斯公爵亨利一世

拉国王亨利三世和吉斯公爵亨利一世旁边,但他的位置已被巴黎人民占据。加斯帕尔·德·科利尼险遭暗杀,让天主教和胡格诺派的宗教狂热竞相暴发。两派人士满怀忧虑,纷纷聚集在各自的领导人身边。

　　法兰西人民义愤填膺之际,凯瑟琳·德·美第奇和吉斯家族看到了维护自身安全的机会。发现母亲凯瑟琳·德·美第奇曾参与谋杀加斯帕尔·德·科利尼的计划,查理九世百思不得其解。而凯瑟琳·德·美第奇不断夸大其词地对查理九世强调,胡格诺派言语粗鄙,行为乖张。她领着查理九世去大街小巷看胡格诺派武装团伙,并且询问他,是否可以派法兰西军队与胡格诺派军队交锋。凯瑟琳·德·美第奇提醒查理九世，法兰西军队即将完全落入加斯帕尔·德·科利尼的手中。她让意志薄弱的查理九世产生警觉，接着又向他指出走出困境的方法。在凯瑟琳·德·美第奇的指使下，巴黎所有胡格诺派将领被一网打尽。此时，只要查理九世一声令下，巴黎人民就会武装起来反抗胡格诺派，一举摆脱胡格诺派对巴黎的控制。

屠杀计划并非早有预谋，凯瑟琳·德·美第奇一派也并没有故意将胡格诺派引到巴黎，对他们大肆虐杀。也许凯瑟琳·德·美第奇已回想起，从前腓力二世为镇压新教教徒而实施的大屠杀事件。但在身为意大利人的凯瑟琳·德·美第奇的眼中，屠杀计划也许可以让自己摆脱眼下的困境。因此，有时，凯瑟琳·德·美第奇也会采取一鼓作气击溃敌人的方式来获得成功。凯瑟琳·德·美第奇认为，此举在法兰西王国同样可行。一开始，查理九世惶恐不安，不愿实施屠杀计划。凯瑟琳·德·美第奇便劝说查理九世，屠杀是权宜之策。为了博取查理九世的同情，凯瑟琳·德·美第奇表示自己在巴黎非常不安全，最后甚至嘲笑软弱的查理九世缺乏勇气。母亲的奚落让查理九世心如刀绞。最后，他只得同意执行屠杀计划，并且立刻狂热地投入其中。

1572年8月24日，圣巴塞洛缪节当天清晨，大屠杀拉开序幕。后人称这次大屠杀为"巴黎晨曦"。吉斯公爵弗朗索瓦派人杀死了加斯帕尔·德·科利尼。事后，加斯帕尔·德·科利尼的尸体被抛出窗外，刚好掉到吉斯公爵弗朗索瓦在庭院中站立的位置。除纳瓦拉国王亨利三世和孔代亲王路易之外，所有胡格诺派领袖都遭到处决。紧接着，巴黎四处风声鹤唳。巴黎人民纷纷开始以查理九世的名义，劫掠胡格诺派的居所，杀害惊恐万分的胡格诺派领袖。在这个充满恐惧的夜晚，在查理九世的默许下，恩怨仇杀此起彼伏。宗教狂热披上了爱国主义的外衣，让全体巴黎人民周身散发着骇人的怒意。多年来，在胡格诺派暴动中，巴黎人民不堪其扰。因此，只要能忍受几个小时的血腥屠杀，巴黎人民就可以将打破和平的胡格诺派斩草除根。

屠杀的怒火很快便蔓延到许多城镇。法兰西王国政府的命令在各地都得

加斯帕尔·德·科利尼被杀

加斯帕尔·德·科利尼的尸体被抛出窗外

圣巴塞洛缪大屠杀

圣巴塞洛缪大屠杀中的查理九世站在卢浮宫的阳台上向胡格诺派射击

到响应，导致大屠杀数日不曾停歇。这次屠杀的伤亡人数难以估算。据统计，整个法兰西王国的死亡人数在两万五千人到十万人之间。在这场惨烈的屠杀中，连始作俑者都没能料到屠杀的可怕后果。查理九世仍十分庆幸：自己还是下定决心实施屠杀计划，做了一次名副其实的国王。凯瑟琳·德·美第奇也认为她摆脱了胡格诺派这一宿敌，还觉得自己为国家办了一件好事。因为在圣巴塞洛缪大屠杀中大获全胜，法兰西天主教教徒喜不自胜。当时，适逢教皇格列高利十三世上任，他下令让人民吟唱《赞美颂》，歌颂天主教屠杀计划告捷。后来，格列高利十三世还命人在感恩节庆典中表演《赞美颂》。庆典上，腓力二世完全抛却平日的繁文缛节，纵情大笑。毫无疑问，腓力二世刚开始并不了解

教皇格列高利十三世

圣巴塞洛缪大屠杀的惨状。人们认为，尽管当时胡格诺派的复仇计划还未露出马脚，但大家对胡格诺派的计划早有预料，并且胡格诺派已获得应有的惩罚。只有英格兰人能立刻意识到圣巴塞洛缪大屠杀会带来怎样的道德影响。一想到查理九世竟然让半数法兰西子民武装起来，对抗另一半子民，英格兰人就感到不寒而栗。因此，在后来很长的一段时间内，伊丽莎白一世都拒绝接见法兰西王国派往英格兰王国的大使。后来，法兰西王国驻英格兰王国大使获准面见伊丽莎白一世时，伊丽莎白一世和英格兰宫廷中的人都身穿哀悼服，肃穆相迎，沉默相待。

圣巴塞洛缪大屠杀对尼德兰造成了毁灭性的影响。尼德兰爱国人士发现，他们已无望获得法兰西王国的帮助。当时正欲解救蒙斯的"沉默者"威廉也被迫撤回荷兰。因此，蒙斯只得向费尔南多·阿尔瓦雷斯·德·托莱多投降。由于尼德兰南部省份的暴动已宣告溃败，残暴的西班牙军队便趁机展开凶猛的报复。费尔南多·阿尔瓦雷斯·德·托莱多下令，围攻每个拒绝让西班牙军队进驻的尼德兰城镇，并且杀死城内所有居民。这个命令在梅希林、聚特芬和纳尔登都已切实实行。后来，费尔南多·阿尔瓦雷斯·德·托莱多一直沿用此计，以残暴的方式打击起义势力。

要击溃荷兰和泽兰的起义力量，势必颇费周折。接下来的一场战斗，把荷兰深深地印刻在很多诗人的记忆里。在这场战斗中，尼德兰军队与西班牙军队都一往无前、勇猛无畏。两军对战时的血腥场面，以及两军表现出来的爱国精神和献身精神，都让人难忘。西班牙士兵的军事素质在欧洲无可匹敌。他们对领袖忠心耿耿，对天主教事业怀抱热忱。他们战斗时的勇敢和愤慨也体现着西班牙人在战场上奋不顾身的气概。在即将发生的战斗中，尼德兰军队与西班牙军队都传出了无数英雄事迹。

西班牙人试图攻占南贝弗兰的城镇胡斯。这样一来，他们就可以从尼德兰军队的阵势中打开一个绝佳缺口。南贝弗兰是位于斯顿尔特河河口的一座岛屿。在暴风雨的侵袭下，汹涌的海水将南贝弗兰的堤坝全部冲毁。在南贝弗兰和原先的海岸之间，海水冲出一条海峡。这条海峡最窄处可达十英里宽。岛上的城镇胡斯住满了尼德兰爱国主义人士。西班牙军队无法从泽兰调遣增援舰队，但决不愿失去胡斯，只能兵行险招。士兵们沿着"被淹没土地"上的狭窄堤道艰难前行。退潮时，堤道水深四英尺[1]；涨潮时，水深可达十英尺。对三千人的西班牙军队来说，天黑之前要在水位没肩的堤道中行军十英里[2]，可谓险象环生。只要走错几步，就会有人迷失方向。如果不能在六小时内完成行军任务，涨起来的潮水就会把他们冲走。但西班牙士兵个个都打起十二分精神，三千人中只有九个人中途迷路，其余人都安全到达南贝弗兰。最终，他们成功攻占了胡斯。

攻占解救胡斯

---

[1] 1英尺约合0.3米。——译者注
[2] 1英里约合1.6千米。——译者注

弗雷德里克·德·托雷多

哈勒姆之围因尼德兰爱国人士的勇猛而闻名于世。当西班牙军队宣布要进驻哈勒姆时,哈勒姆全城人民决定奋起反抗。但哈勒姆要塞的防守非常薄弱,城里的戍守部队也只有四千人,而他们即将面对的弗雷德里克·德·托雷多的大军足有三万精兵。即便如此,哈勒姆守军还是成功拖住了西班牙军队,导致西班牙军队七个月以来一直被挡在海湾附近。最后,哈勒姆因饥荒而不得不向西班牙军队投降。连三百个哈勒姆妇女也披甲上阵,加入城中的作战部队,参与战斗。哈勒姆居民向袭击者泼洒沸油和燃烧着的沥青,凭借坚毅的决心反击袭击者。城里的妇女和儿童夜以继日地修补城墙上的裂缝。城中居民不停地修筑地道。有时,交战双方还会在地道中相遇,并且在地道展开激烈的厮杀。

哈勒姆之围

拿起武器保卫哈勒姆的妇女

哈勒姆人即使再勇猛，也无法经受住饥饿的折磨。1573年7月12日，哈勒姆人向西班牙军队投降。哈勒姆的戍守部队死伤惨重，整座城镇沦为废墟。此后，西班牙军队的围攻目标转向阿尔克马尔。但尼德兰爱国人士下定决心，就算将阿尔克马尔周边的堤坝打破，让尼德兰周边被海水淹没，他们都不会再让阿尔克马尔落入西班牙军队之手。见此情势，西班牙军队只好悻悻地鸣金收兵。西班牙军队只想与人交战，从未想过要跟整片海洋作对。

显而易见，1573年年底，费尔南多·阿尔瓦雷斯·德·托莱多的残暴攻势非但未能击溃尼德兰人民的精神，反倒激起了他们顽强的反抗意志。1567年到1573年，费尔南多·阿尔瓦雷斯·德·托莱多都不遗余力地试图让尼德兰归顺，但如今，他已身心俱疲。腓力二世也终于相信，费尔南多·阿尔瓦雷斯·德·托莱多的方法不可行。随后，费尔南多·阿尔瓦雷斯·德·托莱多获准返回西班牙王国。不久，腓力二世便找了小借口，将费尔南多·阿尔瓦雷斯·德·托莱多和

抵抗西班牙军队围攻的阿尔克马尔军民

路易·德·雷肯斯·苏尼加

他的儿子法德瑞克·阿尔瓦雷斯·德·托莱多囚禁了起来。直到后来,征战葡萄牙王国时,西班牙王国急需费尔南多·阿尔瓦雷斯·德·托莱多施展军事才能,他才再次被委以重任。

1573年到1576年年中,费尔南多·阿尔瓦雷斯·德·托莱多的继任者路易·德·雷肯斯·苏尼加接管尼德兰,开始在尼德兰施行相对温和的管理政策。

圣巴塞洛缪大屠杀对法兰西王国造成的影响,并没有参与屠杀的狂热分子预想得那么严重。但这次事件，已经让幕后操纵者良心受谴。屠杀当晚的恐怖回忆，常常浮现在查理九世的梦中，让他屡屡惊醒。查理九世身旁那些总是积极献策的大臣也察觉到查理九世时常唉声叹气或歇斯底里。连军营里的法兰西士兵都发现，他们时常会看到已故的纳瓦拉国王亨利三世扔下一个骰子，在桌上砸出一个血印。

其实，圣巴塞洛缪大屠杀有违法兰西王国的总体政策。冷静下来以后，法兰西人民发现圣巴塞洛缪大屠杀是一次重大错误，因为西班牙王国是天主教世界的领袖，法兰西王国根本不可能与之相争。圣巴塞洛缪大屠杀发生后，法兰西王国已无法在天主教和胡格诺派之间保持中立立场。法兰西王国和尼德兰之间的所有来往已中断，伊丽莎白一世和安茹公爵亨利的联姻磋商也被叫停。在拉罗谢尔、尼姆和桑塞尔，胡格诺派面对法兰西军队时顽强抵抗。法兰西军队要围攻这些城镇，也无济于事，因为这些城镇一直在不顾一切地奋勇抵抗。虽然在圣巴塞洛缪大屠杀中，许多胡格诺派人士已经丧生，或者因恐惧而信奉他教，但由于胡格诺派幸存成员依旧人数众多，天主教教徒根本无法依靠武力歼灭胡格诺派幸存势力。此外，波兰人希望能让安茹公爵亨利坐上波兰-立陶宛邦联的王位。但安茹公爵亨利如果成为波兰国王，就必须在天主教和胡格诺派之间进行调停，施行宗教宽容政策。上述种种原因，导致在法兰西王国，温和政策大获支持。1573年7月，在拉罗谢尔、蒙托邦、尼姆和桑塞尔，法兰西王国开始实行宗教宽容政策。

终于，胡格诺派获得短暂的和平。不久，法兰西宫廷纷争四起，胡格诺派势力逐渐壮大。查理九世最小的弟弟安茹公爵弗朗索瓦开始公开反抗母亲凯瑟琳·德·美第奇。在接下来的宫廷斗争中，一个新党派逐渐崭露头角。新党派成员都是出于政治原因维护宗教宽容法案的人，希望能借此暂时平息狂热的宗教分子的怒火。1574年5月，在纷乱局面中，查理九世驾崩。随后，他的弟弟安茹公爵亨利离开波兰。安茹公爵亨利出逃时无人知晓，因为他担心波兰人会在他出逃途中横加阻挠。之后，安茹公爵亨利继承法兰西王位，称亨利三世。

病重即将驾崩的查理九世

随后几年，欧洲基本上未发生任何能结束当时混乱局面的决定性事件。伊丽莎白一世统治时期最广为人知的大暴动已被镇压，一切似乎都在回归正道。刚开始，各地局势都很不明朗。政治舞台上的领头角色必须仔细观察种种迹象，判断命运之轮可能转向何处。当时，整体局势似乎对新教教徒和伊丽莎白一世非常不利。伊丽莎白一世从来不敢坚定地和新教教徒结盟。她从未想到，尼德兰会给腓力二世带来如此多麻烦，也没有想过胡格诺派能在法兰西王国发展如此之久。年复一年，伊丽莎白一世的统治力量愈加强盛。英格兰王国北部的叛乱及罗伯特·迪·里多尔菲阴谋的失败都证明，伊丽莎白一世的地位难以动摇。英格兰人民变得更团结、更坚决、更无畏，英勇热切的民族精神已在他们心中生根发芽。1572年到1576年，英格兰王国一直风平浪静。英格兰王国再次显现优势时，已经不再对自己的地位和命运感到举棋不定，而是早已做好准备，要与西班牙王国一决高下，从而决定两国的未来，书写欧洲新教的命运篇章。

# 第14章
# 伊丽莎白一世与英格兰王国国内事务

**精彩看点**

政客伊丽莎白一世——伊丽莎白一世统治时期英格兰王国的经济——伊丽莎白一世的不义之举——爱好和平的伊丽莎白一世——伊丽莎白一世的宗教观点——英格兰国教的状况——伊丽莎白一世迫害天主教——清教——教会问题——伊丽莎白一世及诸位主教——英格兰王国的商业——皇家交易所——英格兰王国的商业扩张

伊丽莎白一世统治初期，许多事件接二连三地发生。时至今日，回顾这些事件时，我们只能看到伊丽莎白一世的政客形象。我们看到，伊丽莎白一世一路走来，都在凭借她谨慎、迂回的政策维护自身利益，使英格兰王国免遭外族入侵，并且让英格兰人养成了团结统一的民族情感。

纵览当时的英格兰大事件，我们往往会对伊丽莎白一世的政策多加挑剔。但我们如果无视当时新教的整体利益，只是一味地指责伊丽莎白一世，未免太过自私、狭隘。我们要记住，伊丽莎白一世即位时，英格兰王国还没有资格强势干预欧洲事务。当时，英格兰王国只有五百万人口，伊丽莎白一世的年收入也不过五十万英镑。彼时，英格兰王国债台高筑，铸币贬值，商业疲软，民不聊生，还面临着由宗教纷争引起的内战威胁。在这种情况下，伊丽莎白一世如果制定过于大胆的政策，实在不明智。她不得不为国家开源节流，规避战争，在各个敌国相互开战时坐山观虎斗。很快，伊丽莎白一世就将这期间学到的勤俭节约的生活方式培养成习惯。最后，这种勤俭的美德，甚至被人说成吝啬与贪婪。伊丽莎白一世开始以收礼的形式，从旁人身上获取尽可能多的东西，自己却很少回礼。帮助胡格诺派和尼德兰人时，伊丽莎白一世会开出最严苛的条件。她最爱的罗伯特·达德利死后，伊丽莎白一世竟挥泪下令查封罗伯特·达德利的财产，以抵扣他昔日的借款。

此外，伊丽莎白一世还会在条件允许的情况下，或虚张声势、威胁恐吓，或实施阴谋、公然撒谎，从而达到自身目的。伊丽莎白一世采取谨慎政策也许无可厚非，但不该用任何借口欺骗大众。在外交方面，她展露了女性面面俱到、倔强任性的一面。她的行为举止十分庄重而严肃，但常常会不小心露出可笑的马脚。有时，她的谎话骗不了任何人。她的信和演讲措辞模棱两可，语句结构复杂晦涩，让人根本无法明白其中的确切意味。同样，因为伊丽莎白一世下达命令时模棱两可，所以只要她高兴，随时都可以抵赖。她总爱让大臣在没有获得确切指令的情况下行事。有时，大臣还必须自负责任。如果伊丽莎白一世的计划失败，他们就要承担后果。

伊丽莎白一世十分反对战争。一个原因是战争耗资巨大，她十分不愿花费金钱。另一原因是，战争会剥夺她在外交场上大显神威的机会。实际上，伊丽莎白一世的多数行为动机，都来自她对子民的慷慨及维护国家利益的本能。在议会中，她总会举拳捶案，高声喊道："诸位大臣，不要开战，不要开战！"伊丽莎白一世的坚决态度，常能让居心叵测之人的阴谋无法得逞，将英格兰王国的资源运用在必要的地方。尼德兰人与腓力二世纠缠不休时，伊丽莎白一世并未对尼德兰人产生半分怜悯，尼德兰的悲惨境遇也未能唤起她的慷慨之情。相反，她不遗余力地借尼德兰的厄运，为英格兰王国营造商业优势。只有在担心尼德兰快要放弃抵抗，使腓力二世变得更强大时，伊丽莎白一世才出手帮助尼德兰。她无法理解尼德兰为何要坚持为宗教自由而奋力抵抗，建议尼德兰人与腓力二世讲和。看到尼德兰人不愿服从君主的宗教事务决策时，伊丽莎白一世不以为然。她甚至已做好准备，要帮助腓力二世征服尼德兰，消除英格兰王国与西班牙王国之间的嫌隙。

对反抗宗教迫害的起义，伊丽莎白一世实在不能认同，因为她的宗教信仰并不清晰。伊丽莎白一世最多只能算是新教教徒，因为她是安妮·博林的女儿，并且如果成为信奉天主教的君主，她就不可能在欧洲享有如今的地位。然而，伊丽莎白一世虽然信奉新教，但十分痛恨清教。因为她认为，约翰·诺克斯之流的论调是在公然撼动她的王位与驳斥她对王权的观点。她希望,主流宗教制度能够扑灭天主教教徒和清教教徒的嚣张气焰,从而真实体现大部分人的宗教情感。如果有人试图将她制定的礼制往任何一个极端发展,她会异常恼怒,并且随时准备拨乱反正。眼看清教即将变得愈加强大,伊丽莎白一世便在圣保罗大教堂内放了一个十字架,点燃圣坛的蜡烛,明示自己的宗教倾向。为了取悦伊丽莎白一世,圣保罗大教堂的院长亚历山大·诺埃尔在她的垫子上放了一本装帧精美的《公祷书》。见此,伊丽莎白一世却皱了皱眉,把书移开,并且在做完礼拜后狠狠地训斥了亚历山大·诺埃尔。

亚历山大·诺埃尔

然而，伊丽莎白一世很难维持在英国国教展现的温和形象。尽管伊丽莎白一世即位后已多次进行宗教变革，但英格兰神职人员的圣俸金额几乎毫无变化。全体神职人员倾向于支持天主教。其中一些品性高尚的神职人员不愿妥协，放弃了伊丽莎白一世发放的圣俸。依旧领取圣俸的神职人员，不过是宗教热情最低迷的一部分人。在低级神职人员中，受过教育的人寥寥无几。有时，接管英格兰王国某些教区的人，甚至曾担任乡绅管家或卫兵。要与这些人为伍，同时有秩序地建立新礼制，确实十分困难。特别是，起初，神职人员可以结婚的规定，让英格兰人十分震惊，也引发了不少流言蜚语。有些教士会与不识教规的女子结婚，也不在意妻子是否能在教会事务上协助自己。在众多教士的妻子眼中，教会祭衣和其他物品不过是装饰而已。在教会戒律被奉为准则的时期，这种愚见极易引起公愤。于是，伊丽莎白一世下令，禁止任何大学职工或教会人士的妻子居住在教区内。伊丽莎白一世因为十分反感神职人员结婚，所以不愿废除英格兰女王玛丽一世统治时期禁止神职人员结婚的法律。因此，当时，神职人员的婚姻只是得到许可，但并未被合法化。伊丽莎白一世拜访马修·帕克后，在告别他夫人玛格丽特·帕克时说道："我不会称你为女士，也不愿唤你夫人，但还是非常感谢你的热情款待。"

随着伊丽莎白一世的统治生涯不断推进，教会给她带来的阻碍也越来越大。起初，伊丽莎白一世未曾想过脱离国教。天主教教徒即便反对伊丽莎白一世变革，也没有马上停止所有教会礼拜活动。但由于新教与天主教的冲突愈加白热化，两派都不愿做出更多让步。天主教教徒虽然不会公然违抗英格兰王国政府，但依旧妄想让苏格兰女王玛丽继承英格兰王位。自庇护五世颁布通谕与伊丽莎白一世对立，以及罗伯特·迪·里多尔菲阴谋发生后，英格兰王国反天主教的法律愈加森严，执法手段也愈加残酷。

英格兰新教虽然与天主教为敌，但各自内部并不统一。清教和天主教一样，不愿屈服于既定的教会仪式。清教人士极力反对教会现存的迷信观念，坚决不服从教会仪式。但伊丽莎白一世认为，教会礼拜活动中的一切不合规行为都是不可忍受的。因此,马修·帕克要求神职人员统一穿上牧师白袍,规定拒穿白袍的神职人员将被停俸。不久,一群教士拒不从命,自发组织秘密集会。同时,1567年颁布的法案禁止非英格兰国教教徒秘密集会。为抵制该法案,清教徒开始自发成立英格兰新教反对派。

宗教问题是16世纪和17世纪欧洲最关键的问题。宗教问题的症结在于,如何在旧教会制度被推翻之后,维护好与旧教会制度息息相关的旧政治制度。伊丽莎白一世在位时已向我们展现,在意识到自己身处险境时,她是如何一再努力显示自身统治的优越性。刚开始,伊丽莎白一世做的种种努力,先是被小心谨慎的英格兰人民冷眼相待,后又被激愤的反对派百般阻挠。英格兰人意识到抗击外敌的局面后,伊丽莎白一世的继任者必须调整旧政治制度对新教会观念的限制。当然,这种调整虽然只是小修小补,但依旧难度很大,因为并非所有教派都认可宗教宽容观念。彼时,英格兰王国正处于夹缝中求生之际,伊丽莎白一世急需稳固国家根基,使英格兰王国保持绝对统一。因此,这个时候,我们不该过分苛责伊丽莎白一世这个宗教迫害者。在尽可能不过分变更旧教会制度的前提下,英格兰王国将依照新教会观念调整教会制度,要求人们像从前一样,无条件服从改革后的教会制度。旧教会制度的支持者和希望深化改革的人士只能服从。在英格兰王国,这次宗教变革措施被广泛实施。这次宗教变革的目的并不是制造分歧。当教会问题成为主要政治问题时,伊丽莎白一世面对强敌,仍要让国家众志成城、团结一心。一方面,英格兰王国不能逾越欧洲政治体制。另一方面,伊丽莎白一世要让所有在旧教会制度之下饱受压迫的人重获自由。

以上是伊丽莎白一世及其谋臣的立场。但他们仍浑然不知,前进道路上还会出现多么巨大的阻力。直到经过两个世纪的斗争后,人们才发现,信仰的力量如此强大,连政治权谋都未能将其扼杀。

伊丽莎白一世时期的教会体制,并非解决宗教改革问题的长久之计。伊丽莎白一世不打算壮大英格兰国教,也不会允许任何独立于国教之外的宗派发展成型。伊丽莎白一世的政策带来的一切问题,只能留给她的继任者解决。

埃德蒙·格林德尔

当时，伊丽莎白一世只能想到通过诸位主教，维持宗教秩序。1575年，埃德蒙·格林德尔接任马修·帕克，成为新任坎特伯雷大主教。埃德蒙·格林德尔吃过亏后才发现，伊丽莎白一世强盛的王权并非浪得虚名。神职人员的集会之风愈加强劲，让伊丽莎白一世十分警惕。这些集会被称为"先知会"，主要内容是议事讨论，为演说准备练习，并且为神职人员开展传教训练。然而，伊丽莎白一世并不赞成传教。她认为，人民阅读布道书就已足够。她不愿意让神职人员议论当前的宗教观念，所以命埃德蒙·格林德尔制止神职人员举行先知会。但埃德蒙·格林德尔拒不从命,也因此遭到停职,并且五年内不得行使大主教的职权。

伊丽莎白一世虽然要求旁人尊重各位主教,但从其他方面看,她本人对待主教毫无恭敬可言。她会空出某些主教职位,巧立名目,将主教收入挪为己用。一旦心血来潮,她还常会收回某些主教辖区。有一次,伊利主教理查德·考克斯不愿将伊利的官邸交给克里斯托弗·哈顿。伊丽莎白一世便写信劝诫理查

克里斯托弗·哈顿

理查德·考克斯

德·考克斯，说道："尊敬的主教，我知道你不愿服从规定。但我要告诉你，我既然能让你得到如今的地位，自然也能将你从这个位置上拉下来。如果你不立即履行义务，我会马上解除你的神职。别再自降身份了。"还有一次，在伊丽莎白一世面前，伦敦主教约翰·艾尔默进行布道，大谈奢华服饰不过是身外之物。伊丽莎白一世对座下的女宾说："如果伦敦主教再多谈论这个话题，我就会让他离开宫廷。他离开时不能带走任何侍从，也必须脱掉官服。"

为恢复商业与国家繁荣，伊丽莎白一世采取了十分精明的措施。伊丽莎白一世统治时期，英格兰海军和商业正值鼎盛。毫无疑问，这是伊丽莎白一世注重海军与商业发展的结果。当时，有一条商业政策是恢复铸币价值。伊丽莎白一世即位前，历任英格兰国王和女王已将英格兰铸币价值降到铸币面值的三分之一。对国库空虚的英格兰王国来说，回收和烧熔劣质铸币，同时发行面值与本值相符的新货币，都是难如登天。但在发行新币时，英格兰王国并未遇到太多阻碍。终于，新货币发行完成后，英格兰商人可以重启与外国的生意往来。

英格兰王国与佛兰德斯的羊毛贸易是英格兰商业最重要的一部分。当时，英格兰王国将布料出口到佛兰德斯市场，并且从佛兰德斯将布匹销往欧洲各地。商人冒险家公司每年两度派出由五十艘船到六十艘船组成的船队，将英格兰货物运到尼德兰。据统计，英格兰王国每年运往尼德兰的布料多达十万匹。

1553年，一批英格兰商人和贵族装载好三艘船，预备开辟通往印度的北部通道。但在冰川中，其中两艘船迷航。幸运的是，第三艘由理查德·钱塞勒率领的船驶到阿尔汉格尔斯克，奠定了英格兰王国与沙皇俄国通商的基础。1557年，沙皇伊凡四世向英格兰王国派出使者。商人冒险家公司立马派人与

沙皇伊凡四世

沙皇俄国使者会面。商人冒险家公司派出的专员身穿天鹅绒，项佩金链，想凭借奢华的装扮，向伊凡四世展示英格兰王国的富足，吸引沙皇俄国与英格兰王国通商。

1560年，伦敦皇家交易所建立，充分体现了英格兰王国商业地位正日益提高。长居佛兰德斯的富商托马斯·格雷沙姆爵士注意到，在佛兰德斯商人发家致富的同时，伦敦的商业环境却非常糟糕。在伦敦，无论天气如何，所有商人经商时都只能站在隆巴德街的人行道上。因此，托马斯·格雷沙姆爵士盖了一

托马斯·格雷沙姆爵士

伦敦皇家交易所

栋砖楼。大楼下设有货物地窖，楼内建有方形庭院。大楼一层是由大理石柱支撑的拱形柱廊，可供商人穿行。二层是商铺，托马斯·格雷沙姆爵士全靠商铺租金收回建设本金。伊丽莎白一世曾到这里参观。当时，她对这里十分满意，甚至隆重宣布这幢大楼为"皇家交易所"。此后，大楼一直沿用此名。

英格兰王国君主制定的大体方针会对商业有一定助益。然而，商业不是一个只需要君权操纵，依靠赞助即可运作的行业。在整个欧洲狼烟四起的境况下，伊丽莎白一世成功维护了英格兰王国的和平。此外，伊丽莎白一世虽然奉行节俭的治国方针，但并未推行压榨性的税制。伊丽莎白一世在位期间，英格兰王国已摆脱债务困扰。尼德兰商业因外国侵扰而陷入停滞时，伦敦的贸易地位却日益提高。

在英格兰王国,海上冒险精神开始深深植根于各阶层的思想中。这种精神的具体体现是,汉弗莱·吉尔伯特和马丁·弗罗比舍多次启航,想要开发一条西北航道,通往繁荣富足的中国。英格兰航海家是首批探索北极险境的冒险家。此后,北极探险活动一度由英格兰人独揽。

# 第15章
# 伊丽莎白一世的政府及大臣

**精彩看点**

威廉·塞西尔——尼古拉·培根——伊丽莎白一世的宠臣——罗伯特·达德利——克里斯托弗·哈顿——伊丽莎白一世的政府——伊丽莎白一世的华丽排场——王室出巡——伊丽莎白一世的凯尼尔沃思之旅——伊丽莎白一世巡访诺里奇——伊丽莎白一世巡访剑桥大学——伊丽莎白一世巡访牛津大学

伊丽莎白一世选贤任能时的远见卓识，充分体现了她的聪明才智。谈到伊丽莎白一世政府，不可不提威廉·塞西尔。威廉·塞西尔是英格兰王国议会议员，早前曾出任英格兰王国内阁大臣，随后任财政大臣，一直对英格兰王国的政务有着极大的影响力。那时，欧洲君主都习惯独揽首相大权，按照自己的意愿选用机密顾问。但伊丽莎白一世执政时，她一直视威廉·塞西尔为左膀右臂。虽然伊丽莎白一世并不会全盘接受他的建议，他的对手也不停地使绊子，但威廉·塞西尔仍是制定英格兰王国治国方略的头号功臣。终其一生，威廉·塞西尔都深得伊丽莎白一世的信任。

1520年，威廉·塞西尔出生。亨利八世执政时期，威廉·塞西尔就已涉足政坛。英格兰国王爱德华六世在位时期，威廉·塞西尔得到萨默塞特公爵爱德华·西摩的支持，成为英格兰王国国务大臣。爱德华·西摩倒台后，威廉·塞西尔失去了国务大臣之位。但在撰写了若干篇弹劾爱德华·西摩的文章后，威廉·塞西尔又重新获得官员们的支持。1550年，威廉·塞西尔官复原职。他略施妙计，摆脱了托马斯·珀西阴谋的牵连，也获得了英格兰女王玛丽一世的宽恕。此后，威廉·塞西尔曾再次失去国务大臣之位，但离职后生活十分平静，后来开始信奉天主教。当时，他暗中投靠还是公主的伊丽莎白一世，为处境艰难的伊丽莎白一世雪中送炭，献上不少妙计。伊丽莎白一世即位时念及威廉·塞西

伊丽莎白一世与威廉·塞西尔

尔的恩情，立马任命他为英格兰王国议会议员。伊丽莎白一世对威廉·塞西尔说："我认为，你不会为任何小恩小惠而徇私枉法，对国家一片赤诚。你也不会受制于我的个人意志，而是给我提出最佳建议。"

　　威廉·塞西尔不是英雄式人物，后来也未曾成为地位更加显赫的人。但他机警谨慎、能屈能伸、思维敏捷，足以让伊丽莎白一世钦佩不已，因为她恰巧就是这样的人。伊丽莎白一世也多少意识到，自己反复无常、异想天开的性格，有时会让她做出十分愚蠢的举动，并且无法做出理性判断。在她看来，镇定从容、聪慧过人的威廉·塞西尔就是她努力自省的方向。面对威廉·塞西尔时，伊丽莎白一世就像在审视自己的良知。但审视良知后的觉悟往往叫人难堪。因此，有时，伊丽莎白一世会对威廉·塞西尔严加斥责、百般驳斥，甚至出言侮辱。伊丽莎白一世的种种责备经常使威廉·塞西尔无话可说，让他屡次含泪离开。但伊丽莎白一世又会再三斟酌威廉·塞西尔的建议，也常在经过激烈的心理斗争后承认他的观点比自己的想法更胜一筹。伊丽莎白一世不会完全遵照威廉·塞西尔的建议行事，因为他倾向于公开与西班牙王国为敌，并且大力支持欧洲新教发展。在这些问题上，伊丽莎白一世比这位行事小心的谋臣更谨慎。她一向清楚，诸位谋臣都是各党派的首领，都要满足各党派的利益。但她的使命是维护整个英格兰王国的利益。威廉·塞西尔必定希望英格兰王国脱离天主教势力，让苏格兰女王玛丽再无可能继承英格兰王位，因为一旦苏格兰女王玛丽继承英格兰王位，威廉·塞西尔必将一无所有。伊丽莎白一世并不清楚，苏格兰女王玛丽继承英格兰王位可能带来哪些问题。但伊丽莎白一世知道，让英格兰群臣完全忠于自己的最重要的因素，正是他们对苏格兰女王玛丽的忌惮。

威廉·塞西尔的主要盟友是他的挚友兼连襟[①]尼古拉·培根。尼古拉·培根是英格兰王国掌玺大臣。他与第二任妻子安妮·培根婚后育有一子，即文坛巨匠弗朗西斯·培根。尼古拉·培根为人比威廉·塞西尔更严肃，行事也更周全。因此，在尼古拉·培根的协助下，威廉·塞西尔变化多端的计策可以更周密、严谨。弗朗西斯·培根对父亲的评价是："他平平无奇，但为人直率坚定，做事非常有手腕，从不拖泥带水。他只会通过公平手段和自身实力成事，从不暗箭伤人。"尼古拉·培根的座右铭"平庸即平安"，完全体现了他合理的直觉判断。有一次，伊丽莎白一世对尼古拉·培根说，他的房子太小，有失身份。尼古拉·培根回答道："不，陛下，是您太抬举我了，才会觉得这个房子配不上我。"尼古拉·培根的文学鉴赏力极高，心思也非常细腻。他在戈勒姆伯里宅邸

---

[①] 威廉·塞西尔的第二任妻子米尔德丽德·库克是尼古拉·培根第二任妻子安妮·库克的姐姐。——译者注

尼古拉·培根

弗朗西斯·培根

的花园里建了一间房子，专门用于研究"七大学科"。房内的墙上都饰有代表各个学科的人物画像，旁边还挂着他们门下杰出弟子的肖像画。

伊丽莎白一世身边红人甚多，威廉·塞西尔和尼古拉·培根便是个中翘楚。两人都是凭借自身智慧和能力，被举荐给伊丽莎白一世的。伊丽莎白一世的政治顾问发现，受她宠信之人虽然都是侍臣，却个个势力见长。这就给诸位政治顾问的仕途造成了极大阻碍。他们认为，这些受宠者之所以能影响伊丽莎白一世，是因为他们的性格，而非政治才华。伊丽莎白一世非常喜爱过于盛大而浮华的排场。公开露面时，她总会带着衣着华丽的大队人马。她近旁的"绅士侍卫队"全由英格兰贵族家庭的年轻男性组成。约翰·霍利斯称，他拥有一

约翰·霍利斯

处房产，每年可凭借此房产得到四千英镑的收入。但他认识的"绅士侍卫队"成员，没有一个人的财力比他逊色。所有英格兰贵族成群结队地拥到伊丽莎白一世旁边，都为能够服务于伊丽莎白一世感到无比自豪。伊丽莎白一世除酷爱炫耀之外，还刻意增进与贵族人士的私交，以此巩固自身地位。

因此，伊丽莎白一世的侍臣必然对她有极大的影响力。有时，她的宠臣还手握重权。伊丽莎白一世久未婚配，这就使她与宠臣的关系略显暧昧。当时，英格兰王国没有任何规定，禁止女王与英格兰贵族成婚。于是，最得伊丽莎白一世欢心的宠臣不断接近她，对她似情人般亲密，也如臣子般顺从，让伊丽莎白一世着迷不已。出于政治考量，伊丽莎白一世不愿成婚。她虽然位高权重，却感觉十分孤独，一直渴望能有一段刻骨铭心的爱情。她要求宠臣对自己全身心付出，就像她为英格兰王国的利益奉献所有一样。如果宠臣与他人结婚，伊丽莎白一世会觉得大受侮辱。她以女性的身份与宠臣谈情说爱，又以女王的姿态对他们强加限制。尽管如此，伊丽莎白一世还是常常悲愤交加地发现，只有在她面前，宠臣才会表现出爱人的模样。她虽然渴望获得来自男性的宠爱，但只盼来宠臣对女王的忠诚。

罗伯特·达德利是伊丽莎白一世身边首屈一指的宠臣。1588年去世之前，他一直深得伊丽莎白一世的专宠。罗伯特·达德利是约翰·达德利的儿子。据说，他与伊丽莎白一世同日同时出生。罗伯特·达德利受到举荐，来到伊丽莎白一世面前。他丰神俊朗、风度翩翩，让伊丽莎白一世一见倾心。罗伯特·达德利英勇无双、胸怀大志，并且风趣迷人，但他献出的计策都是从私利出发。由于伊丽莎白一世对他十分偏爱，他的建议多数名不副实。罗伯特·达德利是威廉·塞西尔的劲敌。在罗伯特·达德利眼中，威廉·塞西尔就是他完全掌控伊丽莎白一世的拦路虎。显然，伊丽莎白一世十分乐意与罗伯特·达德利成婚，但她必须足够谨慎，并且必须确保与罗伯特·达德利成婚不会威胁自己的地位。后来，罗伯特·达德利成为清教领袖，主要是为了凭借这股政治势力，与威廉·塞西尔抗衡。罗伯特·达德利心中并无丝毫宗教原则，举止放荡不羁。

埃米·罗布萨特之死

他狂妄自大,并不受人爱戴。坊间关于他的许多负面流言一直被口耳相传,深植人心。人们普遍认为,在最有可能和伊丽莎白一世成婚的时候,罗伯特·达德利已经杀死了自己的妻子埃米·罗布萨特。在由耶稣会会士编写的《罗伯特·达德利控制下的英格兰王国政府》一书中,罗伯特·达德利被控犯有各种谋杀罪与暗杀罪。想必罗伯特·达德利施行计划时,已将许多对手斩草除根。

他对伊丽莎白一世的影响极大，伊丽莎白一世甚至宽恕了他1578年与埃塞克斯伯爵夫人莱蒂丝·诺利斯再婚一事。得知罗伯特·达德利再婚时，伊丽莎白一世火冒三丈地威胁称要将他关到伦敦塔里。但最终，她还是没有把这些私人情感展露在公众面前。然而，伊丽莎白一世太离不开罗伯特·达德利了。因此，不久，他又重获伊丽莎白一世的荣宠。

但罗伯特·达德利的势力并非毫无掣肘。伊丽莎白一世自傲的个性不容许自己一味地依靠任何男人。每到紧要关头，她就会挺身而出，捍卫自己的权力。

埃塞克斯伯爵夫人莱蒂丝·诺利斯

有一次，宫中的接待员不愿带领罗伯特·达德利的追随者面见伊丽莎白一世，因为这位追随者并没有面见伊丽莎白一世的资格。这时，罗伯特·达德利威胁说，要将这个接待员逐出宫中。无奈之下，接待员越过罗伯特·达德利，在伊丽莎白一世面前跪下，告诉她事情的来龙去脉。接待员问道："英格兰君主到底是罗伯特·达德利，还是伊丽莎白一世？"闻言，伊丽莎白一世便高声对罗伯特·达德利说："伯爵大人，我希望你一切安好。但我对你的信任并没有达到偏听偏信的地步。我的大臣众多，但我一直以来都对所有人施予恩泽，也完全愿意这么做。如果你认为你能只手遮天，那就慢慢见识我的手段吧。在这宫中，我只会留我一人做主，容不得任何男主人存在。"罗伯特·农顿补充说："伊丽

罗伯特·农顿

律师学院的徽章

莎白一世的这番话让罗伯特·达德利不寒而栗。因此,后来,他只得长期假装维持谦恭的态度。这竟也成了他一生最大的美德。"

罗伯特·达德利并非唯一一个因伊丽莎白一世恩宠而获得高位的侍臣。克里斯托弗·哈顿是律师学院的一个年轻学生。在一次化装舞会上,他凭借优雅的舞姿引起了伊丽莎白一世的注意。后来,他不再学习法律,转而进宫当起了侍臣。很快,克里斯托弗·哈顿领受的酬金已与英格兰大法官不相上下。因此,许多英格兰律师对他心生不满。在一些经验丰富的法律顾问的帮助下,机警正直的克里斯托弗·哈顿一直在尽心履行法律行业的职责。因此,身居要职的他赢得各方赞誉。在伊丽莎白一世的宠臣中,唯有克里斯托弗·哈顿终身未婚。但伊丽莎白一世对他反复无常,最后,很快便弃之如敝屣。据说,最后,克里斯托弗·哈顿也因此愤恨而终。

伊丽莎白一世的政府总是上演着你争我夺的疯狂戏码。每个能够进入政府的年轻人,都希望获得伊丽莎白一世的青睐,维护自己的财富与地位。伊丽莎白一世是一个通晓文学、赏识忠臣、慧眼识才的君主。因此,政府中年轻人

第 15 章 伊丽莎白一世的政府及大臣 ● 287

身上的每个优点,都有可能获得伊丽莎白一世的认可。然而,要想成为伊丽莎白一世的头号宠臣,不仅需要争取,还要与各路对手竞争。英格兰航海家为寻找新大陆①历尽艰险。而英格兰众多圆滑、机警的侍臣,同样怀抱着有过之而无不及的冒险精神。为获得伊丽莎白一世的荣宠,这些侍臣频献巧计。在攀登高位的艰险征途中,他们将冒险精神发挥到极致。在描述英格兰侍臣的境遇时,埃德蒙·斯潘塞字字流露出明显的心酸。

埃德蒙·斯潘塞

---

① 15世纪末,欧洲人发现美洲新大陆及邻近群岛后对这片新土地的称呼。——译者注

> 你们一心求胜，却脑袋空空，
> 
> 漫长的等待之路是多么荒唐：
> 
> 美好时光将一去不返；
> 
> 徒留满腔忧愁与哀伤，伴你长夜漫漫；
> 
> 今朝平步青云，明日便打回原形；
> 
> 以希冀期望为生，因恐惧悲伤劳心；
> 
> 背负十字架的灵魂忧虑重重；
> 
> 不安与绝望将心志蚕食一空；
> 
> 整日摇尾乞怜，卑躬屈膝，听候差遣，又爱指点江山，各方奔走；
> 
> 四处挥霍，到处留情，贪得无厌，又终将一无所有。

伊丽莎白一世很喜欢在公共场合大摆排场，让宫中身着华服的男男女女簇拥在她身边。她自己有时骑着骏马，有时会随意地靠在贵族肩上。但伊丽莎白一世最爱在伦敦泰晤士河上沿河游览。她的王室游轮饰满华丽的帐幔。航行过程中，两旁的随行船还要排起长长的队列。有时，伊丽莎白一世的随行队伍阵仗无比浮夸，叫人瞠目结舌。据说，"现场成百上千个男性骑着高头大马，身穿铠甲，排成十个方阵穿过城镇，锣鼓喧天。队列中有两个莫里斯舞方阵，还有一辆载着两只白熊的马车"。

伊丽莎白一世完全沉浸在王室特权带来的欢愉中，并且时常利用王室出巡，大搞浮华排场。执政期间，伊丽莎白一世不断拜访贵族、访问各主要城镇。她所到之处必定张灯结彩、灯红酒绿。伊丽莎白一世待人接物十分和蔼，素来形象尊贵，在民间备受赞誉和钦慕。因此，在各地，她的虚荣心都能得到极大满足。此外，由于不需要自掏腰包解决出巡费用，节俭的伊丽莎白一世就更享受出巡时的各种隆重仪式了。当时，一个失势的侍臣深知，如果想重新得势，唯一的方法就是为伊丽莎白一世张罗一场铺张的王室巡游。伊丽莎白一世向来希望，她即将访问的城镇官员会为她献上礼物。有时，她心中的贪念会胜过一

伊丽莎白一世乘船在泰晤士河上游览

伊丽莎白一世出行时的随行队伍

直以来恪守的礼仪。她访问诺里奇时,诺里奇市长托马斯·索瑟顿结束乏味的拉丁文演说后,给伊丽莎白一世奉上一个装满金片的银杯,对她说:"这杯子里的纯金足有一百磅重。"话音刚落,伊丽莎白一世马上揭开杯盖,急切地往杯子里看,接着一脸满意地把杯子递给侍从,说道:"好好保管这个杯子,里面可有一百磅黄金。"

了解诸如此类的王室娱乐活动后,我们可窥见当时英格兰人的品位及礼节。其中,最瞩目的一次宴会是"凯尼尔沃思的宫廷庆典"。1575年,罗伯特·达德利为取悦伊丽莎白一世,在凯尼尔沃思城堡连续举行了长达三周的庆典。三周内,每天都有各种演出和宴会。距离凯尼尔沃思城堡还有一段距离时,伊丽莎白一世会见了率领精锐骑兵的罗伯特·达德利。他们到达凯尼尔沃思城堡附近时,一个身材魁梧的守门人手执长棍,不允许任何人进入城堡。直到看见伊丽莎白一世,守门人才扔掉手中的长棍,伏在伊丽莎白一世脚下,为她奉上城堡的钥匙。伊丽莎白一世进入城堡时,漂浮在护城河上的人工浮岛开始向她正在穿行的大桥靠拢。接着,一个女演员声称,她的灵魂从亚瑟王时便受到束缚。她开始热情洋溢地朗诵长诗,表达她在伊丽莎白一世统治时期获得解脱的喜悦。这座桥上有许多柱子。每根柱子上都放着供奉某位神的祭品。柱子上依次挂着禽肉、鱼肉、水果、乐器和盔甲,作为献给女王的象征性礼物。伊丽莎白一世走过大桥后,城堡内院入口处出现了一个诗人。诗人朗诵完一首长篇拉丁诗,便向伊丽莎白一世解释她路上所见事物的含义。这种迎接阵仗,是伊丽莎白一世出巡过程中各种娱乐活动的典范。伊丽莎白一世访问期间,城内每天都会有不同的娱乐节目。迎接伊丽莎白一世入城后,凯尼尔沃思城堡开始举行水上派对。在派对中,有人扮演神话中骑着海豚的阿里昂,口中唱着歌颂女王的赞歌,慢慢来到伊丽莎白一世面前。这个歌者旁边还有随行乐队。乐队随后搭乘着海豚道具退场。接着,伊丽莎白一世骑马来到树林里,

伊丽莎白一世的队伍进入凯尼尔沃思城堡

由专人扮演的森林野人"狂野之影"①表示,他们已被伊丽莎白一世高贵华丽的气质深深折服,发誓从此以后抛弃野蛮的天性,只为女王陛下效劳。希腊神话"回声仙女"的扮演者表示,很荣幸看见伊丽莎白一世大驾光临。随后几天,凯尼尔沃思城内陆续开展了森林追击游戏、鹰猎、逗熊游戏等活动。娱乐活动结束后,人们会燃放烟花,并且翻跟头庆祝。同时,人们也会进行体育活动。有一天,伊丽莎白一世十分愉悦地观看了由乡下人呈献的乡村婚礼仪式和侧身射靶演示。还有一天,考文垂人举行了一年一度的模拟战事比赛,以纪念历史上考文垂人战胜丹麦人的一场大规模战争。

每逢伊丽莎白一世巡访城镇,当地贵族和官员都不免大摆阵仗,隆重相迎。伊丽莎白一世巡访诺里奇时,庆典上扮演希腊神话人物墨丘利的演员身穿衬金蓝缎的上衣,帽子和鞋跟上都带有双翼。他从一架华丽的马车上走下,来到伊丽莎白一世的住处前,邀请她参加狂欢活动。随后的华丽假面舞会上,还出现了神话中的维纳斯、丘比特、放纵之神和暴乱之神四个角色。舞会表演里,放纵之神和暴乱之神的扮演者嬉戏一番后,便被贞洁之神的扮演者"击退"了。

伊丽莎白一世巡访剑桥大学和牛津大学时,场面也十分轰动。她巡访剑桥大学时,赞词宣读员跪了不止一个半小时,全程都在歌颂伊丽莎白一世的功德。刚开始,伊丽莎白一世听到这番溢美之词,还装得一脸气愤,一边摇头,一边咬着手指大喊:"这不是真的,我多么希望自己是这样的人。"当宣读员开始歌颂她的贞洁时,伊丽莎白一世却高声说:"神保佑你,请继续你的吟诵!"在访问剑桥大学的某个星期日早晨,伊丽莎白一世聆听了拉丁文的布道。傍晚,她在剑桥大学的教堂里观看了普拉图斯的戏剧《一坛黄金》的改编演出。当时,新教浪潮仍未席卷整个英格兰王国,英格兰人还未将星期日定为安息日。接下来,伊丽莎白一世轮番巡视了剑桥大学的各个学院,并且在每个学院聆听

---

① 在罗马神话中,"狂野之影"是森林守护神。——译者注

拉丁文演说。在伊丽莎白一世收到的所有礼物中，有一本装帧精美的拉丁文与希腊文诗集。诗集的所有诗篇都专为伊丽莎白一世所作。在剑桥大学时，人们恳请伊丽莎白一世用拉丁文演讲。伊丽莎白一世尽管起初故作勉强，姿态扭捏，还多次表示自己没有做太多准备，但随后还是胸有成竹地发表了晦涩难懂的拉丁文演讲。在演讲中，伊丽莎白一世表示，希望能够效仿历任君主，在剑桥大学修建更多新建筑。也许，并没有人相信她的诺言。由于生性节俭，伊丽莎白一世并未在剑桥大学留下任何标志她个人品味和辉煌功绩的纪念性建筑。

巡访牛津大学时，伊丽莎白一世同样发表了不少枯燥的演说。牛津大学的学者不得不挖空心思，生拼硬凑出比剑桥大学更多的诗篇，恭维伊丽莎白一世。再次推托一番后，博学多才的伊丽莎白一世便开始在牛津大学发表希腊文演说。但伊丽莎白一世对牛津大学副校长劳伦斯·汉弗莱博士说的一席话，

劳伦斯·汉弗莱博士

比她的演说精彩得多。劳伦斯·汉弗莱博士是一个杰出的清教徒，一直反对伊丽莎白一世和马修·帕克的宗教观念。在一次学位授予典礼中，劳伦斯·汉弗莱博士头戴礼帽、身穿礼服走在众人前头。这时，伊丽莎白一世一边将手伸向他，一边笑着说道："博士，你身上宽松的礼服与你宽广的心胸十分相衬。但我很奇怪，你的观点竟会如此狭隘。"伊丽莎白一世就是凭着这样巧妙的话语赢得民心的。英格兰人总是能看穿伊丽莎白一世意图明显的拙劣演技。他们很清楚，她每次做演讲其实都是有备而来。

# 第16章
# 尼德兰的抗争
# (1576—1583)

**精彩看点**

"西班牙之怒"——奥地利的胡安——奥地利的胡安的计谋——奥地利的胡安病逝——帕尔马公爵亚历山大·法尔内塞——腓力二世出征葡萄牙王国——腓力二世对"沉默者"威廉的禁令——安茹公爵弗朗索瓦成为尼德兰君主——安茹公爵弗朗索瓦追求伊丽莎白一世——安茹公爵弗朗索瓦的尼德兰岁月——安茹公爵弗朗索瓦的叛国罪名

现在，我们必须把视线从伊丽莎白一世统治时期的和平局面，转向萦绕在她身边的各种危机。伊丽莎白一世曾在一首十四行诗中抒怀。

　　　　对未来仇敌的疑惧驱散眼下的欢愉，
　　　　理智催我慎防诡计以免除重重疑虑。
　　……

伊丽莎白一世的另一句诗也常在英格兰流传。

　　　"辩论之女①左右逢源，又挑拨离间。"

可见，只要苏格兰女王玛丽依旧活在世上，伊丽莎白一世就无法摆脱忧心如焚的生活。

威胁伊丽莎白一世的危机还来自尼德兰。由于1576年西班牙的尼德兰总督路易·德·雷肯斯·苏尼加英年早逝，他的温和政策并未得到长期施行。新总

---

① 苏格兰女王玛丽有"辩论之女"的别称。——原注

西班牙之怒

督到任前,驻守尼德兰的西班牙军队发动兵变,要求西班牙王国政府支付拖欠的军饷。但当时,由于腓力二世此前谋划了太多大事件,西班牙王国政府已经入不敷出,没有办法支付西班牙王国驻尼德兰军队的军饷。因此,西班牙王国驻尼德兰军队决心抢占主动权。他们自行委任多位军官,并且在这些军官的指挥下,有组织地攻下了富裕的安特卫普。在这次被称为"西班牙之怒"的袭击战中,欧洲最繁华的商业城市安特卫普沦为一片废墟。城中许多居民遭到屠杀,城里的财物全被袭击者夺走,商人也被逐出城外。这场凶残的浩劫,使尼德兰人民怒不可遏,也让尼德兰各省纷纷联合起来。联合的各省中,只有两个省信奉新教，其余十五个省均信奉天主教。1576年11月8日，根特同盟成立后，十七个尼德兰省一致决定，将西班牙军队逐出尼德兰，并且同意为此暂时放下宗教分歧。

与此同时，新任尼德兰总督也在施展大计，为未来的仕途做谋划。新总督是奥地利的胡安，即腓力二世的弟弟。当时，年仅三十一岁的他已是欧洲最有名的大将。勒班陀战役大胜后，奥地利的胡安踌躇满志，主动向兄长腓力二世提出，要征服突尼斯的摩尔人，前提是腓力二世必须同意让他成为突尼斯国王。格列高利十三世同意了奥地利的胡安的要求。但腓力二世非常清楚，自

根特同盟宣布成立

奥地利的胡安

己缺乏军事才能,也没有赢得民心的天赋,所以他非常担心,日后奥地利的胡安会与他分庭抗礼。因此,腓力二世把奥地利的胡安派往尼德兰,让他远离官场,无法对自己构成威胁。但在前往尼德兰途中,奥地利的胡安又生一计。此计还获得了格列高利十三世的默许。奥地利的胡安打算迅速招安尼德兰,率领麾下的西班牙军队打击英格兰王国,成为天主教领袖,解救并迎娶苏格兰女王玛丽,最后一统英格兰王国和苏格兰王国。警觉的腓力二世很快发现了奥地利的胡安有所谋划,更加忧心忡忡,却无法采取任何措施加以制衡。对伊丽莎白一世来说,奥地利的胡安没有太早到达尼德兰,可以说是一大幸事。当时,根特同盟已成立,为尼德兰打下了坚实的抵抗基础,也让尼德兰各省抵挡住了各种空头赔偿承诺的诱惑。

奥地利的胡安历尽千辛万苦,终于获得腓力二世的首肯,可以出兵攻打英格兰王国。但腓力二世开出条件,要求奥地利的胡安只能率西班牙士兵出战。因此,奥地利的胡安打算先摆平尼德兰,然后率领西班牙军队前往英格兰王国。到达尼德兰后,他马上开始与尼德兰等级议会磋商。尼德兰等级议会要求奥地利的胡安承认根特同盟,保留尼德兰强调自由的古老惯例及宪章,并且立即撤出驻扎在尼德兰的西班牙军队。奥地利的胡安欲向尼德兰争取三个月的撤兵宽限期,并且希望通过海路撤兵。然而,尼德兰各省仍坚决要求西班牙马上从陆路撤兵。因此,奥地利的胡安费尽口舌,仍未能为撤兵争取到丝毫宽限期。最终,由于尼德兰毫不退让,奥地利的胡安只能妥协。他绝望地发现,先前降服尼德兰再进军英格兰王国的盘算,不过是自己的幻想。因此,尼德兰无意

奥地利的胡安乔装成摩尔人进入尼德兰

间救英格兰王国于水火之中，消除了腓力二世的不安。眼见奥地利的胡安大计破灭，腓力二世心头一喜，决定不再派兵支援，让奥地利的胡安降服尼德兰时无兵可遣。显然，腓力二世打算用一项不可能完成的任务扑灭奥地利的胡安的嚣张气焰。

1577年2月17日颁布的《永久赦令》应尼德兰人要求，勒令西班牙王国撤兵。自此，西班牙军队撤出尼德兰。在尼德兰，奥地利的胡安处境艰难。他整日心神不宁，根本无法制定任何温和的妥协政策。尼德兰人看到奥地利的胡安时，总是露出将信将疑的目光。他自己也毫无耐心和宽容可言，根本无法完成安抚尼德兰的任务。此外，当时，腓力二世正打算全力击溃奥地利的胡安。腓力二世的内阁大臣安东尼奥·佩雷斯心生一计，打算诱使奥地利的胡安说出

安东尼奥·佩雷斯

暗杀胡安·德·埃斯瓦尔多

叛国的话。安东尼奥·佩雷斯先是假意与奥地利的胡安交好,给奥地利的胡安写信。之后,他将奥地利的胡安的回信呈给腓力二世。当时,奥地利的胡安的内阁大臣胡安·德·埃斯瓦尔多被派到马德里。在腓力二世的默许下,安东尼奥·佩雷斯在马德里暗杀了胡安·德·埃斯瓦尔多。奥地利的胡安感觉身边疑云密布,孤立无援。他知道心中大计已经破灭,也知道在他洗清图谋不轨的名声以前,西班牙王国政府一定会拒绝他提出的尼德兰管治措施。

然而,《永久赦令》带来的和平局面十分短暂,尼德兰等级议会与奥地利的胡安之间的误会也日益加深。1577年10月,尼德兰与西班牙王国再次发生战争,两国政治纠纷再次加剧。尼德兰的领军人物是"沉默者"威廉。一直以来,"沉默者"威廉都是反对腓力二世的灵魂人物。但由于"沉默者"威廉是新教

第 16 章 尼德兰的抗争(1576—1583) 305

教徒，天主教贵族都对他白眼相待，转而邀请神圣罗马帝国皇帝鲁道夫二世的弟弟、奥地利大公马蒂亚斯①做天主教领袖。然而，奥地利大公马蒂亚斯并未给天主教教徒献计出资。此外，法兰西王国还很有可能帮助天主教贵族。后来，法兰西国王亨利三世的弟弟阿朗松公爵弗朗索瓦继承了兄长安茹公爵的头衔，成为法兰西政客的领袖。阿朗松公爵弗朗索瓦十分推崇过往抗击西班牙王国的政策。他在法兰西王国的独立地位几乎不受任何制衡，所以很多尼德兰贵

奥地利大公马蒂亚斯

① 即位后为神圣罗马帝国皇帝马蒂亚斯。——译者注

让布卢战役

族都向他求助。见此状况,伊丽莎白一世开始采取更坚决的措施。对英格兰王国来说,尼德兰成为法兰西王国的一部分,将比尼德兰成为西班牙王国的领土更危险。因此,伊丽莎白一世与尼德兰签订结盟条约,承诺借给尼德兰资金,向尼德兰派出援兵。

在战场上,面对纪律严明的西班牙士兵时,尼德兰人束手无策。1578年1月,在让布卢战役中,尼德兰人败在奥地利的胡安手下,伤亡惨重。但让布卢战役成为奥地利的胡安最后的功勋。由于长期意志消沉,在西班牙大军被瘟疫

奥地利的胡安病逝

所困时，奥地利的胡安染上了疫病。1578年10月1日，奥地利的胡安病逝，终年三十一岁。在弥留之际，他要求部下将他埋在埃斯科里亚尔修道院，葬于查理五世身边。

帕尔马公爵亚历山大·法尔内塞继任奥地利的胡安的职务，成为尼德兰总督。亚历山大·法尔内塞是帕尔马的玛格丽特的儿子。尼德兰发生首次宗教暴乱时，帕尔马的玛格丽特曾任尼德兰摄政。亚历山大·法尔内塞很快便现身说法，证明自己是替西班牙王国接管尼德兰的最佳人选。亚历山大·法尔内塞十分英勇、沉着果断，是当时欧洲首屈一指的指挥官。他既能运筹帷幄，也能决胜沙场。在围攻城镇的战术方面，无人能出其右。除了拥有极高的军事才能，亚历山大·法尔内塞还极具管理头脑。他擅长运用安抚策略，为人刚正不阿、富有耐心，总是踌躇满志，力图达到自身目标。此外，亚历山大·法尔内塞还是个思维十分敏锐的政客，乐此不疲地、小心翼翼地罗织、拆解外交阴谋之网。

尼德兰人很快便察觉，亚历山大·法尔内塞的出现会对时局带来何种影响。首先，他成功利用了信奉天主教的省和信奉新教的省之间的分歧。在尼德兰南部的瓦隆，人们都信奉天主教，瓦隆各省已结成独立的乌得勒支同盟。通过乌得勒支同盟，"沉默者"威廉联合海尔德兰、上艾瑟尔、荷兰、泽兰、乌得勒支、格罗宁根和弗里斯兰七省，号召全同盟共同抵抗西班牙王国，维护宗教自由。乌得勒支同盟为荷兰共和国的成立奠定了基础。在"沉默者"威廉的指挥下，上述七省结成一派，其余十省却逐渐被西班牙王国收入囊中。但西班牙王国给予其余十省的条件还算优厚，因为在收复这些省的过程中，已不存在任何棘手的宗教阻碍。

面对当时的情况，"沉默者"威廉发现，必须果断采取措施自保。1580年年初，尼德兰与西班牙王国之间的战事已经呈现疲态，因为腓力二世已经将注

乌得勒支同盟

意力转向葡萄牙王国。腓力二世的母亲葡萄牙的伊莎贝拉是葡萄牙国王曼努埃尔一世的女儿。因此，在葡萄牙王国，腓力二世拥有名义上的王位继承权。在葡萄牙，腓力二世有不少对手，其中有布拉干萨公爵特奥多西奥二世和葡萄牙王室后裔克拉图修道院院长安东尼奥。但腓力二世的实力远胜于这两个对手。费尔南多·阿尔瓦雷斯·德·托莱多率兵攻入葡萄牙王国五十八天后，便将克拉图修道院院长安东尼奥从王座上赶了下来。从此，整个葡萄牙王国落入

葡萄牙的伊莎贝拉

克拉图修道院院长安东尼奥

腓力二世手中。在欧洲其他国家还没来得及干预前,腓力二世已早早征服了葡萄牙王国。继承了葡萄牙王权后,腓力二世征服尼德兰的决心更加坚定。见此局面,尼德兰人万念俱灰。但腓力二世攻占葡萄牙王国点燃了法兰西王国和英格兰王国的妒火。此后,法兰西王国和英格兰王国更加有理由公然与西班牙王国对立。因此,看似沉寂多年的欧洲冲突如今再度被激起,并且火药味比以往更浓。

  腓力二世和西班牙大臣们都相信,"沉默者"威廉会是他们收复尼德兰的一大绊脚石。因此,1580年3月,腓力二世颁布法案,历数"沉默者"威廉的种种罪行,公开称他为"人类公敌"。该法案规定,任何人如果能生擒或杀死

"沉默者"威廉,并且将他交给西班牙王室,就能获得两万五千克朗[①]黄金,并且可凭借此功获封贵族。对此,"沉默者"威廉以著名的《辩护词》做出回应。在《辩护词》中,他理直气壮地谴责了腓力二世的不义之举,并且义正词严地保证,自己的爱国行动全部合理合法。但"沉默者"威廉必须做好打持久战的准备,也必须寻求他国帮助,壮大尼德兰的势力。应荷兰和泽兰两省等级议会的恳求,1581年7月5日,"沉默者"威廉承诺,在战争期间担任荷兰与泽兰的总督。1581年7月月底,所有仍未与亚历山大·法尔内塞谈妥条件的尼德兰省通过一项庄严法案,宣布撤销腓力二世在尼德兰的主权。这些省宣称,腓力二世并未履行尼德兰保护者的职责,破坏了尼德兰人民自古以来的自由权利,还视尼

亚历山大·法尔内塞

---

① 货币单位。旧时,英国及其多数殖民地、属地也用此货币单位,1克朗等于5先令。——译者注

德兰人为奴隶。因此，腓力二世不是尼德兰的贤主，而是一个暴君。基于上述理由，尼德兰各省撤销了腓力二世在尼德兰的主权，的确合情合理。

尼德兰已做好万全准备，与西班牙王国决一死战。如果与腓力二世单打独斗，尼德兰全无获胜希望。但撤销腓力二世对尼德兰的主权之后，尼德兰大可投靠与西班牙王国对立的强国。此前，奥地利大公马蒂亚斯对尼德兰毫无助益，便被解除了天主教领袖的职位。此后，尼德兰几乎所有省都选举安茹公爵弗朗索瓦为尼德兰的君主。但因为荷兰和泽兰只承认"沉默者"威廉为元首，所以这两个省并没有推举安茹公爵弗朗索瓦。尼德兰各省巴望着法兰西王国与西班牙王国的宿怨死灰复燃。想到前法兰西国王亨利二世曾为受到压迫的神圣罗马帝国人民反抗前任神圣罗马帝国皇帝查理五世，尼德兰也盼着当今法兰西国王亨利三世帮助尼德兰抗击腓力二世。此外，伊丽莎白一世与安茹公

法兰西国王亨利三世

爵弗朗索瓦之间还存在联姻一说。如果二人最终成婚，那么英格兰王国和法兰西王国将结成联盟，共同对付西班牙王国。在此情况下，政治动机会再次压倒一切宗教纠纷，欧洲在宗教改革前实施的旧式天主教政治制度将得以重建。

安茹公爵弗朗索瓦竟会追求伊丽莎白一世，实在是荒唐至极。很难相信，四十八岁的伊丽莎白一世会对一个其貌不扬、比自己年轻将近二十岁的求爱者产生强烈爱意。安茹公爵弗朗索瓦是个样貌丑陋的矮个子，满脸天花疮疤，全身都是密密麻麻的疹斑，肿胀的鼻子有常人两倍大。他的嗓音刺耳不堪，伊丽莎白一世还曾因此称他为"青蛙"。但伊丽莎白一世无疑已准备好嫁给安茹公爵弗朗索瓦。安茹公爵弗朗索瓦与伊丽莎白一世比先前所有追求者都更接近

中年时期的伊丽莎白一世

谈婚论嫁的地步。伊丽莎白一世认为，如果与安茹公爵弗朗索瓦成婚，自己的政治地位也许会更稳固。然而，向安茹公爵弗朗索瓦托付终生前，伊丽莎白一世还是会再三确认他的价值。同时，伊丽莎白一世表现得就像一个含羞带怯的待嫁姑娘。她要让全国人民相信，她已决意成婚，等着看举国上下对这一消息的反应。针对此事，一个年轻律师约翰·斯塔布斯曾写下小册，其标题为《惊现政治大裂缝：如果安茹公爵弗朗索瓦不让女王陛下了解两人婚事中包含的罪与罚，便毫无预警地与陛下成婚，那么英格兰王国将再度因与法兰西王国联姻而遭到吞并》。后来，英格兰王室公开宣称要停刊这本小册子，约翰·斯塔布斯也因此被砍下右手。受刑以后，约翰·斯塔布斯用左手挥舞着帽子，大声喊道："请上帝拯救女王陛下！"后来，伊丽莎白一世从人民的想法中了解到，当时，英格兰新教教徒十分不看好英格兰王国与法兰西王国联姻。

与此同时，1581年夏，安茹公爵弗朗索瓦进入尼德兰，强迫亚历山大·法尔内塞放弃攻取康布雷，他自己则派兵戍守康布雷。遣散康布雷的戍守部队

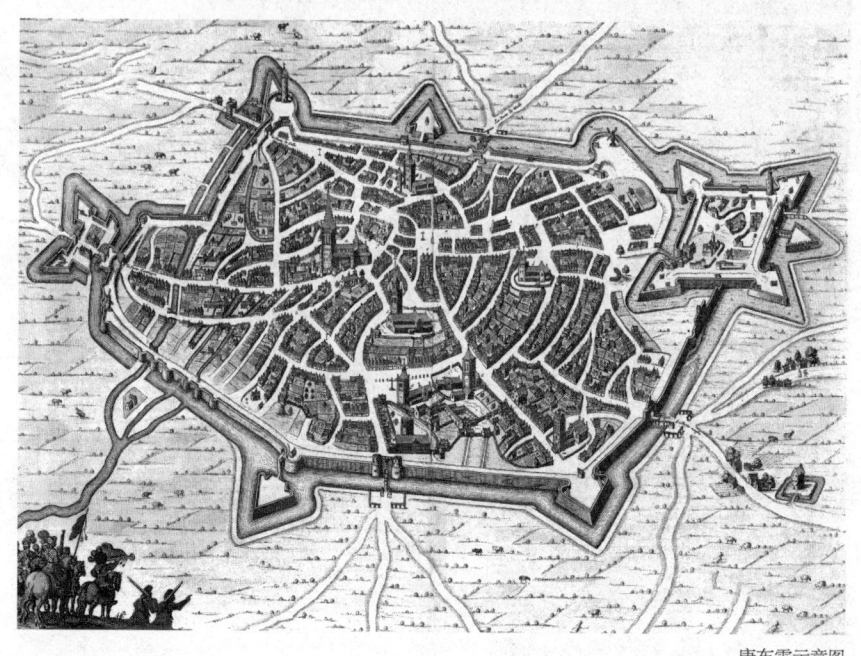

康布雷示意图

后，安茹公爵弗朗索瓦前往英格兰王国，对伊丽莎白一世展开追求攻势。当时，两国联姻合约的条文已拟好，但伊丽莎白一世仍犹豫不决。即将成婚时，她仍十分怀疑，法兰西王国是否真的会如她所想，成为英格兰王国攻守可依的盟友。她不确定，婚姻是否对自己的地位和权力有益。在英格兰王国，安茹公爵弗朗索瓦受到接待时，处处都能感受到伊丽莎白一世的热情。举行隆重的庆典后，伊丽莎白一世当着所有大臣的面，从手指上取下一枚戒指，戴在安茹公爵弗朗索瓦的手上。在安茹公爵弗朗索瓦为期三个月的求爱过程中，伊丽

伊丽莎白一世将一枚戒指戴在安茹公爵弗朗索瓦的手上

莎白一世对他无比尊重，但依旧无法下定决心。后来，安茹公爵弗朗索瓦不得不离开英格兰王国，回到尼德兰主持大局。安茹公爵弗朗索瓦启程时，伊丽莎白一世亲自陪同，在坎特伯雷含泪相送。她派遣大队英格兰贵族随安茹公爵弗朗索瓦同行，还致函交代尼德兰等级议会，要像对待自己一样厚待安茹公爵弗朗索瓦。也许伊丽莎白一世想看看，在将终身大事交给安茹公爵弗朗索瓦之前，他到底会在尼德兰成就何等伟业。如果安茹公爵弗朗索瓦对她确实有利，那么伊丽莎白一世依然希望与他成婚。

1582年2月，在安特卫普，安茹公爵弗朗索瓦获封布拉班特公爵爵位。此后，除荷兰和泽兰之外，尼德兰其他联合省立即承认安茹公爵弗朗索瓦为尼德兰领主。在各方面，他都获得了尼德兰旧宪章规定的领主主权，也必须维护尼

1582年2月安茹公爵弗朗索瓦抵达安特卫普

第16章 尼德兰的抗争（1576—1583）

德兰旧式的自由体制赋予人民的自由权利。但很快,安茹公爵弗朗索瓦愤怒地发现自己处处受限。他埋怨道,尼德兰的实权其实掌握在三级议会手中,而他只不过是名义上的领主罢了。于是,安茹公爵弗朗索瓦的法兰西大臣横生一计,要运用武力强占尼德兰多数重镇,让尼德兰人对安茹公爵弗朗索瓦言听计从。1583年1月17日,法兰西军队突然冲过安特卫普大街小巷,将士们高呼道:"弥撒万岁!安茹公爵万岁!"法兰西军队先震慑住安特卫普的居民,接着便四散开来,大肆抢劫。但安特卫普居民立马振作起来,连忙在街道上设置路障。最

法兰西军队进入安特卫普

法兰西军队被驱离安特卫普

后，法兰西军队被驱离安特卫普，但安特卫普市民死伤惨重。在城门外焦急等候战报的安茹公爵弗朗索瓦只得悻悻地撤离战场。

安茹公爵弗朗索瓦蓄意叛国的行为，使尼德兰人对他心生怨念。但"沉默者"威廉十分担忧，不愿与法兰西王国决裂。1583年全年，尼德兰方面都在与安茹公爵弗朗索瓦进行无意义的磋商。最终，安茹公爵弗朗索瓦退居巴黎。1584年6月，安茹公爵弗朗索瓦去世。安茹公爵弗朗索瓦一生从不循规蹈矩，唯一的目的就是获得提拔。在英格兰王国历史上，安茹公爵弗朗索瓦向来是一个荒唐的角色，在尼德兰历史中也不过是一个可鄙之徒。本来，在尼德兰人与西班牙军队对抗时，安茹公爵弗朗索瓦如果能替尼德兰赢一局，就会对他十分有利。这样一来，法兰西王国将公开与西班牙王国对立，同时援助尼德兰。安茹公爵弗朗索瓦也可以顺势迎娶伊丽莎白一世。在尼德兰战场上，英格兰王国与法兰西王国就可以联手对付西班牙王国。但安茹公爵弗朗索瓦选择壮大亚历山大·法尔内塞的势力，因为如果安茹公爵弗朗索瓦出现在康布雷，支持亚历山大·法尔内塞统领的尼德兰各省，各省就有理由让西班牙军队入境。但如果尼德兰各省不允许西班牙军队入境，亚历山大·法尔内塞将受到牵制。最后，安茹公爵弗朗索瓦针对安特卫普施行的叛国计划，让尼德兰各省充满疑虑，也让局面变得混乱不堪。

# 第17章
# 耶稣会信徒的反抗

**精彩看点**

耶稣会崛起——耶稣会的目标——英格兰及天主教教会——天主教教徒对苏格兰王国的计划——英格兰神学院神父——英格兰的耶稣会信徒——天主教教徒遭受迫害——"沉默者"威廉之死——弗朗索瓦·思罗格莫顿的阴谋——保护伊丽莎白一世的民间组织

了解上述政权纷争后，我们必须关注天主教和新教的对立状况，一览天主教重铸往日辉煌的道路。

　　阻碍天主教制度重建的最有力武器是耶稣会。耶稣会由一个叫伊尼戈·洛佩斯·德·雷卡尔德的年轻西班牙骑士创立。他的洗礼名为伊格内修斯·洛约拉。伊格内修斯·洛约拉心中充满西班牙式的骑士精神，为西班牙人与摩尔人的战争添上了浓重的改革色彩。在1521年的潘普洛纳之围中，伊格内修斯·洛约拉双腿负伤。终于，度过漫长而枯燥的疗养时光后，他痊愈了，却终身行动不便。在卧床休养的几周里，他满腔的宗教热血愈加沸腾。伊格内修斯·洛约拉开始把思想斗争的焦点从物质层面转向精神层面。他开始把最初对刀枪剑戟的憧憬和热忱，转移到新的追求上。充满想象力的伊格内修斯·洛约拉脑海中开始出现各种奇思妙想，而他充满热情的新观念也在影响别人的精神世界。赴巴黎学习期间，伊格内修斯·洛约拉结识了两个志同道合的有识之士。其中一个是叫彼得·法贝尔的萨瓦人，另一个是叫弗朗切斯科·哈维尔的西班牙人。同样身无分文却高风亮节的三人结成小团队，誓要竭力传播基督教教义，踏遍教会要求涉足的每一片土地。1537年，三人来到罗马，自诩为"耶稣的同伴"，号称"耶稣会"。在先前的结义誓言中，三人加入了"绝对服从最高首领"的字眼，当选的最高首领将终身任职。耶稣会将完全听从教皇调遣。就

伊格内修斯·洛约拉

养伤中的伊格内修斯·洛约拉

这样，在保罗三世的权威被多方势力削弱之际，作为新兴团体，耶稣会凭借绝对服从保罗三世命令的誓约，登上世界舞台。

耶稣会并不着眼于培养人沉思的能力，而是旨在鼓舞人积极行动。耶稣会成员不需要遵从任何修道院习俗，也不担任任何神职。他们只致力于完成实际事务，如布道、聆听忏悔及教育年轻人。因此，耶稣会的影响力迅速扩大。终于，一直坚信天主教思想并与新教顽强斗争的人心中唤起了骑士精神，耶稣会也因此深得人心。耶稣会内部组织十分严明，会内守则规定信徒彼此独立，不像大众一样，与同伴有各种联系。耶稣会信徒将放弃一切财产，断绝与他人的所有关系，搁置个人见解，无条件服从上级命令，不问缘由，也不问目的。

耶稣会对社会整体的影响力，主要来自其推广教育及改善忏悔制度的策略。合力行事时，耶稣会信徒总是井然有序，有条不紊。耶稣会信徒多为优秀细心的传教士，给予年轻人无私的教诲，从不向学生收取一分一毫。在年轻人道

耶稣会会徽

德觉醒并出现异动时,耶稣会传教士还会制定详细法则,在道德上引导年轻人。难怪在天主教国家中,耶稣会能迅速发展起来。这个团体的建立也为天主教教徒的行动增添了不少底气。于是,被马丁·路德和约翰·加尔文逐渐瓦解的旧教会体系开始被注入热烈诚挚的新宗教精神。

在新兴力量的推动下,天主教教徒再次掌握一定兵力,化守为攻。而在尼德兰,一直以来虔诚信仰天主教的瓦隆各省,也受到耶稣会的强烈影响,再次被西班牙王国支配。

天主教教徒势力增强后,更有底气对英格兰王国发动攻势。我们早已看到,即使伊丽莎白一世被庇护五世逐出教会,英格兰天主教教徒对庇护五世的忠心也并未动摇。庇护五世的继任者格列高利十三世认为,对抗英格兰王国时,其他国家务必继续大力援助天主教教会。因此,格列高利十三世首先寄希望于奥地利的胡安。然而,从前文可知,格列高利十三世的希望终将破灭。接下来,格列高利十三世打算利用爱尔兰王国,对英格兰王国实施打击,因为爱尔兰人民依旧信奉天主教,并且不愿意使用英格兰王国的《公祷书》。虽然

爱尔兰人

英格兰王国似乎并不打算采取任何强制措施，确保爱尔兰王国使用英格兰王国的《公祷书》，但在格列高利十三世看来，在宗教压迫下，爱尔兰人民已经叫苦不迭。格列高利十三世认为，爱尔兰人民只要受到些许鼓动，就一定会立马以天主教的名义揭竿起义。因此，格列高利十三世买通英格兰流亡者托马斯·斯蒂克利，让他带兵出征爱尔兰王国。没有想到，托马斯·斯蒂克利转而率兵抗击摩尔人。最终，他战死了。不过，托马斯·斯蒂克利的盟友，即第十四代德斯蒙德伯爵约翰·菲茨杰拉德的堂兄弟①詹姆斯·菲茨莫里斯·菲茨杰拉德，决定只身一人碰碰运气。1579年6月，詹姆斯·菲茨莫里斯·菲茨杰拉德带着一小支西班牙部队抵达爱尔兰王国，一举攻下凯里郡附近的斯梅里克堡

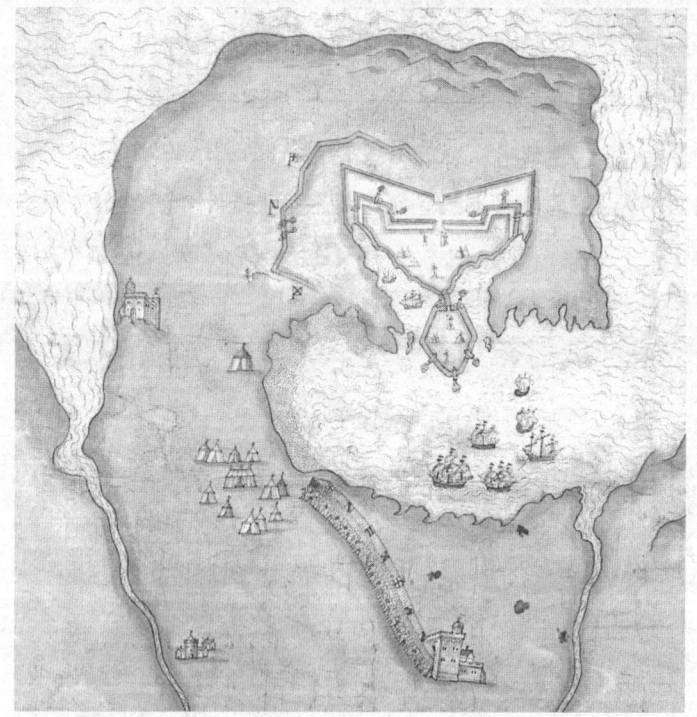

斯梅里克堡垒示意图

① 第十四代德斯蒙德伯爵约翰·菲茨杰拉德的父亲第十二代德斯蒙德伯爵约翰·菲茨杰拉德与詹姆斯·菲茨莫里斯·菲茨杰拉德的父亲莫里斯·菲茨杰拉德是兄弟。——译者注

强攻斯梅里克堡垒

垒。但詹姆斯·菲茨莫里斯·菲茨杰拉德没有料到的是,爱尔兰人民并不愿意加入他的麾下。最终,在一场小规模战斗中,詹姆斯·菲茨莫里斯·菲茨杰拉德还是丢了性命。因此,第十四代德斯蒙德伯爵约翰·菲茨杰拉德公开宣布发动叛乱。1580年,叛党正集结成军时,西班牙王国与意大利马上往斯梅里克增派联合援军。但英格兰王国的新任爱尔兰总督阿瑟·格雷领兵强攻斯梅里克堡垒。最终,守卫堡垒的叛军只得无条件投降。这时,英格兰王国正面临窘境——英格兰军中的囚徒人数已经与军队人数相当。此外,英格兰王国还迫切希望打击外来侵略势力。英格兰人早已对西班牙的天主教宗教压迫者恨之入骨。此刻,他们心中的愤怒被完全激发出来。从斯梅里克被击退后,西班牙部队又受到沃尔特·雷利大军的重创。斯梅里克之围后,第十四代德斯蒙德伯爵约翰·菲茨杰拉德已经丧失所有希望。叛军一败涂地,受到严厉惩治。天主教教会对付爱尔兰王国的谋划以失败告终。

与此同时,天主教教徒开始对苏格兰王国打起更阴险的主意。当时,埃斯米·斯图亚特从法兰西王国来到苏格兰王国。他是已故的马修·斯图亚特的侄子①,是苏格兰国王詹姆斯六世的堂叔②,还是詹姆斯六世身边的大红人。埃斯米·斯图亚特一直是法兰西吉斯家族阵营的成员,对詹姆斯六世影响很

埃斯米·斯图亚特

---

① 埃斯米·斯图亚特的父亲约翰·斯图亚特是马修·斯图亚特的弟弟。——译者注
② 苏格兰国王詹姆斯六世是马修·斯图亚特的孙子。——译者注

深,先是被詹姆斯六世封为伦诺克斯伯爵,随后又获封伦诺克斯公爵。看到埃斯米·斯图亚特得势,苏格兰人备感失望。苏格兰摄政、第四代莫顿伯爵詹姆斯·道格拉斯树敌众多。而埃斯米·斯图亚特深得詹姆斯六世的恩宠,也成为第四代莫顿伯爵詹姆斯·道格拉斯的反对派领袖。1581年,第四代莫顿伯爵詹姆斯·道格拉斯被控参与达恩利勋爵亨利·斯图亚特谋杀案。尽管伊丽莎白一世有意插手替他开脱,但最后,第四代莫顿伯爵詹姆斯·道格拉斯仍被处以斩刑。眼下,在苏格兰王国,贵为伦诺克斯公爵的埃斯米·斯图亚特已是一人之下万人之上。有人怀疑,他会再次将苏格兰王国和法兰西王国的天主教教徒召集起来,共同对抗伊丽莎白一世。因此,苏格兰新教教徒开始感到担忧,苏格兰旧贵族也结成一派,发泄他们对苏格兰一众宠臣的恨意。1582年8月,高里伯爵威廉·鲁斯温邀请詹姆斯六世到鲁斯温城堡打猎,但随后,詹姆斯六世被苏格

鲁斯温城堡

高里伯爵威廉·鲁斯温阴谋囚禁詹姆斯六世

兰旧贵族囚禁在鲁斯温城堡里。后来，1582年，埃斯米·斯图亚特被驱离苏格兰王国。1583年，在法兰西王国，埃斯米·斯图亚特病逝。此后，苏格兰人对天主教统治苏格兰王国的恐惧暂时消除。

　　这时，有人试图扩大天主教对英格兰王国的影响。耶稣会信徒的宗教热情十分具有感染力，催生了杜埃的英格兰王国神学院。1568年，英格兰王国神学院创立，旨在培养年轻的英格兰天主教教徒——这些教徒日后将会出国学习。但由于当时尼德兰出现困局，英格兰王国神学院不得不从杜埃迁往兰斯。1579年，在罗马，格列高利十三世成立英格兰圣徒学院。英格兰王国神学院教员承诺，英格兰王国神学院将迁回英格兰王国，并且传扬他们信奉的教义。毋庸置疑的是，这些年轻的英格兰人已完全沉醉于耶稣会的热忱中。只要能够离宗教目标更近一步，即使有千难万险，他们也会竭尽所能。

1580年，耶稣会传教士罗伯特·帕森斯和埃德蒙·坎皮恩回到英格兰王国。不久，在英格兰王国，两人推广耶稣会教义的事业大获成功。在此之前，英格兰天主教教徒一直在被动地服从新弥撒制度。在罗伯特·帕森斯和埃德蒙·坎皮恩的鼓动下，英格兰天主教教徒开始鼓起反抗的勇气。在英格兰王国，不少人开始乔装打扮，改名换姓，秘密跟随大胆的耶稣会传教士各处跋涉，传播耶稣会教义。先前遭受的宗教迫害，让耶稣会传教士传扬耶稣会教义时饱含激情。当时，在危难关头，他们的言辞依然慷慨激昂。英格兰王国还成立了一家印刷厂。该厂印刷了许多维护天主教的书籍。这些书籍均由耶稣会信徒中训练有素的辩手执笔。接受耶稣会思想后，麻木不仁的英格兰天主教教徒幡然醒悟，不愿接受变革后的弥撒制度，也不愿承认伊丽莎白一世颁布的教

罗伯特·帕森斯

会法律。可见，耶稣会如果在1570年以前就已在英格兰崛起，必将带来难以预估的后果。

英格兰王国政府对现状备感担忧。因此，英格兰王国议会通过多项法案，对奋起抗争的信徒处以叛国罪的刑罚，并且重罚不服从英格兰国教的人。任何不参与教会活动的人，每月将被处以二十英镑罚款。如此重罚使天主教教徒苦不堪言。英格兰王国政府为搜出藏匿的耶稣会传教士，大肆洗劫天主教教徒家宅。后来，埃德蒙·坎皮恩和其他耶稣会信徒皆被收监，并且因密谋推翻伊丽莎白一世的罪名被判处死刑。英格兰人认为，耶稣会的密谋已经危及伊丽莎白

埃德蒙·坎皮恩和其他耶稣会信徒被处决

一世的生命安全。这时，过往殉道者壮烈赴死的故事及伊丽莎白一世残暴不仁的逸闻，再次传遍欧洲天主教国家。

"沉默者"威廉被刺身亡后进一步加深了英格兰人民的恐惧。此前，腓力二世的悬赏和耶稣会信徒激发的狂热宗教情绪，已成为英格兰推翻"沉默者"威廉势力的强大动力。1582年，弗朗索瓦荣升安茹公爵不久后，便被一个叫胡安·德·豪雷吉的比斯开人开枪打伤颈部。胡安·德·豪雷吉写过很多文章。在一篇誓词中，他声称，暗杀行动成功后，他要给巴约讷的圣母献上一根绳索、一顶皇冠和一匹羔羊，还要给耶稣圣主献上一袭华丽的幕帘。因为这次刺杀事件，"沉默者"威廉一度生命垂危，但后来逐渐伤愈好转。不久后，针对"沉默者"威廉的另一次刺杀行动得逞了。1584年7月，勃艮第人巴尔塔

胡安·德·豪雷吉的刺杀使"沉默者"威廉生命垂危

"沉默者"威廉下楼梯时被射杀

扎·赫拉德设法进入"沉默者"威廉的代尔夫特宅邸,并且在"沉默者"威廉下楼梯时射杀了他。

对荷兰共和国的自由进程来说,"沉默者"威廉的死讯无疑是一次沉重打击。"沉默者"威廉一生都在对抗腓力二世,从未考虑扩张个人势力,而是全身心地投入他选择的事业。"沉默者"威廉虽然为人谨慎小心,但在危险面前从不退缩。因为荷兰共和国贵族无法忍受仰人鼻息的生活,所以"沉默者"威廉不得不独自与这些对他不满的荷兰共和国贵族斗争。"沉默者"威廉堪称欧洲最智勇双全的勇士和最具谋略的政治家。然而,在危机四伏的情况下,"沉默

围攻安特卫普

者"威廉依旧谨言慎行,只愿维护尼德兰的团结,并且决心排除万难,帮助荷兰共和国对抗西班牙王国。"沉默者"威廉去世时,正值荷兰共和国最需要他的关头。因为当时,亚历山大·法尔内塞已占领布拉班特省的大部分城镇。伊普尔、布鲁日和根特都已落入他的手中。当时,亚历山大·法尔内塞还下令围攻安特卫普。因此,安特卫普全城都急切盼望"沉默者"威廉能提供援助。

与此同时,英格兰王国有一桩针对伊丽莎白一世的阴谋。这起阴谋的主要操纵者是弗朗索瓦·思罗格莫顿。他打算谋杀伊丽莎白一世,并且借西班牙王国和法兰西王国的天主教势力,帮助苏格兰女王玛丽登上英格兰王位。后来,弗朗索瓦·思罗格莫顿被处决,而他的多篇文章都牵连了西班牙王国驻英格兰王国使者贝纳迪诺·德·门多萨。因此,贝纳迪诺·德·门多萨被传唤到英格兰王国议会,对弗朗索瓦·思罗格莫顿的文章内容进行解释。然而,由于贝纳迪诺·德·门多萨拒绝回答问题,英格兰王国议会责令他离开英格兰王国。英格兰王国议会此举无异于公然挑衅腓力二世。但当时,腓力二世正忙于其他筹划,无暇顾及英格兰王国这边的小小风波。

伊丽莎白一世接二连三地遭到密谋暗算,以及"沉默者"威廉的逝世带来的深刻恐惧,使忠诚的英格兰人开始团结一心,自发建立了组织,联手保护伊丽莎白一世。该组织成员都庄严宣誓,要将任何试图谋害或意图唆使他人谋害伊丽莎白一世的人斩尽杀绝。对仍在狱中的苏格兰女王玛丽来说,这一组织的建立无疑很有威胁性。这就等于在警告苏格兰女王玛丽的党羽,如果任何针对伊丽莎白一世的计划得逞,苏格兰女王玛丽将有性命之忧。此时,在英格兰王国,天主教教徒的暗杀计划受阻,天主教与新教之间的对立已经很明显。

# 第18章
# 西班牙王国与天主教联盟

**精彩看点**

腓力二世与法兰西王国——亨利三世——天主教联盟的形成——法兰西国王亨利三世与天主教联盟——安特卫普之围——伊丽莎白一世援兵荷兰共和国——罗伯特·达德利的荷兰共和国岁月——弗朗西斯·德雷克进攻西班牙王国——菲利普·悉尼之死

此时，腓力二世正忙于扩张西班牙王国领土。荷兰共和国爆发起义时，谨慎的腓力二世便已决定，必须在实施伟业前平定荷兰共和国的叛乱省份。由于当时"沉默者"威廉已去世，亚历山大·法尔内塞又接连攻下一个个荷兰共和国诸城镇，腓力二世认为，荷兰共和国的叛乱势力似乎气数已尽。这时，荷兰共和国只能寄希望于外国援助。虽然伊丽莎白一世并不准备帮助荷兰共和国，但荷兰共和国各省依旧期待法兰西王国伸出援手。1585年年初，荷兰共和国向法兰西王国派出使团。荷兰共和国使团来到法兰西王国宫廷后，主动将查理五世对荷兰共和国的主权转交给亨利三世，并且恳切地希望团结在亨利三世麾下。但亨利三世听了荷兰共和国使团的请求后拒绝了他们。尽管如此，腓力二世仍然十分忌惮荷兰共和国对亨利三世的举动。此外，凯瑟琳·德·美第奇提出了葡萄牙王位的继承问题。她表示，葡萄牙王位继承人即位，都要获得腓力二世的同意。但腓力二世认为，如果要进一步扩大西班牙王国的影响力，他的最佳选择是遏制法兰西王室的权力，同时加强西班牙王国对法兰西王国事务的干预。

由于法兰西王国局势复杂，亨利三世不得不出手干预。亨利三世并不受法兰西贵族待见。他身边的宠臣都不成器，他本人也终日沉迷在消磨男子气概的无谓消遣中。亨利三世总爱在公众场合身穿华丽的女式礼服，佩戴珍珠耳坠，尽显奢靡之风。他膝下无子，安茹公爵弗朗索瓦又已经去世。因此，法兰西王位继承问题难免引人遐想。法兰西王室一脉的第一顺位继承人是纳瓦拉国王亨利三世。而纳瓦拉国王亨利三世与法兰西国王亨利三世的妹妹瓦卢瓦的玛格丽特成婚,正是引发圣巴塞洛缪大屠杀的契机之一。纳瓦拉国王亨利三世是胡格诺派成员,极有可能继承法兰西王位。如此一来,法兰西天主教教徒和腓力二世将惶惶不可终日。

正如我们所见,此时,欧洲的宗教纷争已趋白热化。纵观欧洲,各宗派在法兰西王国的矛盾最尖锐。法兰西天主教教徒日渐厌恶国家对胡格诺派施行的宽容政策,无法眼看一个胡格诺派国王登上法兰西王位而手足无措。于是,法兰西天主教教徒在吉斯公爵亨利一世身边集结成党。对腓力二世来说,在此情况下掀起反对胡格诺派的运动简直易如反掌。1585年1月,腓力二世和吉斯家族一派结成"天主教联盟"。天主教联盟的目标是维护纳瓦拉国王安托万的弟弟,即枢机主教夏尔·德·波旁的王位继承权,从而阻止异端分子成为法

夏尔·德·波旁

吉斯家族的纹章

兰西国王。此外，同盟成员同意消灭法兰西王国和荷兰共和国新教教徒。1585年4月，天主教联盟公布同盟宣言，宣称同盟国子民无须承认非天主教教徒的君主。天主教联盟也将考虑各同盟国贵族、神职人员及各城镇的利益。自此，吉斯家族一派激起了法兰西王国各阶层维护私利的情绪，以此对抗法兰西王国政府。

亨利三世如果性格刚强，或者拥有犀利的政治眼光，就会与胡格诺派和荷兰共和国合力，化解法兰西国内各派的怒气。但亨利三世的宗教情绪过于狂热，已无心顾及其他。后来，亨利三世开始与吉斯家族一派联手。1585年7月，对新教教徒有利的宗教宽容法案被废除。自此，荷兰共和国无法再躲在法兰西王国的保护伞下面。

此时，亚历山大·法尔内塞正在稳步实行他的计划。安特卫普之围的战果决定了佛兰德斯与布拉班特的命运。亚历山大·法尔内塞从未动摇让安特卫普投降的决心，坚持要按计划进行围攻。这场围攻战堪称战争史上无法抹灭的一笔。安特卫普是欧洲商业重镇,坐落在斯凯尔特河入海处,周围有零星小岛。荷兰共和国内陆的广阔区域,都已在亚历山大·法尔内塞的掌控之中。但安特卫普的防御工事太过坚固,即便发起猛攻,也根本无法将其摧毁。只要斯凯尔特河河口可以自由通航,入侵者就不可能围堵安特卫普。如果安特卫普被包围,荷兰共和国的平底船就随时可以借助浪潮,将补给物品运送到城里去。然而,亚历山大·法尔内塞控制了斯凯尔特河两岸,并且在河岸各处布防,加强对斯凯尔特河航运的控制。接着,1584年冬天,亚历山大·法尔内塞着手在斯凯尔特河上修筑桥梁。架桥处河水深六十英尺,宽八百码。在安特卫普人看来,要在这种河道上架桥根本不可能。但亚历山大·法尔内塞麾下的西班牙人不紧不慢,在两岸打下了牢固的桥桩。如此一来,即便冬日河岸上大块松动的冰块会滑入河里,桥梁也能够坚挺地屹立在冰块密布的岸上。亚历山大·法尔内塞的部队将桥墩间距修筑得尽可能宽,确保桥梁中部可以永久通船。1585年夏,桥梁落成。从此,这座桥梁把守着往日自由通航的斯凯尔特河河口。

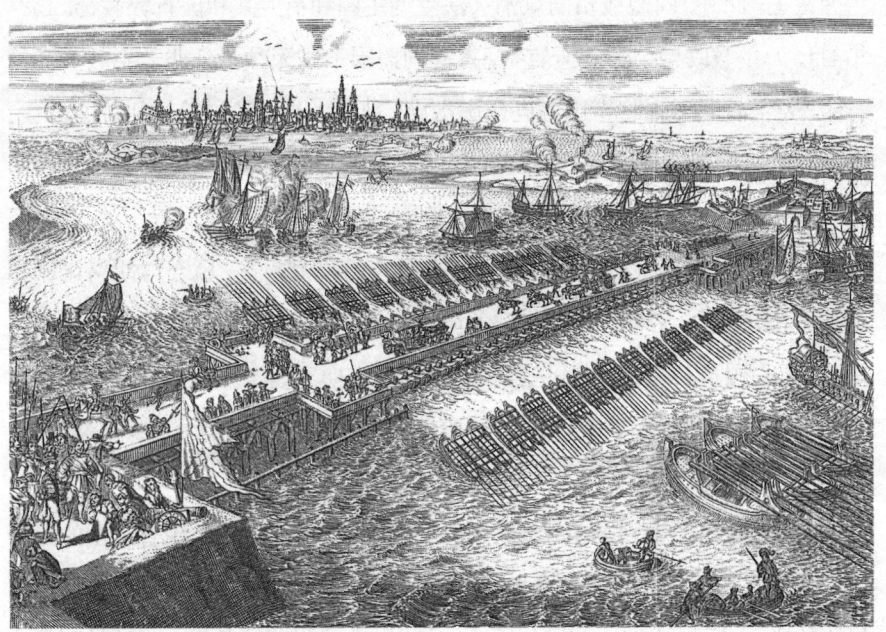

建好后的桥梁

炸断桥梁

安特卫普的意大利工程师费代里戈·詹贝利提出了打通斯凯尔特河河道障碍的方法。他打算在两艘船上修建大理石室,并在室内装满火药,给船上配备各类重型炮弹。两艘船顺着斯凯尔特河的流向航行时,可让几艘小型火药船在前方行驶,以此掩盖这两艘船的真实意图。结果,西班牙军队只留心避开小火药船,没能阻止火药船后面的两艘船径直往桥上撞去。其中一艘船点燃了引信,但船上火药并未被引燃。另一艘船着火后发生剧烈爆炸。数以千计的西班牙士兵被爆炸气流猛轰到空中,桥上也被炸出一道两百英尺长的裂缝。事故发生后,西班牙军队上下瞬间人心惶惶。然而,安特卫普人没能乘胜追击。在海上等待的泽兰舰队并未接收到安特卫普成功实行计划的信号,所以没有往安特卫普派出任何援军。随后,亚历山大·法尔内塞立马镇定下来,不遗余力地修补桥上的裂缝。三天后,桥上再度建起防御工事。亚历山大·法尔内塞开始等待决战时机。后来,荷兰人再次拼死突围,攻下西班牙军队的一处堡垒。在亚历山

关于安特卫普投降的寓言

大·法尔内塞的指挥下,西班牙大军来势汹汹。最终,荷兰军队没能守住刚攻下来的堡垒,只好撤退。荷兰共和国战败后,安特卫普已丧失最后的希望。1585年8月17日,安特卫普宣布投降。此后,西班牙王国对安特卫普实行大赦,但只有天主教教徒能够获得赦免。拒绝服从西班牙王国的人会得到两年宽限期,并且必须在这两年内处理好一切事务,离开安特卫普。

法兰西王国已拒绝向荷兰共和国提供任何帮助,同时承认西班牙王国对荷兰共和国拥有控制权。在此情况下,伊丽莎白一世及其大臣都很清楚,英格兰王国再也不能拒绝援助荷兰共和国。显然,腓力二世即将向英格兰王国发难,因此英格兰王国必须全力转移腓力二世的注意。荷兰共和国各省开始重施故技,主动将荷兰共和国的主权交给伊丽莎白一世。然而,伊丽莎白一世不

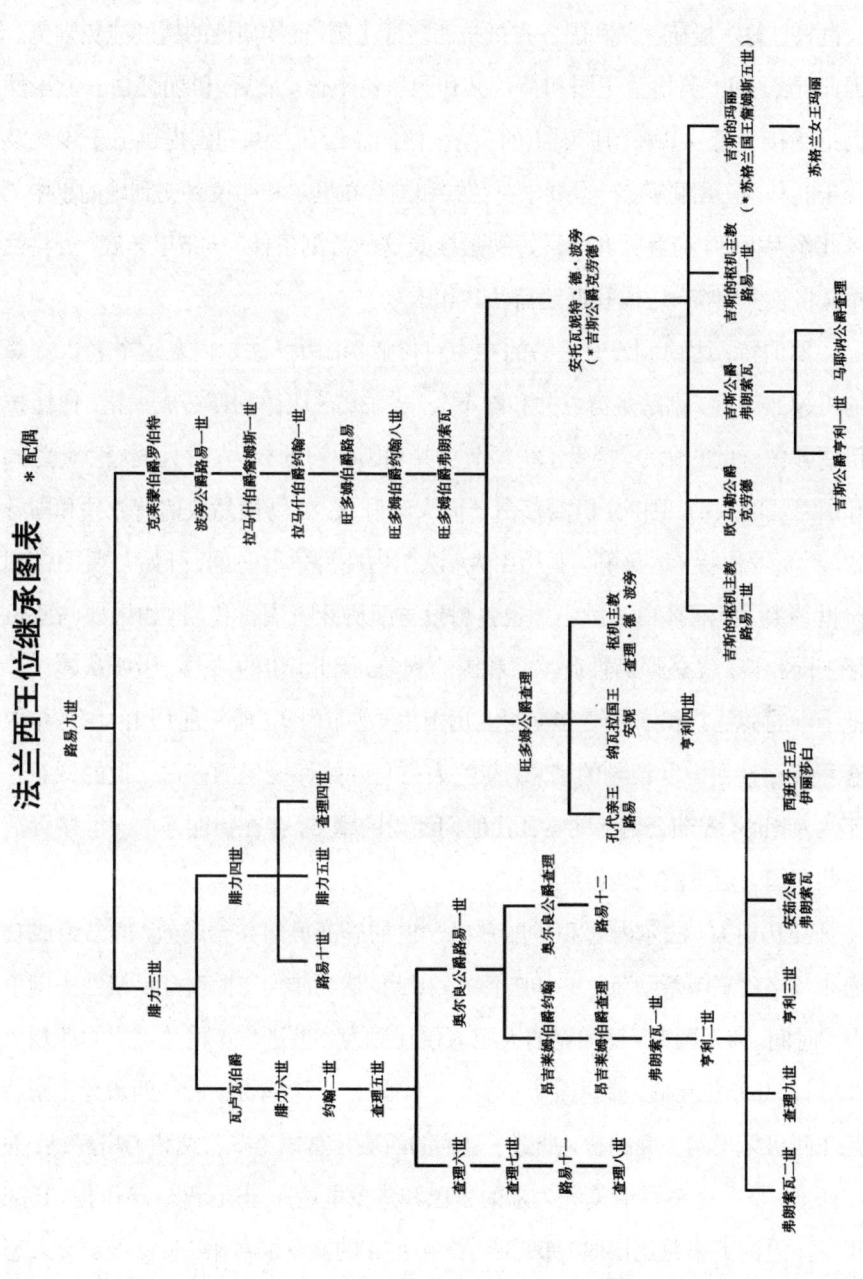

愿接受荷兰共和国主权，因为她并不打算公然支持荷兰共和国起义。伊丽莎白一世只打算声援荷兰共和国各省抵抗西班牙王国，而实质性的援助能免则免。因此，数月间，英格兰王国和荷兰共和国争论不休。最后，伊丽莎白一世虽然仍拒绝接受荷兰共和国护国主的头衔，但同意给荷兰共和国提供五千步兵及一千匹马。但伊丽莎白一世要求荷兰共和国将布里尔和弗拉兴交到她的手中，以此作为抵押。荷兰共和国只好勉强接受这一苛刻条件。1585年年底，英格兰军队将领罗伯特·达德利抵达荷兰共和国。

罗伯特·达德利没有足够的实力对付亚历山大·法尔内塞这个老谋深算的将领兼政客。刚踏足荷兰共和国不久，罗伯特·达德利便铸成大错。他违抗伊丽莎白一世的命令，接受了统领荷兰共和国政府的权力，并且被冠以荷兰共和国总督的头衔。因此，伊丽莎白一世大动肝火，立马愤然致信荷兰共和国各省，斥责罗伯特·达德利。亚历山大·法尔内塞为争取时间，开始与伊丽莎白一世谈判。伊丽莎白一世当然也曾想过与西班牙王国言和。但如果要与西班牙王国和谈，就必须牺牲荷兰共和国的利益。因此，伊丽莎白一世听从建议，把手中的荷兰共和国城镇移交给亚历山大·法尔内塞。听闻亚历山大·法尔内塞和伊丽莎白一世谈判的消息，荷兰人立马开始怀疑伊丽莎白一世的诚意。荷兰人担心，安茹公爵弗朗索瓦让他们经受的噩梦，会在伊丽莎白一世接管荷兰共和国之后重演。

亚历山大·法尔内塞和伊丽莎白一世的磋商虽然并无成效，但已经成功遏止英格兰王国帮助荷兰共和国各省。因此，这为腓力二世攻打英格兰王国争取了时间。弗朗西斯·德雷克的大胆入侵让腓力二世进攻英格兰王国的计划势在必行。1585年年底，弗朗西斯·德雷克率领二十五艘军舰，驶往西班牙王国。他在西班牙王国大肆掳掠，摧毁了富庶的西班牙重镇圣多明戈和卡塔赫纳。弗朗西斯·德雷克率军沿美洲大陆的古巴和佛罗里达海岸航行，一路侵掠。1586年7月，返回英格兰王国时，弗朗西斯·德雷克的舰队满载战利品。西班牙人怒不可遏地疾呼："弗朗西斯·德雷克是恶龙转世！"一直以来，西班牙王国都依

弗朗西斯·德雷克袭击圣多明戈

弗朗西斯·德雷克袭击卡塔赫纳

靠新大陆获取大量资源。腓力二世担心，弗朗西斯·德雷克的侵略会危及西班牙贸易和西班牙王国的新大陆殖民地。对腓力二世来说，阻止英格兰王国四处侵略十分重要。因此，他计划从西班牙王国本土和荷兰共和国同时派出强大海军，进攻英格兰王国。腓力二世猜测，英格兰天主教教徒会以苏格兰女王玛丽的名义发动叛乱。但只要有亚历山大·法尔内塞指挥，西班牙大军攻占伦敦就易如反掌。如果伦敦沦陷，伊丽莎白一世将会被处死。这样一来，亚历山大·法尔内塞便能够与苏格兰女王玛丽成婚，从此统治英格兰王国，为西班牙王国与天主教谋得利益。

弗朗西斯·德雷克

菲利普·悉尼

正当腓力二世准备攻打英格兰王国时，罗伯特·达德利却没能扭转荷兰共和国的局面。尽管他亲临荷兰共和国为英军坐镇，亚历山大·法尔内塞还是攻下了赫拉弗和诺伊斯。随后，罗伯特·达德利着手部署围攻聚特芬，亚历山大·法尔内塞便挥师聚特芬进行防守。在聚特芬战役中，罗伯特·达德利的外甥[①]菲利普·悉尼身受重伤阵亡。欧洲各国痛惜不已，各国人民都为菲利普·悉尼表示沉痛哀悼。尽管菲利普·悉尼年仅三十二岁，但他纯良可贵的精神已被

---

① 罗伯特·达德利是菲利普·悉尼的母亲玛丽·达德利的弟弟。——译者注

英格兰军队攻打聚特芬

菲利普·悉尼之死

时代铭记。他是英勇无双的士兵、多才多艺的君子、闻名遐迩的学者，更是头脑精明的政治家。他有着高洁的灵魂和深刻的宗教思想。所有曾与他交往的人都会像他一样，散发出迷人的魅力，懂得欣赏人世间的各种美德。菲利普·悉尼集当代英才的品德于一身。在伊丽莎白一世统治时期的英格兰王国，菲利普·悉尼仍是彰显英式骑士精神的典型。

在荷兰共和国，罗伯特·达德利一无所获。由于荷兰共和国各省对他十分不满，1586年11月，他不得不返回英格兰王国。此时，伊丽莎白一世正需要将所有谋臣团结在身边。英格兰王国内部纷争迭起，腓力二世借机巩固对法兰西王国的控制权。对当时的英格兰王国来说，西班牙王国的威胁已经迫在眉睫。由于荷兰共和国似乎已向亚历山大·法尔内塞低头，英格兰王国便十分忌惮天主教教徒的各种阴谋。与此同时，为获得西班牙王国曾应允的援助，苏格兰女王玛丽的支持者也开始行动。

第19章

# 西班牙无敌舰队

**精彩看点**

安东尼·巴宾顿的阴谋——苏格兰女王玛丽受牵连——苏格兰女王玛丽获罪——苏格兰女王玛丽被处决——苏格兰女王玛丽之死带来的后果——天主教联盟的行动进展——"三亨利之战"——法兰西国王亨利三世的处境——吉斯的亨利一世成功占领巴黎——弗朗西斯·德雷克的侵略行径——西班牙无敌舰队——伊丽莎白一世的防备——西班牙无敌舰队抵达英吉利海峡——英格兰军队和西班牙军队交战——西班牙无敌舰队的最终命运——西班牙无敌舰队战败的缘由——西班牙王国遭遇危机的意义

为应对来势汹汹的敌人，伊丽莎白一世只好采取当下唯一可行的计策。她开始资助纳瓦拉国王亨利三世，希望他痛击法兰西天主教联盟。此外，伊丽莎白一世还与苏格兰国王詹姆斯六世建立"更紧密"的盟友关系。自此，英格兰王国与苏格兰王国开始共同维护新教利益，在彼此遭到入侵时竭诚相助。

然而，英格兰王国与西班牙王国虽然看起来开战的日子逐渐逼近，但背地里的各种阴谋和刺杀计划依旧暗潮汹涌。在兰斯神学院，谋杀伊丽莎白一世的计划已见雏形。不久，兰斯神学院将此计划告知西班牙王国驻法兰西王国使者。英格兰有人认为，安东尼·巴宾顿曾参与实施谋害伊丽莎白一世的计划。安东尼·巴宾顿也确实迅速召集过一批狂热的天主教教徒。这些人的目的是杀死伊丽莎白一世，释放苏格兰女王玛丽，并且在西班牙王国的帮助下，让苏格兰女王玛丽成为英格兰女王。苏格兰女王玛丽暗中得知这个计划后，立即点头批准。但阴谋策划者行动时，没有做好保密工作。伊丽莎白一世身边的大臣弗朗西斯·沃尔辛厄姆警惕性极高，立马察觉到这个不轨的图谋。弗朗西斯·沃尔辛厄姆和"沉默者"威廉都各自建立了情报系统，一直通过情报系统获悉对手的一切动作。在这一历史时期，这两大情报系统的机敏程度，很少有其他组织能比得过。在欧洲各国宫廷，弗朗西斯·沃尔辛厄姆都埋有眼线，甚至在各大耶稣会神学院都有内应。在时局动荡的岁月，各国外交手腕都很卑鄙，情报系统与人的政治才干有密不可分的关系。政治大都离不开伪善与谎言。因此，身处政坛的人，只能用更高深而周密的伪饰手段加以应对。

弗朗西斯·沃尔辛厄姆很快得知了安东尼·巴宾顿的计划，但他发现，自己其实可以通过这次阴谋，将苏格兰女王玛丽拉下水，证明她有叛国行为。因此，弗朗西斯·沃尔辛厄姆并未立即逮捕谋逆者，而是在掌握苏格兰女王玛丽

安东尼·巴宾顿

弗朗西斯·沃尔辛厄姆

共谋的确凿证据之前，任由其继续行动。伊丽莎白一世赞同弗朗西斯·沃尔辛厄姆的想法。她鼓起勇气涉入这场随时可能让她遭到不幸的阴谋，为弗朗西斯·沃尔辛海姆争取时间，尽量让苏格兰女王玛丽露出马脚。而阴谋策划者一直通过安插在弗朗西斯·沃尔辛厄姆身边的眼线，与苏格兰女王玛丽取得联系。他们把信藏在运到苏格兰女王玛丽住处的啤酒桶中，以保持通信。但在传输途中，弗朗西斯·沃尔辛厄姆的手下会将每封信抄写下来。最后，弗朗西斯·沃尔辛厄姆历尽千辛万苦，获得了足够的证据，将阴谋策划者一网打尽，让他们全部入狱获罪。

弗朗西斯·沃尔辛厄姆将苏格兰女王玛丽图谋不轨的证据呈交给伊丽莎白一世

此时，苏格兰女王玛丽仍对同谋者的命运一无所知。在她离开自己房间时，所有信都被人收走了。证明苏格兰女王玛丽一直图谋不轨的证据，就这样被呈到伊丽莎白一世眼前。1586年9月，安东尼·巴宾顿及其同伙已被处刑。但由于苏格兰女王玛丽一直在破坏英格兰王国的稳定局面，伊丽莎白一世的谋臣下定决心，要在危难到来之前除去苏格兰女王玛丽这个灾祸。在这个问题上，伊丽莎白一世犹豫不决。她也希望能够处置苏格兰女王玛丽。但一想到苏格兰女王玛丽的死会让自己遭到世人厌恶，伊丽莎白一世便退缩了。最终，伊丽莎白一世指派四十个枢密院成员及贵族，组成审判苏格兰女王玛丽的特殊委员会。特殊委员会必须依据1584年通过的法案条款进行审判，以此保护伊丽莎白一世的安全。接着，苏格兰女王玛丽被带到北安普敦郡的福瑟临黑城堡。随后，审判开始。起初，苏格兰女王玛丽拒绝回答问题，不愿承认由伊丽莎白一世管辖的法院。但最后，苏格兰女王玛丽同意抗辩。1586年10月25日，在宣读

苏格兰女王玛丽被带进法庭接受审判

苏格兰女王玛丽的罪证后,英格兰王国法院以对安东尼·巴宾顿"伤杀忠贞之士"的阴谋知情不报为由,判处苏格兰女王玛丽死刑。

苏格兰女王玛丽来英格兰寻求庇护,被伊丽莎白一世囚禁十九年,最终获罪。但伊丽莎白一世对表侄女①苏格兰女王玛丽仍无法痛下处决令。英格兰王国议会请求伊丽莎白一世,让苏格兰女王玛丽按判决受刑,从而根除"往后重重阴谋的种子"。伊丽莎白一世在做决定前仍犹豫再三,甚至提议暗杀苏格兰女王玛丽,以此规避做出处刑决定的责任。最后,伊丽莎白一世还是签署了委任状以处决苏格兰女王玛丽,但并未下令让委任状生效。不过,伊丽莎白一世的秘书威廉·戴维森当即采取行动,执行委任状。1587年2月8日,在福瑟临黑城堡,苏格兰女王玛丽被斩首。

苏格兰女王玛丽聆听对她的死刑判决

① 苏格兰女王玛丽的祖母玛格丽特·都铎是伊丽莎白一世的父亲亨利八世的姐姐。——译者注

处决苏格兰女王玛丽

苏格兰女王玛丽一生悲壮浪漫,让人无法不对她产生同情。但英格兰王国要维护本国安全,必须除去苏格兰女王玛丽。在被囚期间,苏格兰女王玛丽一直殚精竭虑,终日沉浸在构想阴谋诡计中。对伊丽莎白一世和英格兰王国来说,苏格兰女王玛丽是一个既消极又活跃的对手。伊丽莎白一世施政温和,英格兰新教教徒也偏好和平政策。苏格兰女王玛丽的做派与则完全相反。苏格兰女王玛丽深知自己与伊丽莎白一世水火不容，也一直期盼能出现获得自由、夺得英格兰王位的转机。但只要苏格兰女王玛丽活在世上，英格兰王国就无法统一战线抗击外敌。因此，苏格兰女王玛丽死后，伦敦市民兴高采烈地燃起篝火，在城里响起了欢乐的铃声。此刻，英格兰人民终于放下心头大石，也可以更自由地呼吸了。

处决苏格兰女王玛丽后，伊丽莎白一世的一举一动都体现着她心口不一的个性。伊丽莎白一世声称她从未授意执行处死苏格兰女王玛丽的委任状，还不断强调她对威廉·戴维森执行委任状一事感到十分愤怒。后来，威廉·戴维森因蔑视王权罪而受审，被处以巨额罚款，从此再难获得英格兰王室的提拔。苏格兰女王玛丽死后，伊丽莎白一世作势为她哀悼，还用诸多说辞搪塞詹姆斯六世。伊丽莎白一世只想通过这些幼稚的做法，享受处死政敌之后的好处，同时避免随之而来的责难。

英格兰王国处死苏格兰女王玛丽，等于明目张胆地挑衅天主教势力。教皇西克斯图斯五世震怒，任命英格兰王国神学院创始人威廉·艾伦为枢机主教，并且立马为腓力二世进攻英格兰王国提供巨额资助。腓力二世也慢慢振作起来，再次向英格兰王位发起冲击。随着苏格兰女王玛丽的离世，情况对腓力二世愈加有利，他进攻英格兰王国的心情也更加迫切。如果苏格兰女王玛丽还在人世，腓力二世还得以她的名义与英格兰王国开战。如今，他终于可以以个人名义叫阵英格兰王国了。

然而，1587年，由于法兰西王国局势不明朗，腓力二世仍无法施展拳脚。起初，天主教联盟并未如他所愿，呈现良好的发展态势。法兰西国王亨利三世早已干脆利落地向天主教联盟妥协。当时，在亨利三世的带领下，天主教温和派可能依旧占据主导权。天主教温和派打算让法兰西王国的假定继承人纳瓦拉国王亨利三世信奉天主教，让天主教将法兰西王国团结为统一的强国。这个策略与腓力二世和天主教联盟的观点背道而驰。天主教联盟希望在腓力二世的保护下取得绝对胜利。他们的目的是阻止纳瓦拉国王亨利三世继承法兰西

教皇西克斯图斯五世

王位，彻底消灭胡格诺派。未确定两派胜负之前，腓力二世无法从法兰西王国的困局中分出神来，处理其他事务。

1587年，神圣罗马帝国和瑞典王国新教教徒已向法兰西王国派军支援胡格诺派。此战被称为"三亨利之战"。在这场战争中，法兰西国王亨利三世、纳瓦拉国王亨利三世及吉斯公爵亨利一世各自带兵作战。在库特拉，纳瓦拉国王亨利三世击败茹瓦约斯公爵阿内的军队。这是迄今胡格诺派赢得的第一场战役。此时，因胜利而沾沾自喜的胡格诺派，对年轻首领纳瓦拉国王亨利三世充满希望。但法兰西王国军队和神圣罗马帝国军队在与胡格诺派会合途中，遭到法兰西国王亨利三世的军队的拦截。法兰西国王亨利三世急于和平休战，竭力劝退法兰西王国军队和神圣罗马帝国军队，防止任何危及法兰西王权的事件

茹瓦约斯公爵阿内

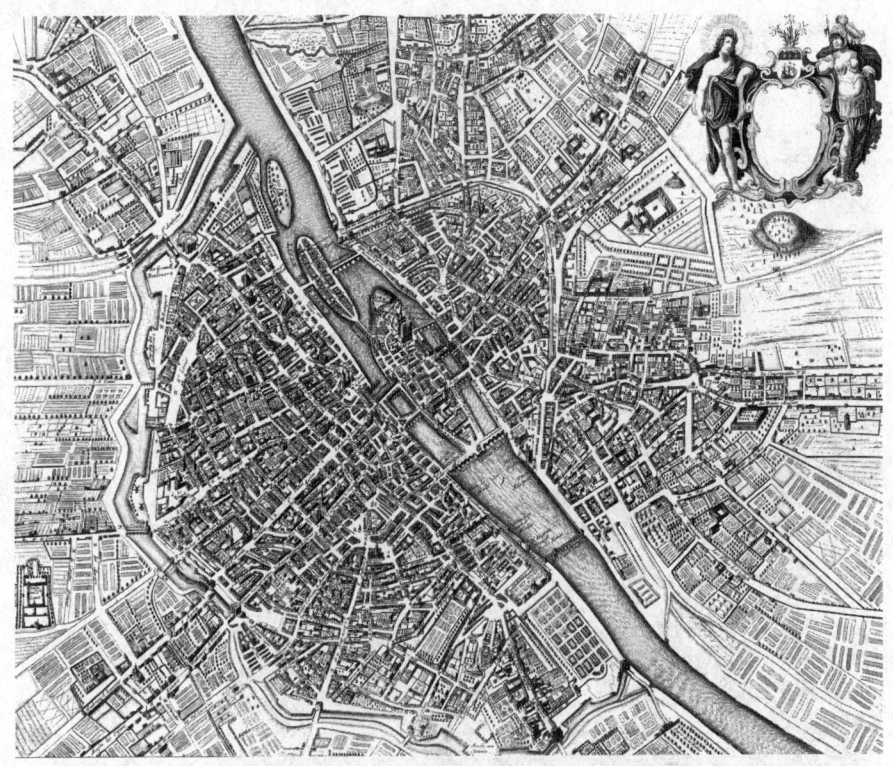

巴黎城示意图

发生。然而，神圣罗马帝国军队还是对吉斯公爵亨利一世的军队发起猛攻。但由于吉斯公爵亨利一世的军队太过强大，神圣罗马帝国军队兵败欧诺。神圣罗马帝国军队死伤惨重，最终被逐出法兰西王国。

至此，虽然胡格诺派依旧胜券在握，残暴的天主教教徒仍有信心取胜，但手段温和的法兰西国王亨利三世似乎对战局并不关心。回到巴黎以后，法兰西国王亨利三世遭到巴黎人民的冷眼。法兰西国王亨利三世的确选择了错误立场。法兰西两大宗派都各有强大后盾，而法兰西国王亨利三世对两派都没有信心，始终无法决定应该与哪一派联手。因此，巴黎市民自发成立了一个组织，支援法兰西诸位天主教领主。巴黎人民都是狂热的天主教教徒，经历过圣巴塞洛缪大屠杀，对发动起义已很有经验。为了坚持信仰，他们随时准备再次投

吉斯的亨利一世受到巴黎民众的拥护

身战斗。吉斯的亨利一世备受巴黎人民的尊敬,十分适合领导巴黎人民。他战功赫赫、勇武无双,外貌威风凛凛,集魁梧的身材和强大的心灵于一身,实属罕见。吉斯的亨利一世待人真诚亲切,能与军营中的士兵推心置腹。他和蔼温厚、彬彬有礼的为人,赢得了巴黎人民真心实意的支持。

法兰西国王亨利三世已经察觉到自己在巴黎毫无影响力,也觉得有人正在密谋暗算他。因此,他放出狠话,表示要对巴黎展开报复。因此,巴黎人民立马向吉斯的亨利一世寻求保护。1588年5月9日，吉斯的亨利一世违抗法兰西国王亨利三世的命令，领兵进入巴黎。法兰西国王亨利三世随即命令驻扎在巴黎郊区的瑞士护卫军进入巴黎城内。眼看瑞士护卫军进犯，巴黎人民愤慨不已，奋起反抗。在街道上，他们摆满路障，逼迫瑞士护卫军撤兵。面对五十万巴黎人民的怒火，六千瑞士护卫军束手无策，被赶出了巴黎。法兰西国王亨利三世也只能落荒而逃。1588年5月12日，吉斯的亨利一世成为巴黎领主，法兰西国王亨利三世被迫着手消灭异教徒，并且任命吉斯的亨利一世为法兰西陆军中将。法兰西王国取得决定性胜利后，腓力二世认为，对英格兰王国出手的时机终于来了。

面对英格兰海军的大胆行径，腓力二世不得不采取措施，维护西班牙王国的海上权益。1587年4月，弗朗西斯·德雷克率领一支由二十五艘军舰组成的舰队，从普利茅斯起航，进入加的斯港。他打败了前来迎战的西班牙舰队，并

英格兰舰队进入加的斯港

英格兰舰队袭击停泊在加的斯港的西班牙军舰

且击沉对方四五十艘军舰,还毁坏了腓力二世为进攻英格兰而准备的大量补给物。事后,弗朗西斯·德雷克来到圣文森特角,大肆破坏该处的船和商铺。他本打算继续航行到亚速尔群岛,伏击从印度群岛回国的西班牙军舰,但他的舰队被一场暴风雨打散。最后,弗朗西斯·德雷克成功劫下西班牙舰队中最庞大的一艘军舰,那就是装满印度群岛宝物的"圣菲利佩"号军舰。捡到这个大便宜后,1587年6月26日,弗朗西斯·德雷克回到普利茅斯。当然,弗朗西斯·德雷克已如愿"让腓力二世焦头烂额"。仅"圣费利佩"号军舰上的宝物,就足够抵付弗朗西斯·德雷克的航行开销,还能让本次航行的赞助者享尽荣华富贵。

对弗朗西斯·德雷克的轻蔑行为，腓力二世忍无可忍。虽然腓力二世进攻英格兰王国的筹备一时被打乱，但1588年5月月底，出征英格兰王国的西班牙舰队依旧出海了。据说，这支舰队由一百三十二艘军舰组成，是"受上天眷顾、战无不胜的无敌舰队"。船上共有八千七百六十六个船员、两千零八十八个船奴，两万一千八百五十五个士兵及修道士、牧师和异端裁判所官员共三百人。西班牙无敌舰队登陆英格兰王国后，船上的西班牙修道士、神父和异端裁判所官员将立刻开始劝说英格兰人信奉天主教。依照腓力二世的计划，亚历山大·法尔内塞将在英吉利海峡某处等候，与从尼德兰出发的一万七千人的西班牙部队会合。

可惜的是，面对腓力二世的进攻，伊丽莎白一世并未做好足够的防备。她虽然早已了解腓力二世在备战，但在亚历山大·法尔内塞假意与她和谈后，便对他制造的和平假象信以为真了。直到危机来临，伊丽莎白一世都不愿细想，有朝一日，英格兰王国竟会与西班牙王国正面交锋。直到最后一刻，她依然寄希望于将尼德兰交到腓力二世手中后，就能够让一切重归平静。即使后来伊丽莎白一世发现这一切都是错觉，她备战的进程也依旧十分缓慢、保守。她并未大力组建舰队，也没有招兵买马，时刻警惕。当时，英格兰皇家海军只有三十四艘军舰，六千二百七十九名船员。但英格兰众多海港城镇已派出各自的船，英格兰各界贵族及乡绅都竭尽全力，为舰队招募船员，为国家效命。英格兰人民同舟共济，携手面对国家的战争危机。如果苏格兰女王玛丽尚在人世，在腓力二世举兵进攻英格兰王国时，那么英格兰王国一定会腹背受敌。如今，苏格兰女王玛丽已离世，腓力二世已失去讨好英格兰人的借口。在英格兰人民眼中，腓力二世的进攻是一次纯粹的外敌入侵，与宗教无关。于是，英格兰天主教教徒和新教教徒都团结在伊丽莎白一世周围，拿起武器，誓死保卫国家。

然而，西班牙无敌舰队久久未能抵达英格兰王国。西班牙无敌舰队里的"西班牙大帆船"和"阿拉伯帆船"巨大而笨重，非常适合在盛事中撑场面，但很难抵御风暴，也不适合作战。这些军舰充分体现了西班牙人注重华丽气派的个性，暴露了西班牙人不擅长吸取经验教训的特点。西班牙无敌舰队花了三周，才从里斯本来到菲尼斯特雷角。直到1588年7月中旬，西班牙无敌舰队才抵达英格兰王国的利泽德角。

在普利茅斯港，来自埃芬厄姆的英格兰海军上将查尔斯·霍华德立马率领六十艘军舰迎战西班牙无敌舰队。虽然查尔斯·霍华德算不上伊丽莎白一世

查尔斯·霍华德

理查德·霍金斯

手下经验最丰富的海军指挥官,但其资质完全能够胜任海军上将。查尔斯·霍华德勇猛善战、精明谨慎,在英格兰航海家中非常有名望。他慧眼识人,懂得听取贤能者的意见。他就这样为伊丽莎白一世打造了一支行事果敢的海军,成为坚贞不屈的海军上将。许多英勇的资深航海家都效命于查尔斯·霍华德,其中包括理查德·霍金斯、弗朗西斯·德雷克和马丁·弗罗比舍。他们不仅成为让西班牙人闻风丧胆的人物,而且让英格兰王国的航海技术和英格兰海军的果敢意志闻名世界。

有英格兰人看到，西班牙巨型舰队就在英格兰王国附近航行。据说，西班牙"无敌舰队的军舰即使张满了帆，也行驶得十分缓慢。连风都只能吃力地推动舰队前进，笨重的船体压得海浪发出疲惫的呻吟"。查尔斯·霍华德坐看西班牙无敌舰队一路沿着英吉利海峡进发，听任西班牙无敌舰队与亚历山大·法尔内塞会合。查尔斯·霍华德的策略是，封锁西班牙无敌舰队后方，利用西班牙无敌舰队的军舰笨拙的致命弱点，用小巧灵便的英格兰军舰发动进攻。与西班牙无敌舰队笨重的军舰相比，英格兰的小军舰航行速度可达前者的两倍。由于对己方军舰的重量和数量都无比自信，西班牙人打算强攻英格兰舰队。但英格兰舰队可以灵活选择进攻和撤退的时机。1588年7月20日到27日，英格兰海军一路尾随西班牙无敌舰队，到达西班牙无敌舰队在加来的抛锚处，给西班牙无敌舰队造成了巨大损失。英格兰海军截获西班牙无敌舰队的掉队军舰，并且趁机将这些军舰纳入自己的队伍里。1588年7月28日，英格兰舰队和西班牙无敌舰队终于打了照面。西班牙无敌舰队在加来休整，等待亚历山大·法尔内塞的军队到来。而英格兰舰队就驻扎在西班牙无敌舰队对面。如今，英格兰舰队军舰数量已经增加到一百四十五艘左右，但军舰体形仍远远小于西班牙军舰。

事到如今，英格兰方面不能再拖延交战时机了。如果西班牙无敌舰队行进到敦刻尔克，击退当时为阻止亚历山大·法尔内塞大军而守在沿岸的荷兰舰队，那么英格兰必将大难临头。所以，英格兰海军必须阻止此事发生。但英格兰海军的指挥官觉得，英格兰舰队的小型军舰想要击败西班牙的庞大帆船，只怕难如登天。

英格兰海军上将查尔斯·霍华德的顾问威廉·温特说："考虑到西班牙军舰体形巨大，我方无法一举歼灭。"因此，英格兰将领马上改变策略。他们将英格兰舰队中六艘最老旧的船改装成火药船。1588年7月28日晚上，这六艘船被派出，突袭西班牙无敌舰队。当时，疾风突起，六艘船得以顺利抵达目的地，令西班牙无敌舰队惊恐万分。西班牙无敌舰队中的部分士兵曾参与安特卫普之围。一想到先前在安特卫普，费代里戈·詹贝利引爆船舶的恐怖招数，西班牙士兵就瑟瑟发抖。有人高声喊道:"安特卫普的火药船来了!安特卫普的火药船来了!"闻言,西班牙水手割断锚索,急欲出逃。西班牙无敌舰队乱作一团:有些军舰撞到一起,有些军舰被爆炸的火药船点燃,在风和潮汐的推动下,其余军舰从尼德兰沿岸向北驶去。

  1588年7月29日,英格兰舰队开始追击西班牙无敌舰队。在格拉沃利讷,两军激烈交火。英格兰海军没有与西班牙无敌舰队近距离作战,而是命令船员用步枪射击西班牙军舰。而西班牙无敌舰队的射击技术欠佳,未对英格兰舰队造成太大伤亡。西班牙无敌舰队死伤惨重。风越刮越猛,使舰队愈加难以抵抗英格兰海军的袭击。很快,英格兰舰队耗尽弹药,但依旧在全力追击西班牙无敌舰队,将西班牙无敌舰队驱逐到北海。最终,由于英格兰海军的火药、子弹和其他物资全部告急,查尔斯·霍华德认为,可以收起"英勇作战的姿态"

英格兰舰队与西班牙无敌舰队交战

了。1588年8月4日，英格兰海军返航时，海上刮起一股劲风，将查尔斯·霍华德的舰队吹散。但最后，英格兰舰队全员安全抵达马盖特。西班牙无敌舰队在北部海域的航行更加凶险，有些军舰被迫驶到挪威海岸，有些军舰在苏格兰或爱尔兰海岸附近发生事故。终于，1588年10月，在赫布里底群岛遭逢暴风雨后，剩余几艘可怜的西班牙军舰抵达西班牙王国。西班牙无敌舰队最初共有一百三十二艘军舰和三万多人，最后顺利返回西班牙王国的仅剩五十三艘船和一万人。

显然，腓力二世的入侵计划一败涂地。西班牙无敌舰队战败的原因首先是，腓力二世并未在亚历山大·法尔内塞的军队和西班牙无敌舰队指挥官阿隆

西班牙无敌舰队撤退过程中遭遇暴风雨

阿隆索·佩雷斯·德·古兹曼·索托马约尔

索·佩雷斯·德·古兹曼·索托马约尔接头处排兵布阵，为两军会合保驾护航。其次，西班牙无敌舰队的军舰虽然配置精妙，但军舰整体过于笨重，所以如果估算出错，船体就无法掉转方向。面对英格兰轻便军舰的迅猛进攻及恶劣的天气状况，西班牙无敌舰队被打得七零八落。军舰过于庞大、笨重的西班牙无敌舰队根本无法调整战术。如果西班牙无敌舰队如期登陆，将亚历山大·法尔内塞的军队送到英格兰王国，后果将无法设想。伊丽莎白一世的陆军早已在蒂尔伯里集结。这支陆军由罗伯特·达德利统帅，誓要保卫伦敦。但这支部队全是新兵，并不适合与亚历山大·法尔内塞麾下久经沙场的西班牙军队交战。然而，在紧要关头，伊丽莎白一世亲临军中，显示出都铎家族的真正气魄。她的谋臣担心天主教教徒会对她不利，恳求她不要公开露面。但伊丽莎白一世回答道："我一直克己奉公，只有暴君才会害怕阴谋。在上帝的注视下，我已投入全部力量，竭力保护我忠心耿耿、纯良慈悲的子民。因此，我要亲自来到你们中间。在

伊丽莎白一世亲临蒂尔伯里的军中

伊丽莎白一世在蒂尔伯里对士兵发表演说

交战之际,我定要与你们同生共死。我知道,我这女性身躯孱弱无力。但我怀揣着君主之心——一颗英格兰王国的君主之心。"此话一出,蒂尔伯里的英格兰人立马热情高涨。幸运的是,英格兰舰队已在蒂尔伯里的战斗中获胜,伊丽莎白一世不必铤而走险——依靠罗伯特·达德利不可靠的指挥经验和他麾下纪律散漫的新兵来保卫英格兰的国家安全。

在蒂尔伯里的战斗中,西班牙无敌舰队一败涂地。在欧洲历史上,西班牙无敌舰队战败是一个决定性历史事件。西班牙无敌舰队不敌英格兰舰队,说明西班牙王国的实力正在下滑,英格兰王国再度崛起,成为欧洲一大强国。但当时,这一局面并未立马显现。腓力二世接到西班牙无敌舰队战败的噩耗后,还是一如既往地镇定,表情没有丝毫变化。他说:"我派出这支舰队,是想让它和人交战,而不是与巨浪搏斗。感谢上帝慷慨地给予我如此雄厚的实力,让我还能够轻而易举地再派一支舰队出海。"腓力二世没有放弃入侵英格兰王国的计划,而是决定在下次出击时更加谨慎。西班牙人的愤慨之情像洪水一样,让腓力二世手足无措。腓力二世注定无暇也无力再次对英格兰王国发起进攻。法兰西王国的各种事件占据了腓力二世的精力,整个欧洲也掀起反对西班牙王国势力的浪潮。英格兰王国大可趁此机会,报复西班牙王国。腓力二世的各种宏伟计划已让西班牙王国陷入严重的经济困难。他总是在计划即将成功之际,与胜利失之交臂。

# 第20章
# 英格兰王国反击西班牙王国

**精彩看点**

吉斯公爵亨利一世遭暗杀——法兰西国王亨利三世遇刺身亡——法兰西王位的继承问题——英格兰王国和西班牙王国海战——英格兰王国征讨里斯本——英格兰王国的海上征程——英格兰王国的殖民远征——腓力二世和天主教联盟——法兰西国王亨利四世的宗教立场——1590年的战役——腓力二世对法兰西王国的影响——支持亨利四世的运动——亨利四世成为天主教教徒

腓力二世对付法兰西王国的计划，必然遭遇相同败局。1588年年初，在法兰西王国，天主教联盟势力已占据上风。法兰西国王亨利三世不得不在布卢瓦召开三级会议，被迫接受三级议会对王权的诸多限制。法兰西国王亨利三世也即将向纳瓦拉国王亨利三世宣战。此时，法兰西国王亨利三世发现，自己不过是吉斯公爵亨利一世及其党羽手中的一颗棋子。

和母亲凯瑟琳·德·美第奇从前一样，法兰西国王亨利三世已经对自己的处境忍无可忍。当时，胡格诺派及其领袖加斯帕尔·德·科利尼都在全力建立法兰西君主制。法兰西国王亨利三世打算效仿母亲凯瑟琳·德·美第奇从前的做法，通过暗杀行动，摆脱劲敌对自己的钳制。1588年12月23日，吉斯公爵亨利一世被传召到法兰西国王亨利三世的房间。就在他进房时，法兰西国王亨利三世的贴身侍卫便挥刀杀死了吉斯公爵亨利一世，而法兰西国王亨利三世则在房间安静等待暗杀计划的完成。听说这件事后，法兰西人民怒不可遏。巴黎人民首先发声，拒绝承认亨利三世这个失信于天主教的国王。接下来，法兰西王国所有重要城镇都开始跟随巴黎的步伐。后来，吉斯公爵亨利一世的弟弟马耶讷公爵夏尔成为反对亨利三世联盟的领袖。不久，法兰西国王亨利三世与天主教联盟之间爆发了恶战。

单凭自身力量，法兰西国王亨利三世并不足以与天主教联盟抗衡。但这

吉斯公爵亨利一世被刺杀

吉斯公爵亨利一世被刺杀后,刺杀者撤离现场

时,纳瓦拉国王亨利三世率领麾下的小型精锐部队,驰援法兰西国王亨利三世。因此,法兰西国王亨利三世再次宣布对胡格诺派采取宗教宽容政策。渐渐地,天主教教徒中的王室成员开始聚集在法兰西国王亨利三世周围。这些王室成员分为对立的两派,一派支持君主制和宗教宽容政策,另一派推崇天主教的排他政策。1589年7月,亨利三世发现自己已有足够的实力围攻巴黎。而天主教联盟全指望亚历山大·法尔内塞出手相助。由于腓力二世如今的势力已和天主教联盟密不可分,对他来说,与征服尼德兰的任务相比,在法兰西王国取得成功更加重要。然而,此时,吉斯公爵亨利一世暗杀事件的后续影响逐渐显现。在看完一份谴责亨利三世的教皇告诫书后,多明我会修士雅克·克莱

雅克·克莱芒

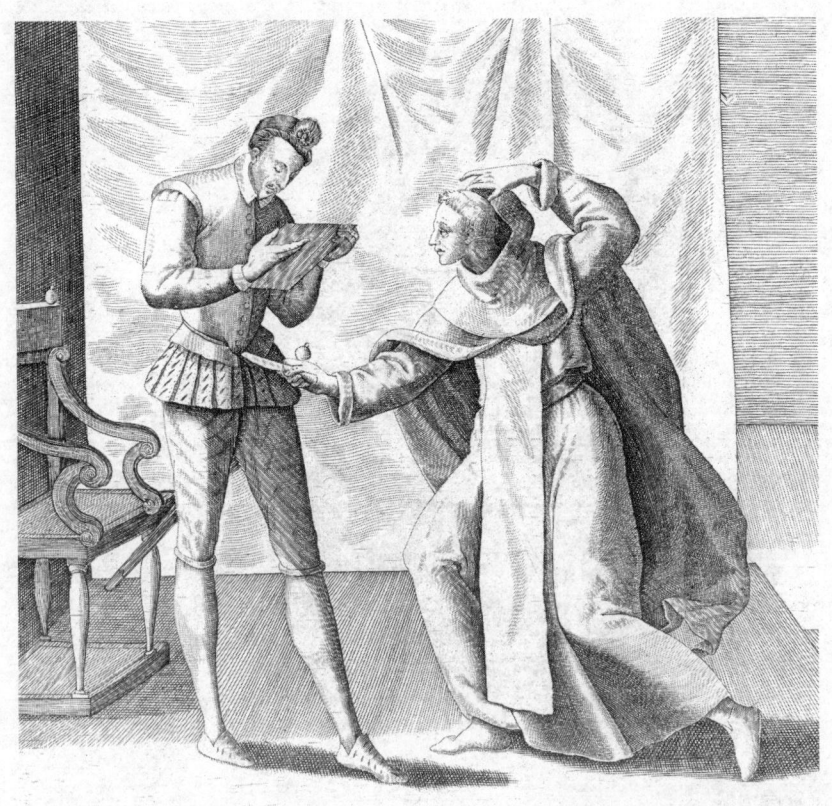

雅克·克莱芒刺杀法兰西国王亨利三世

芒深受触动。他认为，修士杀死暴君并不是罪过。受此启发，1589年8月2日，雅克·克莱芒被亨利三世接见时，挥刀刺死了法兰西国王亨利三世。

眼下，解决法兰西的王位继承问题成为重中之重。当时，法兰西王国王位的假定继承人是胡格诺派的纳瓦拉国王亨利三世。他的竞争对手是天主教联盟阵营的枢机主教夏尔·德·波旁。从前，对腓力二世来说，出手干涉法兰西王国内政，以此增强西班牙王国对法兰西王国的影响力，可以说是有利无害。但如今，对腓力二世来说，阻止宗教敌对者兼西班牙王族的宿敌登上法兰西王位才是头等大事。因此，在统治生涯后期，腓力二世把所有精力都放在打压纳瓦拉国王亨利三世上。

约翰·诺里斯

现在,终于轮到英格兰王国对西班牙王国发起进攻了。英格兰舰队与西班牙无敌舰队交战过后,英格兰王国历来高涨的航海冒险精神变得愈加激昂。在充满冒险精神的英格兰人心中,对西班牙王国的敌意已经化为狂怒。因此,任何向西班牙人发起进攻的计划,都会得到英格兰人的狂热支持。1589年年初,约翰·诺里斯和弗朗西斯·德雷克就已受命领兵征讨西班牙王国。觊觎葡萄牙王位的克拉图修道院院长安东尼奥和他们一同出征,希望自己的出现,能够驱使葡萄牙人民反抗腓力二世。这支舰队足有五十艘军舰和一万五千名海员。起初,在科伦纳,舰队登陆后,便烧毁了停泊在港口的船,并且包围整个科伦纳城。科伦纳的小城镇全部投降,但大城镇防守十分牢固,无法一举攻破。此外,西班牙王国已派出一万五千人的军队前来解救科伦纳。在距离科伦纳五英里处,英格兰军队的七千人马与西班牙军队短兵相接。经过短暂、激烈的厮杀,西班牙军队被英格兰军队击退,元气大伤。

科伦纳战况十分激烈,但未能帮助英格兰王国达成征讨西班牙王国这一主要目的。弗朗西斯·德雷克没有直接进攻里斯本,让伊丽莎白一世十分恼火。但最终,弗朗西斯·德雷克还是继续行军到里斯本,并且在途中得到援军的帮助。随援军一起出站的是自愿参军的年轻贵族埃塞克斯伯爵罗伯特·德弗罗。此时,埃塞克斯伯爵罗伯特·德弗罗二十二岁,是伊丽莎白一世身边的红

埃塞克斯伯爵罗伯特·德弗罗

人。当初,罗伯特·达德利因为担心沃尔特·雷利获得的荣宠过甚,才向伊丽莎白一世举荐埃塞克斯伯爵罗伯特·德弗罗。英格兰舰队击退西班牙无敌舰队后不久,罗伯特·达德利便去世了。此后,埃塞克斯伯爵罗伯特·德弗罗开始独得伊丽莎白一世的恩宠。这个野心勃勃的年轻人发现,自己无法让繁文缛节束缚远大的志向,更无法讨好一个年近六十的女人。埃塞克斯伯爵罗伯特·德弗罗一直都想参与讨伐里斯本的征战,但伊丽莎白一世屡次命令弗朗西斯·德雷克和约翰·诺里斯,将埃塞克斯伯爵罗伯特·德弗罗送回普利茅斯。然而,最后,埃塞克斯伯爵罗伯特·德弗罗还是避开了英格兰王室的耳目,开启了辉煌的征战人生。

沃尔特·雷利

里斯本

　　1589年5月中旬，在距离里斯本约五十英里的佩尼谢，约翰·诺里斯登陆。弗朗西斯·德雷克往塔古斯河上游航行，在里斯本对岸与约翰·诺里斯会合。但约翰·诺里斯发现，攻取里斯本毫无胜算。他军中的士兵因为在科伦纳饮酒过度，都染上疫病。意外的是，葡萄牙人并没有在克拉图修道院院长安东尼奥身边联合起来。克拉图修道院院长安东尼奥的名号只召来了几个手无寸铁的农民。此外，英格兰军队也未配备大炮，无法轰击里斯本。于是，约翰·诺里斯调转行军方向，在塔古斯河河口的卡斯卡斯与弗朗西斯·德雷克会合。他们攻占了卡斯卡斯要塞，一举夺下停靠在港口、装满补给品的六十艘沿岸城镇的船。沿塔古斯河河岸劫掠几番后，英格兰军队开始返航。

　　英格兰海军此番行动并未完成征服西班牙王国这一首要目标。雪上加霜的是，疾病还夺去了大批英格兰士兵的性命。但英格兰人已在本国国土击败西班牙军队。这也让西班牙人意识到，西班牙王国衰落了。如今，西班牙王国不再是让英格兰人闻风丧胆的噩梦。当时，英格兰人受新教影响，认为西班牙王国是百害之首。英格兰人民声讨西班牙王国和异端裁判所的情绪,还夹杂着对名利的追求。这种情绪促使英格兰年轻人铤而走险,开始不定期投身战争。因此,众多私人冒险家、商人和乡绅都开始为这次激烈的海战做准备。英格兰航海家英勇无畏,很快便让西班牙人陷入一片恐慌。凡此种种,让西班牙海域不再风平浪静。1590年,在从威尼斯返航途中,十艘英格兰私掠船击败了十二艘从直布罗陀海峡出发迎战的西班牙巨型军舰。面对西班牙军舰,英格兰私掠船甚至还有绝对的胜算。因此,出战的西班牙军舰只能任凭英格兰私掠船任意掠夺。于是,英格兰私掠船在这片海域尽情搜刮。

在英格兰私掠船的船员中,身份最尊贵的是坎伯兰伯爵乔治·克利福德。他因挥金如土而散尽家财,只能通过海上冒险来填补漏洞。坎伯兰伯爵乔治·克利福德因在骑士比武中展示的强大实力而闻名。有一次,他在伊丽莎白一世面前下跪领赏时,伊丽莎白一世不慎将手套落下了。坎伯兰伯爵乔治·克利福德便在手套上镶上一圈钻石,从此视这双手套为伊丽莎白一世的恩赐,戴在自己手上。但即使得到了伊丽莎白一世的恩赐,坎伯兰伯爵乔治·克利福德也不愿向她借船远征。因为他知道,如果让借来的船有丝毫损坏,素来节俭的伊丽莎白一世决不会轻饶他。

伊丽莎白一世向来要求,所有远征活动必须能对英格兰国库有所贡献。然而,1590年,理查德·霍金斯远航无果,所获战利品甚至不足以支付航行开销。因此,他低声下气地向伊丽莎白一世道歉说:"保罗主栽种,阿波罗主浇灌,但唯有神叫它生长。"①伊丽莎白一世听后,怒吼道:"你这愚笨之人,出征时还是一个军人,回国以后怎么就成了神学家?"

除了理查德·霍金斯,所有曾经参与海上冒险活动的其他冒险家,都领教过伊丽莎白一世的指责。西班牙王国从第一次劫掠遭遇中缓过神来以后发现,英格兰的航海行动已失去其根本的政治意义,徒留海上抢劫的劣根性。在年

---

① 此句出自《哥林多前书》第三章第六节。理查德·霍金斯引用此句,意在告诉伊丽莎白一世,他已履行职责,但结果全由上帝定夺,并不由他控制。——译者注

坎伯兰伯爵乔治·克利福德

轻的英格兰航海家心中，牟利的欲望早已超过战胜西班牙王国的期望。但还有一人，一生都坚守着"在西班牙边远殖民地抗击西班牙"的政治理念，此人便是沃尔特·雷利。他不断要求英格兰王国议会采用他的理念，还提出许多新的殖民计划，以图对抗西班牙王国。1584年，沃尔特·雷利首先在弗吉尼亚开展殖民活动。但由于缺乏合理的管理和必要的支持，这次殖民活动以失败告终。1592年，沃尔特·雷利带兵潜入达里恩地峡①。但伊丽莎白一世传来口谕，命他立即回国，于是，计划中止。后来，作为宠臣，沃尔特·雷利却秘密迎娶伊

伊丽莎白·思罗格莫顿

① 今巴拿马地峡。——译者注

沃尔特·雷利之死

丽莎白一世的宫廷女官伊丽莎白·思罗格莫顿为妻。因此,沃尔特·雷利遭到伊丽莎白一世贬黜。1595年,沃尔特·雷利出航前往圭亚那,一心想寻找传说中的黄金国埃尔多拉多。沃尔特·雷利始终对西班牙王国怀恨在心。后来,作为英格兰王国对西班牙王国的谢罪礼,詹姆斯一世毫不犹豫地赐死了他。

理查德·格伦维尔的行为最能体现英格兰航海家的脾性。有一次,他名下一艘叫"复仇"号的船碰见了一支由五十艘军舰组成的西班牙舰队。西班牙舰队中的每艘军舰几乎都要比"复仇"号大一倍。但从当天15时一直到第二天破晓，理查德·格伦维尔顶住了西班牙舰队的攻势。西班牙舰队屡次派出大军舰，试图登上"复仇"号，但都被理查德·格伦维尔击退。最终，"复仇"号上的火药用尽，船员的长矛全数损毁。"复仇"号一百四十个船员战死，其余人全部负伤。理查德·格伦维尔已无法继续战斗，但仍不投降。理查德·格伦维尔被带到西班牙上将的军舰上，西班牙人向他开出十分优越的招降条件。但理查德·格伦维尔对西班牙人说，他们"可以对他的肉体为所欲为，但他的灵魂永

"复仇"号上的船员与西班牙人决战

理查德·格伦维尔

不屈服"。因此,他在船上受到西班牙贵族的礼遇和照料。几个小时后,理查德·格伦维尔还是咽了气。临死前,理查德·格伦维尔说:"我理查德·格伦维尔将魂落此处。此刻,我内心愉悦、平静,因为我一生都在为祖国和女王而战,为荣誉和宗教而战,我以一个称职的军人应有的姿态结束了生命。"

就这样,反抗西班牙王国的情绪,唤醒了英格兰人民不屈的斗争精神。正是这种精神,鼓舞着英格兰人民击退腓力二世,使英格兰人民更坚韧和富有活力。

与此同时，腓力二世已集中所有注意力，专心处理法兰西王国内政。法兰西国王亨利三世驾崩，为西班牙王国扩张大计带来巨大希望。这时，天主教联盟成员都已狂热信奉天主教教义，完全失去民族情怀。所有天主教联盟成员都视腓力二世为欧洲天主教领袖。他们拥立夏尔·德·波旁为法兰西国王，称其为查理十世，并且尊称腓力二世为法兰西护国主。如此一来，形势正中腓力二世下怀。法兰西王国极有可能会成为西班牙王国的一部分。彼时，规模庞大的西班牙王国大可在整个欧洲全面复兴天主教制度。

为对抗天主教联盟，纳瓦拉国王亨利三世自封为亨利四世。亨利四世当然会得到胡格诺派的支持，但此时，当初全心拥护法兰西国王亨利三世的天主教教徒不知所措。他们不愿轻易违背王位世袭的规定，但不忍看到天主教教徒将法兰西王位拱手相让。亨利四世开解天主教教徒，称他并不是一个顽固的新教教徒，也愿意"接受更多的指引"。亨利四世本人并不会对某种宗教原则深信不疑。他在母亲让娜·德阿尔布雷的抚养下长大，从小接受胡格诺派思想的熏陶。圣巴塞洛缪大屠杀发生后，他改信天主教，在宫中过着无忧无虑的生活。待局势稍有缓和，亨利四世再次加入胡格诺派。他认为，只要他身上流着法兰西王室的血液，就有权选择自身的政见，享有相应的政治权利。但眼下，法兰西王位传到他手中以后，情况发生了转变。亨利四世认为，自己的首要职责是保住王位，并且再次统一法兰西王国。因此，他开始用政客的眼光看待宗教问题。亨利四世考虑到，如果法兰西人民认为天主教教规是法兰西体制的必要成分，那么他决不能受制于自己早年接受的教育，轻易宣扬违逆人民意愿的胡格诺派理念。

为了尊重法兰西人民的想法，亨利四世依旧控制着大部分天主教保王派。虽然亨利四世面前的机会似乎十分渺茫，但他非常适合打攻坚战，因为他素来温厚和蔼，很得人心，也总能带给人信心。他是一个勇士，似乎天生具有将才。他看似粗枝大叶、幽默风趣、轻率风流，但有着冷静、精明的头脑。亨利四世似乎一直都在及时行乐，但其实从未忘记眼前的目标。满怀宗教热忱的亨利

让娜·德阿尔布雷

四世深信，自己选择的道路是正确的。亨利四世踌躇满志。他也知道，为达目的，途中每一次小小的胜利都至关重要。此外，亨利四世绝不是迂腐之人。他时刻准备着为宗教事业做出必要牺牲。很快，腓力二世干预法兰西王国内政的计划引起极大恐慌，使欧洲舆论开始偏向亨利四世。维持权力平衡的思潮在欧洲政界逐渐盛行。但如果要实现势力平衡，法兰西王国必须是一个独立自主的国家。连西克斯图斯五世都不愿让西班牙王国在欧洲建立霸主地位，以此换取天主教的胜利，因为与天主教相比，腓力二世所在派别其实更推崇东正教。

1590年，亨利四世围攻德勒。吉斯公爵亨利一世的弟弟马耶讷公爵夏尔率领天主教联盟大军去解救德勒。在伊夫里平原，两军相遇。交战时，亨利四世一往无前，先率兵占领巴黎。在伊夫里，他麾下的保王党大军也胜局已定。当

伊夫里战场上的亨利四世

亨利四世攻破巴黎

时，巴黎人民并未充分备战，无法抵御亨利四世的进攻。亚历山大·法尔内塞从尼德兰出发前去解救巴黎时，巴黎已陷入饥荒。由于腓力二世下令进军法兰西王国，亚历山大·法尔内塞不得不停止征服尼德兰的计划。因此，他十分沮丧。这时，法兰西王国成了反抗西班牙王国势力的主战场。终于，尼德兰有短暂的时间可以凝聚力量。随后，亨利四世攻破巴黎，并且派出麾下多数为法兰西贵族的骑兵，逼迫亚历山大·法尔内塞应战。但亚历山大·法尔内塞统率全军的经验比亨利四世丰富得多。他识破了亨利四世的计谋，拒绝出战。直到亨利四世的贵族骑兵因疲于等待而分散后，亚历山大·法尔内塞才现身作战。最后，亚历山大·法尔内塞成功解救巴黎，收兵回到尼德兰。

1590年的德勒之围中，空有法兰西国王头衔的查理十世驾崩。此后，西班牙王国在法兰西王国的影响力有所提升。天主教联盟成员已经推举不出任何能够与亨利四世抗衡的法兰西国王人选，只能仰仗西班牙王国的帮助。天主教联盟打算将法兰西王国交到腓力二世的女儿伊莎贝拉·克拉拉·欧亨尼娅公主①手上。腓力二世提出要求，称他必须亲自为女儿伊莎贝拉·克拉拉·欧亨尼

伊莎贝拉·克拉拉·欧亨尼娅公主

---

① 伊莎贝拉·克拉拉·欧亨尼娅公主是腓力二世与第三任妻子法兰西国王亨利二世之女瓦卢瓦的伊丽莎白所生。——原注

娅公主挑选夫婿。成婚后,伊莎贝拉·克拉拉·欧亨尼娅公主的夫婿会立马被尊为法兰西国王。

此时,法兰西王国极很有可能再次分裂。法兰西王国各省都有两个贵族为争夺领主权相互交战,其中一个代表天主教联盟,另一个代表亨利四世的势力。为了助力布列塔尼的天主教联盟,腓力二世向布列塔尼派出一支西班牙部队。看见西班牙人出现在英格兰王国对岸时,伊丽莎白一世十分警惕。因此,她做好了更充分的准备,打算派兵支援亨利四世。在伊丽莎白一世的强烈要求下,1591年冬,亨利四世进攻鲁昂。但即将拿下鲁昂时,亨利四世先前在巴黎之围的遭遇再次上演。亚历山大·法尔内塞再次领兵前去解救鲁昂,使亨利四世不得不停止围攻。试图切断亚历山大·法尔内塞大军的退路时,亨利四世的大军再次败在亚历山大·法尔内塞高超的战术下。于是,在亚历山大·法尔内塞军事才能的压制下,1591年到1592年的拉锯战中,亨利四世无功而返。

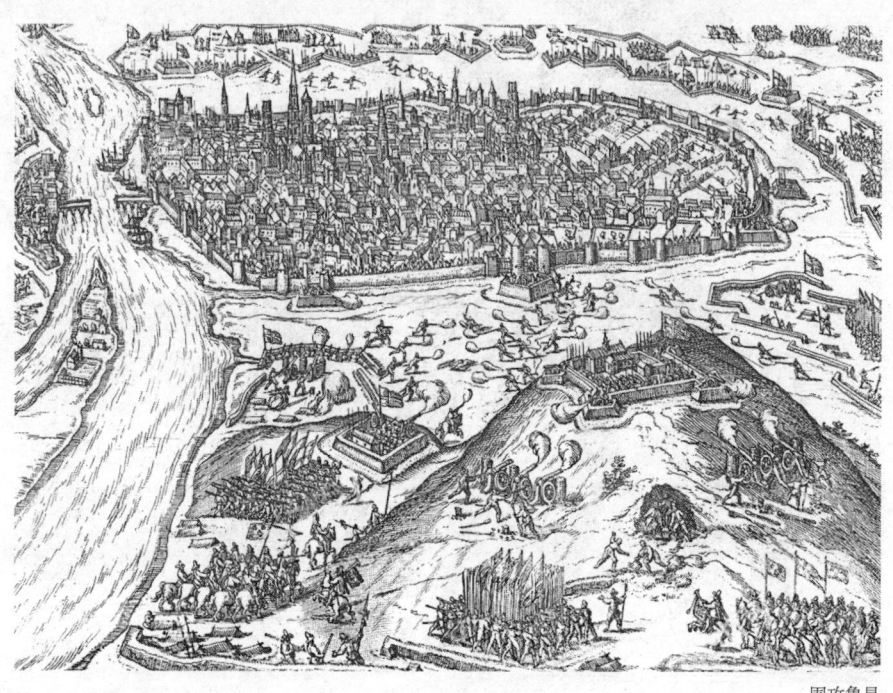

围攻鲁昂

1592年12月，在阿拉斯，亚历山大·法尔内塞去世。此后，腓力二世手下再无任何大将能与亨利四世抗衡。此外，在法兰西王国，天主教联盟也受到重挫。欧洲舆论开始偏向亨利四世，威尼斯共和国也罔顾西克斯图斯五世的警告，承认了亨利四世的法兰西国王地位。自此，法兰西天主教联盟成员开始出现分歧。此外，伊莎贝拉·克拉拉·欧亨尼娅公主的婚事已引发多方猜忌。腓力二世先是提议，让神圣罗马帝国皇帝鲁道夫二世的弟弟，即奥地利的马克西米

神圣罗马帝国皇帝鲁道夫二世

奥地利的马克西米利安·恩斯特大公

利安·恩斯特大公与伊莎贝拉·克拉拉·欧亨尼娅公主结婚。但奥地利的马克西米利安·恩斯特大公终要成为神圣罗马帝国皇帝,因此对带有法兰西血统的伊莎贝拉·克拉拉·欧亨尼娅公主并无好感。腓力二世的下一个女婿人选是吉斯公爵亨利一世的儿子,即吉斯公爵查理。但吉斯公爵亨利一世的弟弟马耶讷公爵夏尔不愿牺牲自己的利益,让侄子吉斯公爵查理掌权。兄长吉斯公爵亨利一世死后,马耶讷公爵夏尔便继任为天主教联盟首领,他并不打算将此高位让给侄子吉斯公爵查理。

面对重重障碍，法兰西温和派政客不断凝聚力量，与狂热的天主教联盟成员对抗。巴黎议会向马耶讷公爵夏尔发出警告，意在阻止法兰西王位旁落外族之手。然而，由于西班牙王国与法兰西王国有地域之隔，西班牙王国未能及时派出军队，支援法兰西天主教联盟。此时，亨利四世与天主教教徒的联系已愈加紧密。他打算改变宗教信仰，以保住自己的法兰西王位。但亨利四世即将遵从的，并非天主教联盟粗暴极端的教条，而是保王派温和的宗教观念。保王派同意对胡格诺派采取宗教宽容政策，并以此为条件说服亨利四世信奉天主教。1593年7月23日，布尔日大主教雷诺·德·博纳庄严肃穆地将亨利四世迎入圣丹尼圣殿。随即，亨利四世尝到了信奉天主教的甜头。如今，许多原本不愿背弃天主教联盟与异教徒为伍的人纷纷加入亨利四世的阵营。因此，法兰西民族精神复苏，全国上下都视亨利四世为民族斗士。1594年3月，巴黎城门为亨利四世打开。终于，1594年年底，马耶讷公爵夏尔打算与亨利四世和谈。不过，在完全巩固法兰西王位以前，亨利四世依旧面临着许多困难。尽管腓力二世先前几乎使法兰西王国成为西班牙王国的一部分，但最终仍是空欢喜一场。

# 第21章
# 伊丽莎白一世统治时期的英格兰人的生活

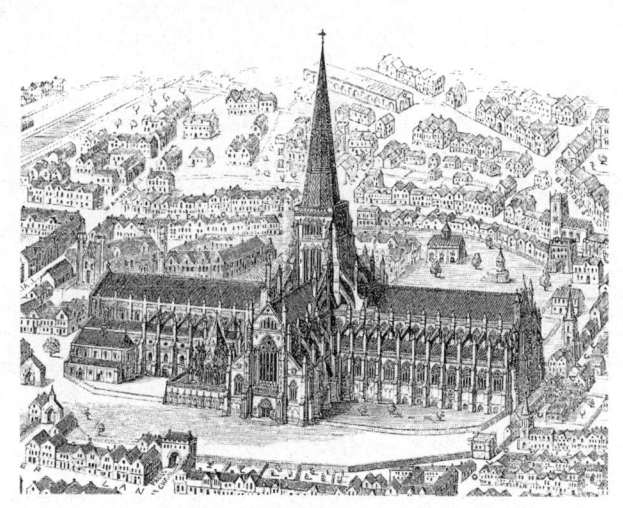

**精彩看点**

英格兰人的特质——英格兰王国繁荣局面的影响——伊丽莎白一世统治时期的建筑——住宅舒适度提升——家具——饮食——衣着——英格兰王国的节日——伦敦的时尚生活——戏剧——《济贫法》——英格兰王国的各行各业

击退西班牙无敌舰队后，英格兰的民族精神进入了伊丽莎白一世统治以来最高涨的时期。长期以来，重重疑惧让英格兰人民无比颓丧。如今，英格兰人民终于重新认识到英格兰王国在欧洲的地位。西班牙王国带来的巨大危机威胁着英格兰各阶层人民。此情此景下，英格兰王国内部的冲突与意见分歧显得微不足道。英格兰人民史无前例地意识到，他们是一个利益共同体，是一个真正团结统一的民族。英格兰人民对西班牙王国的恨意逐渐加深。这种恨意与宗教热忱及冒险精神融为一体，使英格兰人民愈加好斗——成为当时英格兰人民最突出的性格特点。在戏剧《理查二世》中，威廉·莎士比亚为垂死的冈特的约翰安排了一段台词，淋漓尽致地展现了英格兰人民心中觉醒的民族精神。

> 这诸王的宝座，这君主威严下的岛屿，
> 这壮阔的大地，这战神的座席。
> 这人间的伊甸园，半仙半俗的天堂；
> 大自然以一己之力，打造了这座坚固堡垒，
> 让此处疫病不扰，战火难及；
> 人民安居乐业，在这方小小的世界：

> 这座宝石般的岛屿，嵌在银光闪烁的海洋之中。
> 海水就像护在它四周的墙壁，
> 又像围在房屋四周的护城河，
> 让它免受悲戚国度的妒火侵袭。

此外，在伊丽莎白一世的精心统治下，英格兰王国财力迅速飙升，国内呈现一派繁荣兴盛的景象。欧洲各国冒着硝烟斗争之际，英格兰王国却丝毫不受战火的影响。伊丽莎白一世行事节俭，为人谨慎，未对英格兰工业课以重税。此外，由于尼德兰内部依旧混乱不堪，英格兰王国借此获得商业优势，趁势发展贸易。国家日益富强后，英格兰的民族精神日渐高涨。伊丽莎白一世在位的四十五年正值多事之秋。但在此期间，整个英格兰王国仍旧大步流星地向前迈进。英格兰王国的发展，部分体现在英格兰文学的巨大进步上。英格兰人的语言风格变得更轻松，大家开始感受和呈现自己关心的一切。英格兰人民不再认为，只有某些特定事物才是重要的。他们领悟到，一切关乎人自身及其生活的所见所感都值得记录。这就是为何，我们对伊丽莎白一世时期英格兰王国的了解要远比以前的时代更详细；这也是为何，我们如今描绘社会人情的素材会如此丰富。

英格兰王国财力攀升，推动了英格兰人民对舒适生活的不断追求。伊丽莎白一世时期，英格兰人民日常生活中各种精美器具的工艺也大幅提升。在追求和平安定之余，英格兰贵族开始渴求更富丽堂皇的生活。因此，英格兰贵族宅邸的建筑风格出现变化。从前壁垒森严的城堡被改成宫殿，但其原有的城堡外观仍得到保留。凯尼尔沃思城堡便是经过改建的其中一例。凯尼尔沃思城堡此起彼伏的城垛内，是一座让人叹为观止的宫殿，内部设施可谓极尽奢华。

英格兰贵族希望，他们的居所配得上自己的尊贵身份。于是，他们纷纷在英格兰王国各处建起一幢幢新宅邸。在英格兰历史上，都铎王朝时期的民用

凯尼尔沃思城堡

建筑留下了无比深刻的烙印。当时,中世纪的哥特式建筑已式微,源自意大利的古典建筑再掀热潮。伊丽莎白一世时期的建筑采用哥特式与古典风交融的建筑风格,恢宏大气又不失简约。英格兰的哈特菲尔德、朗利特、奥德雷恩德、荷兰屋和诺尔,都还留有这种建筑风格的杰作。伊丽莎白一世时期的村舍一般不再使用木头和格纹窗,而是用砖石和玻璃窗。在《英格兰概览》一书中,威廉·哈里森写道:"从前,英格兰的乡村房屋没有玻璃窗,多用格纹窗。当时,所有柳条和橡木都会被做成框状。但现在,因为玻璃供应量充足,价格低廉,功用和其他材料差别不大,所以乡村房屋已很少用格纹窗。如今,我们里屋的墙上都会挂上织锦、花毯或彩缎做装饰。这些装饰品上绘制着各种历史故事或者花、草、鸟、兽等图案。有些屋子会用本国橡木或东方国家的护壁板封墙。乡

荷兰屋

村人民不再频繁使用屋内的壁炉,但壁炉开始出现在贵族的宅邸中。"英格兰女王玛丽一世统治时期,西班牙人看到英式建筑时曾表示:"英格兰人的屋子虽然都是用木桩和泥巴盖成的,但造价和国王的房子一样昂贵。"到了伊丽莎白一世统治时期,英格兰建筑再也无须遭受这种批评。

伊丽莎白一世执政时期,英格兰住宅的舒适度得到极大提升。威廉·哈里森说:"我所在的村庄里,还住着老一辈。据他们回忆,英格兰房屋已经发生三个非常奇妙的变化。第一,房屋的烟囱数量变多了。他们年轻时,英格兰山地城镇的房子最多只有两三个烟囱。第二,住宿条件得到极大改善。我们的祖辈过去只能睡在铺着草席的简陋小床上,枕着大块木桩睡觉。但现在,我们有床垫和枕头了。第三,盛食物用的木盘子全部换成了锡盘,木勺子也被银质或锡制的勺子代替。此外,老一辈摆脱了穷困潦倒的生活。现在,如果某个农夫和几个邻居在酒馆喝酒时,能够大大方方地打开钱包,炫耀里面的六先令,那么其他人可能拿不出更多的钱与他攀比。但我年轻时,农民就算不必交六七年的地租,依然觉得一年的收入微乎其微。现在,每家的壁橱都放着不少锡制餐盘,屋子里到处放着锡制容器。家家户户都有三四张罩着床罩、摆着织毯的羽毛床垫。雪白的细盐、一碗好酒及数根银勺就能带来闲适的生活。"

在剧本《辛白林》中,威廉·莎士比亚描述了贵族宅邸中房间里的华美家具和装饰。

> 她的卧室可挂着镶银丝锦呢!
> 那织锦上描绘的,
> 是高傲的埃及艳后出现在罗马人民面前的场面:
> 也许是小舟倾轧,也许是万丈豪情,
> 才会让塞德纳斯河①河水漫过河岸。

---

① 今贝尔丹河。——译者注

这织锦图案华美绚丽，丰富多彩，

实乃工艺上乘、价值连城的珍宝。

卧室南边便是烟囱；

壁炉架上刻着狄安娜女神沐浴的浮雕。

饰有基路伯①金像的房顶，已是锈迹斑斑；

壁炉架是两只眨眼的丘比特银像，

它们单脚站立，姿态优美地倚靠在壁炉横栏两侧。

当时，英格兰王国还不时兴地毯，房内的地上普遍铺满灯芯草。因此，罗密欧才会说出这样一句话：

让那些无忧无虑的公子哥

用他们的脚跟去拨动没知觉的灯芯草吧！

为体现热情好客的风俗，英格兰人在吃喝方面都十分大方。威廉·哈里森说，英格兰绅士"在小型场合，通常都要吃四到六道菜"。其中，会有许多不同种类的肉菜。"如果要把餐桌上的每道菜都尝一遍，就等于落入大量吃荤、迅速损害健康的圈套。在用餐时，我们本应顺其自然、各取所需，以有益的餐食满足胃口，维持身体机能。"英格兰王国的大人物会在自家大厅的高脚桌上用膳。而仆从会在较矮的餐桌上用餐，并且将餐后剩余的食物分发给穷人。威尼斯的玻璃制品凤毛麟角，但大人物最爱使用威尼斯玻璃杯具。众所周知，英格兰人素来贪杯，因此英格兰王国还引进了五十六种法兰西酒及三十种来自意大利、希腊、西班牙和卡纳里的酒。伊丽莎白一世统治时期，英格兰人逐渐知道陶瓷碗碟。1563年，英格兰人开始用刀取代徒手进食。直到1611年，他们才使

---

① 基路伯是神学中的超自然物体，各宗教圣书中均有此形象。基督教普遍视其为天使。——译者注

用叉子进食。当时的用餐时间也跟现在大不相同。贵族常在11时吃午餐,17时用晚饭。而农民会在13时吃午餐,19时吃晚饭。

伊丽莎白一世执政时期,英格兰人的衣着雍容而绚丽。爱慕虚荣的伊丽莎白一世总是身着华服,成为所有英格兰人争相模仿的对象,也引得许多清教徒义愤填膺,对她大加讽刺。当时,英格兰人尚未有自己的特色服饰,而是毫无品味地追逐异域风尚。他们的每件衣衫都是时下最流行的款式。出席重大场合时,英格兰人喜欢把不同风格的盛装混搭在一起。这看起来很是怪异。他们会给法兰西式、德意志式或西班牙式长裙配上"摩尔式外袍和原始皮毛衣袖"。女性的发髻样式不拘一格,男性的胡子也五花八门。有些男士还会佩戴耳环,"他们异想天开地认为,这样就能在很大程度上改变上帝创造男人时的巧思"。在英格兰,无论男女,都会佩戴草料或麻纱制的飞边。飞边用粉浆或金属线定型,边缘镶有宝石。伊丽莎白一世驾崩后,她的衣橱里还留着整整三千件由贵重面料制成的礼裙。这些礼裙都非常宽松,裙摆内还有填充物和衬垫,这样穿起来才不会过于贴身。同样,男性也会在马裤和上衣里加垫,使衣服整体看起来大得别扭。男性还习惯加披一件斗篷,"斗篷由丝绸、天鹅绒、锦缎或其他珍贵面料制成",上面绣有金色或银色的纹饰,肩部还缝着纽扣。大臣通常还会"在衣服上添加许多花草树木和动物图样,仿佛要将整个庄园穿在身上"。

伊丽莎白一世时期,"欢乐英格兰"这一称呼并非浪得虚名。后来,17世纪,英格兰王国废除了昔日流行的各类游戏和庆典。从此,英格兰人民的生活被烙上枯燥乏味的印记,至今难以消除。这便是17世纪清教思潮席卷英格兰的最佳铁证。伊丽莎白一世时期,英格兰的节日有圣诞节、元旦节、主显节前夜、主显节、圣烛节、忏悔节、复活节、五朔节等。每到这些节日,英格兰人民会举行游行盛会,遵照各种古老的传统庆祝节日。每个地方都有独特的历史性节日,各地人民会用比较粗野的方式庆祝节日。比如说,摩利斯舞及其中人物梅德·玛丽安和小约翰,以及木马秀、舞龙等表演,都让清教徒十分不满。他们认为，这些表演都是异教和迷信的余孽。除特殊节日之外，英格兰人民还会把周日当作每周的假日。每逢周日，各个村庄都会举办各类娱乐活动。此外，婚丧嫁娶、游园盛会也都是举办文娱活动的时机。

伦敦人最钟情于舞蹈、射箭、猎熊等消遣。伦敦最有时尚气息的街道是通向圣保罗大教堂的中央街道。打扮时髦的年轻人会来到街道两旁的裁缝店，让裁缝把做好的样衣拿出来。因为狭小的店面光线昏暗，不适合陈列样衣，所以年轻人会走到大街上，当众评价华美炫目的服饰。这样一来，路人虽然还没看到他穿上新衣的样子，但因为他把这衣服形容得如此华丽，路人也会对他的品位赞叹不已。晚饭前，一个男子出去散步。吃完晚饭回来时，他已经换了一

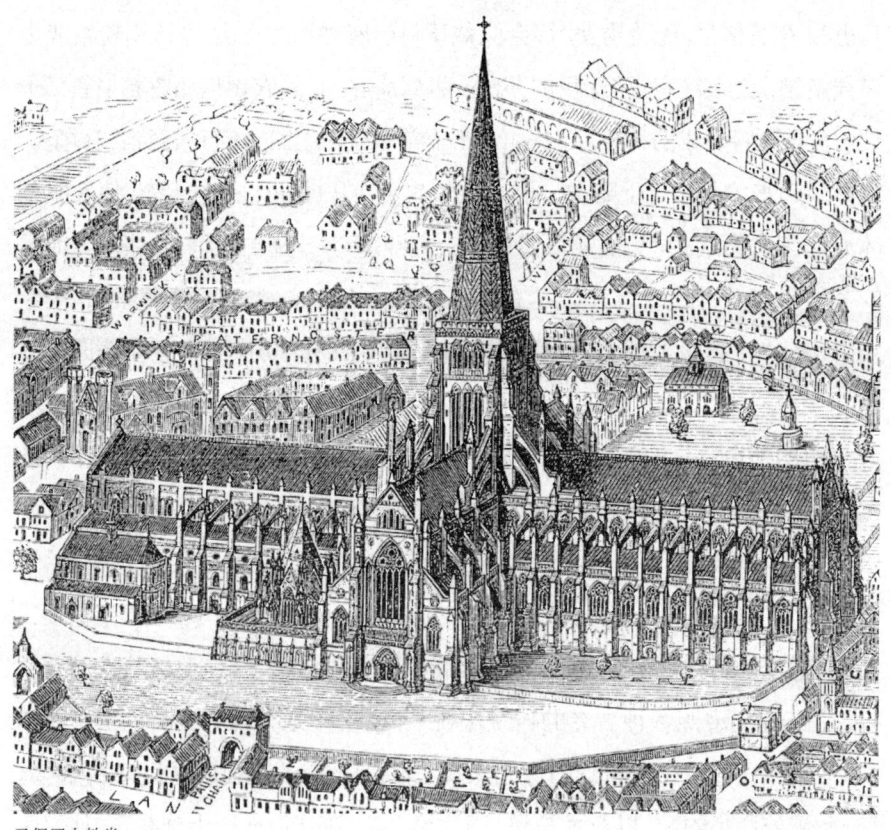

圣保罗大教堂

身衣服。为了吸引人们的目光，该男子会在弥撒进行过程中踏上唱诗班列队的台阶。这种举止是不被允许的，所以唱诗班其中一个男孩会马上走出队伍，对该男子收取罚款。这时，时髦男子就能秀出他"香气扑鼻的绣花钱袋"，让众人眼前一亮。他会高傲地"把钱袋里的钱币扔到男孩手里。尽管《圣经》宣读人的声音已经和教堂的风琴声一样洪亮，但钱币碰撞的声响竟比宣读人嗓音还要大"。炫富过后，男子会到书店走一圈，看看能否获得一些文学灵感。如果不能，他就会到烟草店去，因为当时烟草在伦敦已经十分流行[①]。

  伊丽莎白一世统治时期，戏剧突然大行其道，成为英格兰人民的晚间消遣。在这个慷慨激昂、热闹非凡的时代，人们开始对展示生活百态和民族力量的戏剧很感兴趣。充满冒险精神的英格兰人，渴望看到人类与命运抗争的场景，也非常希望欣赏人在恶劣环境下不断抗争的画面，从而获得满足感。伊丽莎白一世专用的演员队伍，以及在节庆时期才会出演假面剧和露天演出的贵族演员，当时都已参与公开表演。先前，英格兰"奇迹剧"已被宗教改革叫停。这时，需要有人为大众表演从前流行的"奇迹剧"。因此，公共剧场的数量迅速增长。最初，公共剧场环境非常简陋，内部看上去像旅店的庭院。起先，剧场也只用于表演戏剧。在这种简陋的剧院中，只有箱子和舞台顶上才有遮挡物，"可怜的后排观众"只能站着接受风吹雨打。剧院中的楼座将舞台分成两部分，这样就能保证楼座上观众的视野不被遮挡。刚开始，只有在周日晚上，剧院才有剧目。不久，演员们"每周都会演出四五天"。人们花费一两便士，便可坐在剧院过道或后排位置上，而一先令的位置视野更好。表演队伍里没有女性演员，女性角色通常都由男性扮演。观众基本不需要他人解释，就能自行理解台词的含义，对剧中人物的生活与追求有极大的兴趣。

  英格兰商业和海军的发展，使工业领域就业人数大幅上涨。因此，英格兰王国贫困人群的消极情绪逐渐退散。伊丽莎白一世之前的三位国王在位时，

---

① 1586年，沃尔特·雷利首次将烟草带入英格兰王国。——原注

英格兰王国的"壮硕乞丐"犹如劫匪一般，扰乱着整个国家。在相对和平的伊丽莎白一世时期，这类人的问题更容易解决。要合理处置"壮硕乞丐"，首先要着手扶持真正受疾病和贫穷困扰的人。所有教区每周都会为本教区的穷人发起募捐。如果教区无法发起募捐，教区法官有权在对教区形势做出衡量后，再安排济贫事宜。此外，各教区还会逐渐修建工厂和医院。终于，1601年《济贫法》为教区济贫体制奠定了基础。该法规规定，各郡县必须成立感化院，将部分税收拨给穷人做生活费。该税款的征收及发放，都由贫困人群监察员负责。《济贫法》实施后，英格兰贫困人群得到补助，流浪人数逐渐下降。但政府仍会对流浪者实施严厉的惩罚手段，每年至少对三百个干扰社会秩序的流浪者处以绞刑。据计算，当时，英格兰王国的流浪者人数不少于一万人。他们知道许多博取同情的伎俩，时而行乞，时而偷窃，时而成群结队地出没于街头，对行人施暴。流浪人口的数量虽然有所下降，但降速缓慢，因为这一人群的就业十分困难。农业领域并不需要更多劳动力，城镇商业的就业门槛也受到工会的严格把控。非工会成员或未曾做过普通学徒的人员都不能在城里从商。在伦敦，学徒是一个非常强大的团体。他们每时每刻都在准备制造骚乱。只要团体中有一人喊出"拿起棍子"，他们就会应声集结成群，誓要参与暴动。

威廉·莎士比亚曾在作品中提到过英格兰乡绅及贵族的各种职业：

身份低微之人，

都在敦促子女升迁：

有人踏上战场碰运气；

有人远航海外探孤岛；

有人苦读大学寻出路。

此外，我们还必须谈谈为求荣华富贵而不惜历尽艰险、在官场上寻求赏识的人。他们如果无法凭借自身地位在英格兰王国获得赏识，或者恼恨英格兰王

英格兰王国的"壮硕乞丐"

国官场的种种仕途限制，就会前往尼德兰或法兰西王国谋职，申请对西班牙王国发起海上远征，或者在北极或印度洋航海探索。钟情学术的人可以在神圣罗马帝国、法兰西王国或意大利求学。时至今日，意大利对英格兰王国仍有十分深远的影响，英格兰道德家也常因此深感悲痛。英格兰著名作家罗杰·阿斯卡姆说："英格兰人仿佛中了喀尔刻①的巫术一般，生活方式深受意大利文化的影响。影响他们的不仅仅是意大利糜烂的生活风气，更是意大利书籍中不切实际的观点。"

---

① 希腊神话中的巫术女神。——译者注

第22章

# 伊丽莎白一世时期的文学

**精彩看点**

文坛兴盛的缘由——学术大力发展——意大利文学的影响——历史研究——英格兰散文作家——约翰·利利与尤弗伊斯体——菲利普·悉尼——乔治·帕特纳姆与弗朗西斯·培根——哲学家弗朗西斯·培根——爱情诗——菲利普·悉尼的十四行诗——埃德蒙·斯潘塞——《仙后》——戏剧——罗伯特·格林——克里斯托弗·马洛的剧作——威廉·莎士比亚——伊丽莎白一世统治后期的英格兰剧作家

伊丽莎白一世统治时期，各领域繁荣发展。英格兰文学迸发出无尽活力。当时，文学创作几乎是利润最少的行当。然而，英格兰出现了一种思潮：文学与个人思想的表达有关。无论如何，在某个时代，人们如果必须思考个人的权利和力量，就应该以最强有力的语言表达相关观念。由此可见，在伊丽莎白一世执政时期，英格兰人已经逐渐认识到本国国力强盛，对自身力量的认知也逐渐清晰。他们已经看到世界波澜壮阔的景象，同时开始了解眼前种种社会问题的复杂性。在危机重重的岁月里，英格兰人已经认识到，为了求发展，每个人都可以发挥无限潜能。英格兰人只要怀抱远大志向，凭借满腔热血与无边智慧，就一定能成就一番事业。他们开始觉察到自身的价值，并且十分了解自己的长处。

此外，英格兰人生活得愈加安逸闲适，也有了更多陶冶情操的时间。15世纪，意大利再次掀起书信风潮。同时，在英格兰王国，书信风潮慢慢初现波澜。在动乱时期的英格兰王国，学术难以得到传播。相比之下，在学术领域，神圣罗马帝国和法兰西王国遥遥领先。英格兰国王亨利八世和爱德华六世先前创立的文法学校已慢慢开始取得成绩。但在英格兰女王玛丽一世统治时期，英格兰学术再度衰退。当时，英格兰王国众多大学的发展已几乎到达低谷。当时，知识在宗教纷争面前已不值一提。人们对宗教迫害的畏惧钳制了思想自由。直到伊丽莎白一世执政,各大院校才得以再度复兴。伊丽莎白一世急欲推动大学的发展,并经常亲自访问各大院校,旨在激励众多大学院校不断向前发展。

很快,英格兰王国开始受到意大利文学的影响。早在亨利八世执政时期,英格兰王国已出现萨里伯爵亨利·霍华德和托马斯·怀亚特两位文豪。乔治·帕特纳姆称两人为"宫廷作家",他表示:"两位先生曾旅居意大利,阅遍

萨里伯爵亨利·霍华德

小托马斯·怀亚特

意大利的优美诗歌,学习了其中优美、华丽的创作风格。他们在意大利学到的文学技艺极大地美化了英格兰粗犷朴实的文风。"萨里伯爵亨利·霍华德和小托马斯·怀亚特将十四行诗引入英格兰王国。多愁善感的英格兰诗人如果要发挥奇思妙想,就会采用再适合不过的十四行诗。此后,十四行诗一直是英格兰诗歌创作的主要形式。萨里伯爵亨利·霍华德在翻译维吉尔的《埃涅阿斯纪》第二卷时,还曾采用无韵诗的体裁。很快,英格兰的译著数量激增。此外,约翰·哈林顿曾翻译诗人卢多维科·阿廖斯托的代表作《疯狂的奥兰多》。爱德华·费尔法克斯翻译了托尔夸托·塔索的《被解放的耶路撒冷》。乔治·查普曼曾翻译荷马的《伊利亚特》。

约翰·哈林顿

卢多维科·阿廖斯托

托尔夸托·塔索

乔治·查普曼

伊丽莎白一世执政时期,英格兰人民学习国家历史的热情无比高涨。马修·帕克率先做出示范,殚精竭虑地收集在亨利八世解散修道院过程中散佚各处的史册与文件,以防史料被毁。在威廉·哈里森等人的协助下,史学家拉斐尔·霍林斯赫德编纂了《英格兰、苏格兰和爱尔兰编年史》。此书体现了英格兰人对本国历史前所未有的强烈兴趣。约翰·斯托是一个勤勉的古文物研究者。为了研究英格兰王国各地的历史书稿,他曾徒步穿越英格兰王国国土。如今,约翰·斯托的《伦敦调查》仍是帮助我们了解伦敦早期历史的信息宝库。约翰·斯托带着满腔的考古热情,为了自己钟爱的事业"不惜搭上一切物资,还花光了所有积蓄"。詹姆斯一世继承英格兰王位时,约翰·斯托的生活已捉

约翰·斯托

威廉·卡姆登

襟见肘。因此,詹姆斯一世允许他向各大教堂申请救济金。理查德·哈克卢特十分痴迷于研究英格兰人航海旅程的地理价值。因此,他搜集了许多航海家的自述,对其加以整理后成册出版。随着时间的推移,伊丽莎白一世统治时期的历史研究形式愈加多样。例如,威斯敏斯特学院院长威廉·卡姆登出版了书籍《不列颠尼亚》。伊丽莎白一世驾崩后,威廉·卡姆登记录了她在位时期的英格兰王国历史。与先前的编年史作者相比,威廉·卡姆登记载历史的范围更广,政治洞见更深入。塞缪尔·丹尼尔的《英国史》、理查德·诺尔斯的《土耳其史》和沃尔特·雷利的《世界史》都表明,英格兰王国历史著作已经展现出更深远、广博的历史观念。在英格兰王国,这一现象前所未见。这也是英格兰文学批评史的真正起源。

意大利文学对英格兰王国产生的影响并非完全有益。英格兰文学家刻意模仿意大利文风，笔下的文字愈加矫揉造作、迂腐不堪。他们太在意作品的形式和风格，用晦涩的文字取代清晰的遣词，字里行间毫无思想深度可言。比起表达思想，英格兰作家更渴望用难懂的象征手法及牵强附会的暗示来包装观点。伊丽莎白一世统治早期，一些文笔较简约的作家对这种国外的造作文风十分不满。伊丽莎白一世和简·格雷夫人的家庭教师罗杰·阿斯卡姆就曾总结出一条规律："要想写出好作品，就必须用常人惯用的语言，去体现智者的思

简·格雷夫人与家庭教师罗杰·阿斯卡姆

托马斯·威尔逊

想。优秀的作者,其文字应该被世人理解,被智者称赞。然而,很多英格兰作家像拉丁人、法兰西人及意大利人一样,写作时用词十分古怪,搅得文坛污浊不堪。"罗杰·阿斯卡姆极具文学经验,也是伊丽莎白一世的拉丁文秘书。他著有世界上第一本英文经典教育论著《教师手册》,还以精炼的对话形式创作了《箭术爱好》。托马斯·威尔逊同样大力批判当时的英格兰文学风格,希望遏制这种无节制的模仿行为。"有些英格兰作家写作时,在语言上过于追求明显的异域风格,已完全忘却母语的行文方法。曾游历海外的英格兰作家归国后还总穿着奇装异服。他们说话时,字里行间都会夹杂外语。他们爱故弄玄虚,讲些让人云里雾里的谚语和寓言。他们自娱自乐地说着模糊不清的话,让众人不知所云。"

尤弗伊斯体是一种十分造作的文体。1561年，约翰·利利《尤弗伊斯传奇》一书的出版，标志着尤弗伊斯体的发展达到顶峰。《尤弗伊斯传奇》主要讲述一个雅典年轻人的简单故事。起先，这个雅典年轻人在那不勒斯生活，后移居到英格兰王国。作为一条线索，此书的故事情节将所有关于爱情、教育、友谊和其他言论的感悟贯穿起来。全书多用对偶修辞手法，修饰性文字繁多，但思想十分细腻。约翰·利利认为，此书主要为女性读者而作。他表示："《尤弗伊斯传奇》这种精致的书应该被合上，像珠宝一样放在女性的首饰盒里，而不该放在学者的书房里。"怀着这样的理念，约翰·利利实现了撰写此书的目的。英格兰宫廷中的所有女性都已成为钻研此书的"学者"。由此，一种新文风诞生。这种新文风被命名为"尤弗伊斯体"。此后，尤弗伊斯体蔚然成风，在英格兰宫廷中盛极一时。威廉·莎士比亚曾在他的《空爱一场》里，借剧中追求完美

威廉·莎士比亚

的阿马多讽刺尤弗伊斯体。威廉·莎士比亚还把荷罗孚尼塑造成一个十分迂腐、喜欢糟蹋英语文字的人。尤弗伊斯体大获成功，也源自伊丽莎白一世的大力支持。伊丽莎白一世十分擅于运用语言表达自己的奇思妙想。因此，尤弗伊斯体似乎是为她量身定制的文体。尤弗伊斯体语言乍一看十分严谨仔细，实际非常冗长。实际上，这种风格的语言含糊不清，没有任何确切意义。这种模棱两可、毫不确切却高雅体面的文字风格最得伊丽莎白一世的欢心。

　　菲利普·悉尼将英格兰散文文风变得更加清晰明了。他最早的文学作品是假面剧剧本《五月女王》。在《五月女王》中，菲利普·悉尼用滑稽的笔触，描述、讽刺了迂腐矫揉的谈话形式。毫无疑问，在创作传奇散文《阿卡狄亚》时，菲利普·悉尼曾受到约翰·利利《尤弗伊斯传奇》写作风格的影响。但与《尤弗伊斯传奇》相比，《阿卡狄亚》的写作方式已有很大改进。《阿卡狄亚》的故事情节更连贯，常借用事件和故事情节阐述道理，而非直接说教。然而，《阿卡狄亚》的故事中既有充满骑士精神的情节，又有十分传统的桥段，读来令人费解。在《阿卡狄亚》中，菲利普·悉尼虽然抨击了学究式文风，但不可避免地用了许多浮夸矫饰的表达，写作风格和手法稍嫌牵强附会。伊丽莎白一世统治时期，唯一一部未受矫揉文风影响的作品或许只有菲利普·悉尼的《诗辩》。《诗辩》是一部关于想象力的论著，全面阐述了如何合理运用想象力。书中的理念与当时英格兰清教倾向相左。在《诗辩》中，菲利普·悉尼说道："大自然从未像各位诗人一样，为苍茫大地铺就如此华丽的锦饰。诗人描绘了清澈的河流、硕果累累的绿树、芬芳馥郁的花朵，以及一切让这片迷人大地更美好的事物。自然界就如一块黄铜，而诗人却把世界绘作黄金。"菲利普·悉尼还在《诗辩》中写道，"我从未听过那首关于诺森伯兰伯爵亨利·珀西和道格拉斯伯爵詹姆斯·道格拉斯的曲子[①]。我发现，这首曲子的节奏无法像高昂的小号一般，让我的心一起律动。"在此类文章中，我们都

---

① 指《切维厄特猎场之歌》，英格兰著名传统民谣。——译者注

能感受到生命和美感带来的欢乐，捕捉到内心深处一闪而过的思绪，以及积极的精神力量。正是这些感受，鼓舞着伊丽莎白一世统治时期的英格兰人为自己的人生和整个英格兰文坛留下光辉事迹。

整个伊丽莎白一世统治时期，英格兰散文写作一直在往简化文笔和详述内容的方向发展。在1589年问世的《诗歌的艺术》里，乔治·帕特纳姆尝试进行严厉的文学批评，试图在学究式文风和非规范语言现象之间寻找平衡，并且向大众说明，如何在不限制英语发展的情况下，使这门语言变得更丰富。实际上，让英语更充盈的作品出自弗朗西斯·培根之手。1597年，弗朗西斯·培根发表了第一版《论说文集》。《论说文集》字里行间充满想象力，表达清晰。在当时的英格兰文学界，这种文风着实令人耳目一新。《论说文集》"阐述扼要，着墨慎重，从不哗众取宠"。弗朗西斯·培根说，他书中的字句，体现了他在伊丽莎白一世时代的从政生涯。从政期间，他的思想日渐成熟，政治智慧逐渐苏醒。弗朗西斯·培根的文字饱含意义深远的政论，细致分析了人类社会各种力量的规律，并且深入分析了影响人们日常行动的动机，内容深刻、简明扼要。弗朗西斯·培根从不拘泥于矫揉的文字表达形式，想象力十分丰富又不过分张扬。在写作中，他大量运用的意象都经过悉心挑选，使文字内容更明晰。弗朗西斯·培根严肃、认真、思想深刻，他的文笔又使他的思想更清晰而富有力量。他的语言风格不算浅显通畅，但仍非常简洁、严谨。弗朗西斯·培根的《论说文集》将永远被视为英格兰文学风格的标准范例之一。

然而，在英格兰文学界，弗朗西斯·培根有一个更重要的身份。他首次明确提出了与形而上学思辨法相对的归纳逻辑，并且认为知识并非通过仔细观察大自然而来，而是只有开动脑筋才能获得。弗朗西斯·培根让人们不再咬文嚼字地争辩，而是观察身边的世界。在哲学领域，弗朗西斯·培根还是新手，他的研究方法还存在缺点。但在现代科学领域，他仍然是将现代科学基本研究原则发扬光大的先驱。在巨著《新工具》中，他首次提出逻辑归纳的科学理念。但直到1620年，《新工具》才得以出版。《新工具》的问世，让伊丽莎白一世浅时期的英格兰人民对世界的认识愈加多样，也使人们的思想变得更深刻。

伊丽莎白一世时代，最璀璨的文学历史是由英格兰诗人和剧作家书写的。他们通过自身的想象力，以最恰当的方式表达了英格兰人用于探索世界的新精神。当时，写诗是每个绅士的必备技能。所有风花雪月的爱恋都需通过一句句含情脉脉、文采斐然的诗句来抒发。

> 然后是情人，
> 像炉灶一样叹着气，写了一首悲哀的诗歌，
> 咏着他恋人的眉毛。

在伊丽莎白一世时代的诗歌作品中，这种诗句比比皆是。这种创作方式一定程度上是在模仿意大利诗人彼得拉克的十四行诗。彼得拉克爱描写不同阶段的感情，表达自己对佳人劳拉的深切爱意。伊丽莎白一世时代，英格兰人行动不再迟缓，思维更加敏捷。人们用清晰的思维和有力的言辞抒发内心丰富、热烈的感情。他们的笔调时而激情洋溢，时而天马行空。他们会用细腻的文字描绘出让人赏心悦目的画面。伊丽莎白一世时代的英格兰诗人偶尔会将美好的幻想交织在形式严谨的十四行诗中。有时，他们会把思绪和情意从日常琐事中解放出来，融入笔下的田园牧歌，置于诗中朴素的朦胧意境。有时，诗人脑海中对古老爱情故事的追忆也会驱使他们激情澎湃地重述缱绻的爱情往事。

讲到爱情诗，我们也许会想到菲利普·悉尼。当时，菲利普·悉尼已经开始用华丽的辞藻歌颂他心仪的佳人。后来，菲利普·悉尼慢慢冲破矫饰的枷锁，学着让笔下的文字更自然流畅。他在诗中写道：

> 我苦寻恰当的字眼描绘我的愁容，
> 我尽思精妙的主题博取她的欢颜，

为此，我阅尽他人的杰作佳书，

想为我干涸的头脑浇灌甘露，

但字眼总是别扭，主题依然生硬。

最后，这位笔耕不辍的文坛学者恍然大悟：

我口咬秃笔，千般沮丧，万分苦痛，

这时，缪斯嘱咐我："看清你的内心，再去下笔。"

菲利普·悉尼的十四行诗和各类诗歌充满美妙幻想。在诗作中，他通过光怪陆离的想象，展现自己千变万化的思想感情。

如果说意大利让伊丽莎白一世时代的作家学会用十四行诗抒写爱情，那么意大利诗人卢多维科·阿廖斯托和托尔夸托·塔索的史诗同样对英格兰文坛带来了巨大的影响。前文已经提到，这两位意大利文豪的诗歌传到英格兰王国后，便被迅速地翻译为英文，不久还引得埃德蒙·斯潘塞追捧和模仿。埃德蒙·斯潘塞的《仙后》就是伊丽莎白一世时代十分著名的英格兰长篇史诗。埃德蒙·斯潘塞曾就读于剑桥大学，在罗伯特·达德利及其外甥菲利普·悉尼的资助下生活。

1580年，埃德蒙·斯潘塞前往爱尔兰王国，出任爱尔兰布政司。他的余生几乎都在爱尔兰王国度过。其间，他时常居住在科克郡附近的基尔科曼，并且获得了基尔科曼一片三千英亩的封地。1598年，在蒂龙的一次暴乱中，埃德蒙·斯潘塞的居所被烧毁。他被迫逃往英格兰王国。1599年，在伦敦，埃德蒙·斯潘塞去世。即使在爱尔兰王国过着与世隔绝的生活，埃德蒙·斯潘塞也不忘深深关切着英格兰王国的纷繁是非。他曾在《科林·克劳特归家》中提到挚友沃尔特·雷利，称他是"海洋的牧羊人"。此外，埃德蒙·斯潘塞还写下哀歌《爱星者》，沉痛悼念已故的菲利普·悉尼。埃德蒙·斯潘塞的宗教观念使他的诗作具有很强的激励性。从他的诗歌中，我们能看到早期的新教教徒思想，能读出新教教徒对天主教的憎恶，也能体会到伊丽莎白一世已收获多少新教教徒的忠肝义胆。

埃德蒙·斯潘塞的《仙后》是伊丽莎白一世时代最典型的诗歌作品。在创作此诗时，站在近代历史起点的埃德蒙·斯潘塞采用旧诗体来描绘新的理想生活。过往的英格兰骑士精神早已消逝，但舌战、比武、夺标赛和博得女士青睐的游戏得以保留，成为节庆时伊丽莎白一世宫廷中的娱乐项目。骑士制度仍未被世人遗忘，但骑士精神已逐渐消失。埃德蒙·斯潘塞的目标便是在往日索然无味的制度框架中再次注入鲜活生命。他将新时代的宗教和政治精神融入旧式骑士传奇的意象中。埃德蒙·斯潘塞心中有一片遥远的土地，其轮廓朦胧，笼罩着柔和梦幻的薄雾。在那片土地上，他任凭想象力恣意驰骋，以骑士与女士的形象，勾勒出焕然一新的俗世道德面貌。他的文字远离凡尘喧嚣，透出一派平静祥和。

> 在灰白如霜的莫尔山山脚下，
> 我把羊群赶到凉爽的树荫下，
> 那里正是穆拉河河岸的碧翠桤木林。

在理想世界中，埃德蒙·斯潘塞加入了幻想出来的各种生灵。埃德蒙·斯潘塞不费吹灰之力，冲破现实的束缚，用想象临摹了一幅幅画卷，描绘出一个个场景，在自己创造的世界中来去自如。这个世界尽管与日常生活相差很远，却并未过分偏离常人思维，或者完全失真。在这个世界里，美德与罪恶不断冲撞，人人都怀有崇高的追求和雄心壮志，都会为了目标不懈努力和艰苦奋斗。在追求更高目标的路上，在一次次考验与尝试中，人的灵魂也不断地升华。《仙后》中没有丝毫激昂刚烈的文字，一切画面都呈现出平静祥和的氛围。埃德蒙·斯潘塞追求的是沉着之人的平稳心态。因此，《仙后》最突出的语言特点便是其纯净与柔和之气。埃德蒙·斯潘塞为人克己自持，成就了《仙后》庄严文雅的气质，使该诗极具魅力。《仙后》不愧为伊丽莎白一世时代优良文学涵养的丰碑。

不过，伊丽莎白一世统治时期的英格兰文坛之所以声名卓著，是因为当时欣欣向荣的英格兰戏剧。人们新生的求知欲开始指向人类生活、人类命运及人类本身。大家不约而同地对这三个方面产生好奇，而大众对戏剧的喜爱恰好让这种好奇心得到释放。伊丽莎白一世时期正值英格兰戏剧萌芽期。威廉·莎士比亚的各类戏剧也在这一时期攀上顶峰。

《拉尔夫·罗伊斯特-多伊斯特》是最早的英格兰喜剧。此剧创作于亨利八世时期，作者是伊顿公学校长尼古拉·尤德尔。《拉尔夫·罗伊斯特-多伊斯特》是在拉丁喜剧框架基础上创作的，主要讲述一个傻子追求富孀的经历。

约翰·斯蒂尔

多塞特伯爵托马斯·萨克维尔

1560年左右,《葛顿老太太的针》写成,据说是由约翰·斯蒂尔所作。此剧剧情格外滑稽,故事内容主要是小村庄里一个老太太丢了针,在村里引起骚动,后来还造成一系列误会。在悲剧创作方面,多塞特伯爵托马斯·萨克维尔独领风骚。他笔下的剧目有1562年上演的《高布达克》[①]。《高布达克》脱胎自一个

---

① 此剧又名《费雷克斯与波雷克斯》。——原注

克里斯托弗·马洛

古老的英格兰历史事件,剧情涉及王室纷争、仇怨和杀戮。其实,《高布达克》更像是人物自述而不是戏剧。在舞台上,剧中人物只需稍做动作每一幕剧开演前,都会有一段哑剧表演,点明该剧主旨。

直到1586年左右,英格兰人的文学热情达到顶峰时,克里斯托弗·马洛才开始撰写作品。随后,罗伯特·格林、乔治·皮尔、托马斯·纳什和威廉·莎士比亚,同样佳作频出。

克里斯托弗·马洛、罗伯特·格林和乔治·皮尔皆就读于牛津大学。在伦敦，三人度过一段浑浑噩噩的时光后，便在当地定居，开始狂热的文学生涯。他们和另外一些志趣相投的人一道，组成一个放荡不羁的小圈子，整日流连酒馆，总是口出狂言、捉弄他人，纵情于声色。

罗伯特·格林不仅是剧作家，还是故事作家，主要根据意大利故事的模板写作。从罗伯特·格林的奇妙经历中，我们更能了解他的一生。离开剑桥大学后，罗伯特·格林先后旅居意大利和西班牙王国。在意大利和西班牙王国，他"看到了许多让人不忍详述的堕落现象，还染上了奢靡的恶习"。回到英格兰王国后，他"总爱穿着一身招摇的丝绸衣裳。似乎没有哪一个住处能够让他称心如意，他也从未安稳踏实地常任某个职务"。罗伯特·格林说道："当时，少年老成的我认为所有有利可图的行当都是坏勾当。因此，我痴迷于玩世不恭的生活。众生以崇敬神明为荣，我却以作恶多端为乐。"但在后半生，罗伯特·格林开始认为"有利可图的行当不再是坏事"。后来，他娶了妻却又弃妻而去，漫无目的地到处闲游。有时，他会陷入哀伤懊悔。然而，如果能随便写些故事和小册子赚点儿零花钱，他又会马上沉沦于灯红酒绿。后来，由于酗酒和过度食用腌制鲱鱼，罗伯特·格林英年早逝，年仅三十四岁。死前，他身无分文，生活愁云惨雾。

罗伯特·格林的人生就是圈子里其他同伴的写照。而克里斯托弗·马洛的遭遇更令人唏嘘：二十八岁这年，他在一家酒馆闹事时被人用刀刺死。克里斯托弗·马洛和罗伯特·格林除因生活放荡饱受诟病之外，还曾因公开宣扬无神论而遭人谴责。

上述众多英格兰剧作家狂野桀骜，可见伊丽莎白一世时期戏剧发展史的序幕决不会风平浪静。克里斯托弗·马洛的作品充满了愤怒与欲望，散发着浓烈的邪魅气息。

在戏剧《马耳他岛的犹太人》中，克里斯托弗·马洛以极其恢宏的场面展现人性之恶。故事里的犹太人心狠手辣，犯下滔天罪行——对亲生女儿痛下

尼科洛·马基雅维利

杀手却喜不自胜。此剧的开场白由尼科洛·马基雅维利亲自朗诵,其中有两句"箴言":

> 我认为宗教不过是幼稚的玩物,
> 世界上除了无知便别无它罪。

克里斯托弗·马洛的戏剧《福斯图斯博士的悲剧》主要讲述了难以抵挡的求知欲与权欲对人的影响。剧中展现了人们极度渴望挣脱种种人生限制,牺牲未来前景,换取沉醉于功名的数年时光。这个思想内核如此深刻的作品竟出自一个年轻作家之手,对此,我们难免深感震惊。剧中,得知自己获得控制灵魂的魔力时，福斯图斯博士兴奋的大喊大叫充分展示了伊丽莎白一世时代英格兰人的欲望。

> 我要让这些灵魂飘到印度寻金，
> 为夺东方的珠宝洗劫整片海域，
> 把新大陆的每个角落都搜个干净，
> 抢来其中的美好成果和奢华精品。
> 我要让这些灵魂阅览我的崭新理念，
> 将所有异国君主的秘密尽述人间；
> 我要让这些灵魂用黄铜围堵德意志人，
> 以奔流不息的莱茵河环绕威滕伯格；
> 我要让这些灵魂给公学送去大批丝缎，
> 从此所有学子都能身着华丽服饰；
> 我要用战后所获的钱财征招士兵，
> 把帕尔马公爵逐出英格兰的领地，
> 随后成为统领尼德兰的君主；
> 是啊，这些增强战力的举措怪异无比，
> 不及安特卫普大桥下的火船威猛无敌，
> 但我仍会让麾下的卑屈灵魂竭尽全力。

我们之所以花费大量篇幅详述克里斯托弗·马洛，是因为他是个野心难驯、欲壑难填的典型人物。正是他给伊丽莎白一世时代的英格兰冒险精神注入了动力，为英格兰人开拓了崭新的视野。为了在新领域占据高地，英格兰人疯狂向前奔驰。带着勃发的兴奋感，他们急匆匆地在新奇事物中寻找最奇妙、怪异及让人震惊的东西。在想象的世界里，克里斯托弗·马洛喜欢将人的天性拔高到神的水平。对他来说，平淡无奇的人物及其举动都毫无吸引力，他无比痴迷地勾画那些泛滥的怒意、罪恶和欲望。但克里斯托弗·马洛仍是一个十分杰出的剧作家。他的想象力无比强大，可以构筑出栩栩如生的幻境，刻画人类的激情时夸张却不失真实。他笔下的所有文字都带有天赋的烙印。至于他的个性缺陷，本该在岁月锤炼下逐渐消失。此外，在剧情设置、情节安排和舞台效果方面，克里斯托弗·马洛的见解都远胜于诸多前辈。因此，他是这个时代当之无愧的戏剧艺术家。

克里斯托弗·马洛最早的剧作问世时，威廉·莎士比亚刚刚来到伦敦谋生。威廉·莎士比亚的父亲约翰·莎士比亚是斯特拉福德昂埃文的一个富商。然而，威廉·莎士比亚年少时，恰逢家道中落。十九岁时，威廉·莎士比亚娶了比自己大八岁的安妮·哈撒韦。后来，威廉·莎士比亚的生活越发窘迫。有传言称，他曾在地方长官托马斯·露西的公园里偷猎。因此，威廉·莎士比亚不得不抛妻弃子，离开斯特拉福德，到伦敦碰碰运气。二十二岁时，他抵达伦敦，随后成为一个演员。我们无法得知威廉·莎士比亚在伦敦的生活状况，也无从寻觅他成为诗人的缘由。我们只知道，威廉·莎士比亚最早的作品是《维纳斯与阿多尼斯》。这是他献给南安普敦伯爵亨利·赖奥思利[①]的一篇叙事长诗。不久，威廉·莎士比亚开始尝试戏剧创作。刚开始，他创作的都是喜剧。这些喜剧后来都成了戏剧界脍炙人口的剧目。威廉·莎士比亚最早的剧作《空爱一场》情节十分简单，旨在讽刺尤弗伊斯体和学究式文风。《错中错》改编自一个拉丁文喜剧。在此剧中，威廉·莎士比亚并未通过塑造人物来娱乐大众，而是让各种复杂元素共同发挥作用，达到喜剧效果。在《仲夏夜之梦》的开头，威廉·莎士比亚的想象力就已喷涌而出，毫无拘束。他勾勒的仙境美轮美奂，仙境里的精灵周身仙气，人间的笨拙小丑忙着彩排，两相对比，整个戏剧便充满张力。我们无从得知威廉·莎士比亚学习写作的过程，只能通过剧作的先后顺序，猜测他提升写作能力的过程。威廉·莎士比亚的多数剧目都是在他人要求之

---

[①] 南安普敦伯爵亨利·赖奥思利一直是莎士比亚的资助人。——原注

南安普敦伯爵亨利·赖奥思利

下创作的。威廉·莎士比亚会对剧院里的老旧故事、传奇或历史事件的剧本进行加工，将某些剧本完全改编成自己的版本，而对另一些剧本就只稍做改动，仅仅详写部分剧情。当时，和英格兰历史事件相关的戏剧表演非常受欢迎。威廉·莎士比亚的历史剧体现了英格兰人对英格兰重大事件和关键人物的看法，趣味盎然。为了满足剧院的需求，威廉·莎士比亚的创作速度非常快。不久，他声名鹊起，连伊丽莎白一世都成了他的剧迷。据说，当时，伊丽莎白一世想看福斯塔夫①的爱情故事。于是，威廉·莎士比亚写下《温莎的风流娘儿们》，满

威廉·莎士比亚笔下的福斯塔夫形象

① 威廉·莎士比亚的历史剧《亨利四世》中的人物。——译者注

威廉·莎士比亚笔下的李尔王形象

足伊丽莎白一世的愿望。刚开始,威廉·莎士比亚曾将自己的剧本出版成册。但成名以后,他不再出版作品,因为只有将剧本改编成剧目,才能让他广开财源。1600年以后的余生里,威廉·莎士比亚只出版了《哈姆雷特》和《李尔王》两部作品。尽管在伦敦他名望很高,但他似乎始终只热爱自己的本职工作。威廉·莎士比亚虽然经常和当时的一群才子美人在酒馆小酌，但不会把所有收入花费在享乐上，而是用大部分积蓄买下了斯特拉福德附近的一块地。和克里斯托弗·马洛不同的是，威廉·莎士比亚并不恃才放旷。他对生命意义的体悟更透彻，因此十分循规蹈矩，克己自持。威廉·莎士比亚具有很强的洞察力，情感丰富，更懂得关怀他人，举止也比常人更谨慎，从不逾矩。离开伦敦后，威廉·莎士比亚在斯特拉福德安度晚年。1616年，在斯特拉福德，威廉·莎士比亚去世，享年五十一岁。

我们无法用伊丽莎白一世时代的任何人物特征，来诠释威廉·莎士比亚的一生。我们也无法解释，他的经验与知识到底从何而来。一般人通过分析和评论，都只能得知某些事实，却无法说明其中难解的真谛，提出细致观点和辨别细微差异。但威廉·莎士比亚能凭借想象力，纵览一切真谛、观点和差异，并且一一将其描绘出来。许多人都试图撰文，论述威廉·莎士比亚掌握的各领域专业知识，分析他曾接受过的相关学科的技术训练。然而，我们依旧无法辨明威廉·莎士比亚的性格特点，也不能妄言他的任何特殊情绪倾向。无论是对诡计多端的理查三世，还是对勇猛果敢的亨利五世，威廉·莎士比亚都了如指掌。此外，他还将作品里的人物性格描绘得十分细致。比如说，奥赛罗忌妒心重，《亨利四世》里的福斯塔夫骄纵放荡，《罗密欧与朱丽叶》中的马库修足智多谋，《威尼斯商人》里的夏洛克报复心强。威廉·莎士比亚笔下的悲剧和喜剧都同样出众。他那只执笔的巨匠之手总能精准无误地概括出人类生活的完整面貌。仔细观察威廉·莎士比亚的人生道路，我们可以从他的剧作中发现，他的思虑愈加深刻，表达也越来越严肃。在《威尼斯商人》中，威廉·莎士比亚看待人生百态的目光变得更深沉。他看待人们生活与命运的方式仿佛在顷刻之间发生了微妙变化。《皆大欢喜》进一步体现了威廉·莎士比亚深刻的思想。《皆大欢喜》着墨于生活中种种矛盾，认为人生终会"苦尽甘来"。但剧中雅克冷嘲热讽的说教与乡下人"试金石"敦厚务实的智慧形成强烈对比，呈现出不同人物在面对人生难题时的不同解决方式。在《哈姆雷特》中，威

罗密欧与朱丽叶

廉·莎士比亚着重刻画人类与命运抗争到底的精神，灵魂与周遭人事的冲突，以及扰乱无辜者生活的骇人罪恶。《哈姆雷特》通篇见解无比深刻，揭示了人类生活的无数问题与特性。时至今日，人们仍在乐此不疲地揣测这部作品。威廉·莎士比亚的兴趣爱好似乎永无穷尽。《暴风雨》是威廉·莎士比亚的晚期作品之一。在此剧中，他用旅行者口中的传奇故事激起观众的好奇心，并且以各种奇幻场景促使人们探寻人性。剧中的丑怪角色卡利班，时而充满人性，时而野性难驯。他的灵魂里潜藏着低等动物的兽性，骨子里是个自私狡诈的

丑怪角色卡利班

粗鄙之人。《暴风雨》和《仲夏夜之梦》都涉及超自然情节。他再次通过《暴风雨》，带领读者进入神怪世界。但威廉·莎士比亚晚期的神怪故事和他青年时期的作品大相径庭。在《暴风雨》中，鬼神不再自如活动，也不再时刻关心人类命运。它们受到人类意志的控制，并且会听令行事。《暴风雨》和《仲夏夜之梦》展现的想象力都让我们为之折服。威廉·莎士比亚将鬼神之事勾勒得形神俱备，让读者几乎信以为真。《暴风雨》充满稚气幻想，洋溢着无边的喜悦，为整个世界染上美妙而梦幻的斑斓色彩。但随着年龄的增长，威廉·莎士比亚的想象力逐渐被对现实的疑问和沉思取代。他开始关注现实中无法解决的问题。因此，将《仲夏夜之梦》写得轻盈幻妙的威廉·莎士比亚在《暴风雨》中改用严肃的文字。此时，威廉·莎士比亚的学识更胜从前，对世界却更满怀疑虑。在享受权利的同时，他感受到了随之而来的辛酸。正如威廉·莎士比亚在《暴风雨》中所说：

> 如同这虚无缥缈的幻景一样，入云的楼阁、瑰丽的宫殿、庄严的神殿，甚至地球自身，以及地球上的一切，都将消散，就像这一场幻景，连一点烟云的影子都不曾留下。构成我们的料子也就是那梦幻的料子。我们的短暂的一生，前后都环绕在酣睡之中。

威廉·莎士比亚的文学造诣，让伊丽莎白一世时代的英格兰戏剧登上了辉煌的巅峰。年轻时，威廉·莎士比亚目睹了才华横溢、风华正茂的克里斯托弗·马洛。到了暮年，威廉·莎士比亚还曾见证大批新人剧作家涌现，包括约翰·韦伯斯特、约翰·福特、菲利普·马辛杰、乔治·查普曼、托马斯·米德尔顿、本·琼森、弗朗西斯·博蒙特和约翰·弗莱切。这些后起之秀有权有势，但都不具备威廉·莎士比亚那样广阔而深刻的见识。其中，本·琼森最负盛名。他非常善于从当时的家庭生活中取材，创作喜剧，也因此声名远扬。本·琼森以自身学识为傲，甚至想开创一种更严谨的创作风格，取代威廉·莎士比亚无拘

菲利普·马辛杰

托马斯·米德尔顿

本·琼森

弗朗西斯·博蒙特

无束的文风。往后的岁月里，英格兰戏剧不断蓬勃发展。但后来，由于清教徒推崇更苛刻的道德标准，所有剧院被强行关闭。因此，英格兰国王詹姆斯一世时期，英格兰王国剧作家大受影响，英格兰王国剧院数量不断下降。直到大叛乱时期前，英格兰戏剧才重获新生。

# 第23章

# 伊丽莎白一世的晚年岁月

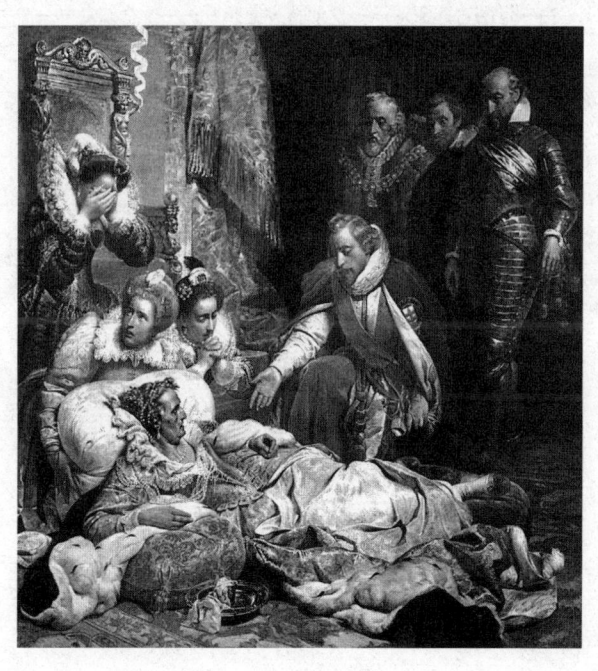

**精彩看点**

渴求和平——法兰西王国的宗教和解——英格兰王国征伐加的斯——伊丽莎白一世的宫廷派对——罗伯特·德弗罗——远征诸岛——腓力二世统治的影响——爱尔兰暴动——罗伯特·德弗罗与伊丽莎白一世——罗伯特·德弗罗的爱尔兰岁月——罗伯特·德弗罗造反——伊丽莎白一世失去民心——伊丽莎白一世与英格兰王国议会——英格兰王国征服爱尔兰王国——伊丽莎白一世驾崩

英格兰海军打败西班牙无敌舰队之后,伊丽莎白一世已迈向统治生涯的荣耀巅峰。这时,英格兰王国在欧洲的地位提高,法兰西王国重归统一、恢复实力,西班牙王国却处处碰壁。然而,西班牙王国依旧地位崇高。因此,法兰西国王亨利四世和伊丽莎白一世都欣然与西班牙国王腓力二世言和,并且承诺在获悉腓力二世行动意图的情况下,可以将尼德兰的统治权交给腓力二世。但腓力二世依旧支持法兰西天主教联盟,并且打算再次向英格兰王国发动袭击。因此,亨利四世和伊丽莎白一世虽然共同拥有对尼德兰的控制权,但依旧对彼此的意图心存疑虑。

在与亨利四世较量的过程中,腓力二世和天主教联盟已失去希望。改信天主教后,亨利四世在法兰西王国的地位已难以撼动。甚至1595年12月,教皇克莱门特八世都在免去亨利四世的罪责。终于,法兰西宗教战争结束。法兰西王国新教教徒已被彻底击败,但并非败给同样极端的天主教,而是败给处于两派之间的温和派。法兰西王国自愿重新服从克莱门特八世的权威,但法兰西天主教教会仍持有独立立场。法兰西王国与西班牙王国恢复往日的平衡,让克莱门特八世非常欣喜。如果只有西班牙王国完全信奉天主教,那么克莱门特八世只能全心全意追随西班牙王国。如今,克莱门特八世可以在两大天主教势力——法兰西王国与西班牙王国——之间保持独立。

亨利四世被克莱门特八世赦免后,腓力二世再也无法继续与亨利四世争斗。腓力二世虽然坐拥广阔领地,但其实已陷入破产。他失去了尼德兰的资源,又被各种战争耗费了巨额钱财。腓力二世即位时,西班牙王国的经济体制已破碎不堪,西班牙每年的收入都要用来填补债务利息。尽管腓力二世从来不挥霍钱财以追求豪华排场或享受歌舞,但在上述原因的共同作用下,西班牙王国国库已被压榨得分文不剩。1596年年初,西班牙军队占领加来,取得关键性胜利。此事不仅惊动了法兰西王国,也使英格兰王国和尼德兰有所戒备。因此,三个国家开始以英格兰王国为首联合在一起,对西班牙王国发起远征。英格兰海军上将查尔斯·霍华德率领一支拥有一百五十艘军舰的舰队,出战加的斯,英格兰王国派遣的陆军由罗伯特·德弗罗指挥。1596年6月21日,西班牙王国集结舰队守卫加的斯,但最终全军覆没。这时,罗伯特·德弗罗一马当先跳上了岸。随后,英格兰军队毫不费力地攻下加的斯。在尼德兰人心中,与野蛮残暴的西

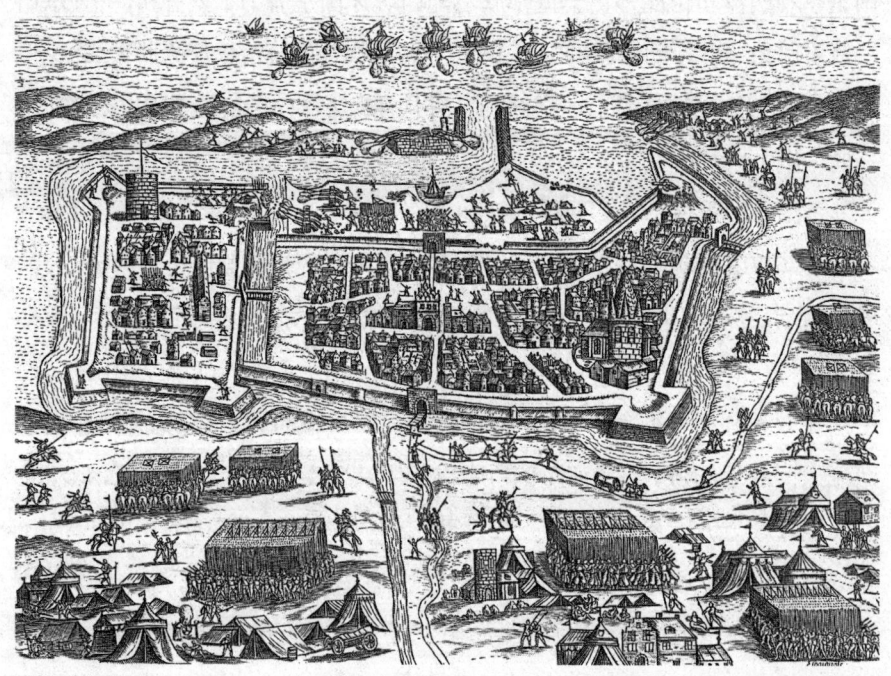

西班牙军队攻打加来

英格兰军队攻打加的斯

班牙军队相比,温厚仁慈的英格兰士兵更得人心。查尔斯·霍华德写道:"英格兰将士在加的斯慈悲的行为,将会被举世赞颂。"加的斯虽然没有任何人受到无辜的伤害,但仍然遭到了英格兰人的洗劫,港口停泊的船全部被损毁。此时,罗伯特·德弗罗想乘胜追击,继续对西班牙军队展开攻击。但查尔斯·霍华德认为已经完成自己的任务,坚持率军返回。

1596年的海上远征是英格兰王国对西班牙王国展开的最后一次大型海上远征。但英格兰人迫切渴望和平。伊丽莎白一世和威廉·塞西尔都老了。带领英格兰王国渡过无数险阻后,两人都认为自己已完成使命。如今,伊丽莎白一世和威廉·塞西尔已稳居高位,也终于可以享受随之而来的好处。尽管如此,许多年轻英格兰贵族仍旧对西班牙王国咬牙切齿。他们急欲寻求机会获得军功,渴望彻底摧毁西班牙王国,让英格兰王国成为毫无争议的海上霸主。英格兰王国鸽派和鹰派①之间的争斗,为伊丽莎白一世的垂暮之年蒙上一层阴影。在统治生涯末期,年老体衰的伊丽莎白一世还要带着满脸愁容,处理困扰英格兰王国的种种政治纷争,让人唏嘘。

英格兰王国主战派领袖罗伯特·德弗罗是罗伯特·达德利的继子,曾被罗伯特·达德利引荐入宫。罗伯特·达德利死后,罗伯特·德弗罗成为伊丽莎白一世最得宠的大臣。和罗伯特·达德利一样,罗伯特·德弗罗极大地左右着伊丽莎白一世的决断。他英俊潇洒、风华正茂、直率而热情,唤醒了伊丽莎白一世的柔情。虽然他比伊丽莎白一世小三十多岁,但伊丽莎白一世对他不像母亲般慈爱,更似情人般缱绻。罗伯特·德弗罗将当时所有志存高远、激情澎湃的人都招揽到身边。因此,只要他对伊丽莎白一世的影响力无人能及,罗伯特·德弗罗的党羽就不可能支持和平政策。出征加的斯时,罗伯特·德弗罗正值权势巅峰。罗伯特·德弗罗离开英格兰王国期间,威廉·塞西尔成功劝诱伊丽莎白一世,将自己的儿子罗伯特·塞西尔任命为国务大臣。此时,英格兰王国鸽派获得巨大胜利。后来,鸽派花费九牛二虎之力,不断贬斥罗伯特·德弗罗的各种远征行为。罗伯特·德弗罗归国后,决意与鸽派叫板,并在伊丽莎白一世的登基庆典上暗示自己的立场。在庆典当日的骑士比武中,罗伯特·德弗罗分别遇见了一个隐士、一个军官和一个士兵。这三个人都恳求罗伯特·德弗罗接纳他们的人生观。最后,他们得到的回答都是:"罗伯特·德弗罗永远不会放弃对伊丽莎白一世的爱,因为他的一切思想都因品德而变得无比圣洁。她足智多谋,让他领悟到许多实用策略。她用自己的美貌和能力,让他成为随时都能调兵遣将的将才。"

1597年,罗伯特·德弗罗劝服伊丽莎白一世,允许他开启"诸岛航行"。此次海上航行的目标是摧毁西班牙运银舰队,拦截从西印度群岛归来的西班牙珍宝船队。英格兰舰队向亚速尔群岛航行。到达亚速尔群岛时,英格兰将领沃

---

① 鸽派,指主张和平的人;鹰派,指主战派。——译者注

罗伯特·塞西尔

尔特·雷利没有等罗伯特·德弗罗抵达，便先行夺下法亚尔岛。见此情形，罗伯特·德弗罗大发雷霆，还声称要取沃尔特·雷利的性命。连英格兰舰队都分成两派，彼此争吵不休。由于沃尔特·雷利的失误，西班牙运银舰队得以逃脱，而英格兰舰队只能无功而返。"诸岛航行"彻底失败。同时，腓力二世已派出西班牙无敌舰队，预备向英格兰发起进攻。无奈的是，在西西里群岛附近，西班牙无敌舰队被一场暴风雨打散，只得返航到费罗尔。

"诸岛航行"是伊丽莎白一世统治时期英格兰王国的最后一次大规模征战。1598年，亨利四世已与腓力二世签订《韦尔万和约》，打算集中精力，以旧式天主教制度为基础，巩固自己的法兰西王权。亨利四世颁布《南特敕令》，对法兰西新教教徒施行宗教宽容政策。但法兰西王国仍在逐步实行政治排斥，对新教教徒施加社会压力，借此将新教教徒拉拢到天主教阵营。如今，腓力二

亨利四世颁布《南特敕令》

阿尔布雷希特七世

世更有空闲打击英格兰王国和尼德兰。他打算把西班牙王国对尼德兰的主权交给女儿伊莎贝拉·克拉拉·欧亨尼娅公主,并且委派她的丈夫——枢机主教兼奥地利大公阿尔布雷希特七世,对付尼德兰的暴乱省份。这时,西班牙王国大可从爱尔兰王国乘虚而入,对无比疲弱的英格兰王国发动袭击。爱尔兰人尽管对英格兰王国心怀不满,但早已屈服于伊丽莎白一世的铁腕政治。因此,即使在伊丽莎白一世统治期间的危难时刻,爱尔兰人也一直没有异动。然而,爱尔兰阿尔斯特的一些贵族渐渐团结在蒂龙伯爵休·奥尼尔周围。当时，蒂龙伯爵休·奥尼尔已经获得腓力二世和克莱门特八世的支持。1598年8月，蒂龙伯爵休·奥尼尔率军奇袭黑水港，将英格兰军队打得落花流水。

这时，腓力二世突然罹患不治之症，所以未能如愿实施心中的计谋。腓力二世尽管凭借坚强的意志与病痛抗争，但还是在1598年9月驾崩了。弥留之际，腓力二世留下遗言："我会以虔诚天主教教徒的姿态，带着对神圣罗马教廷的

蒂龙伯爵休·奥尼尔

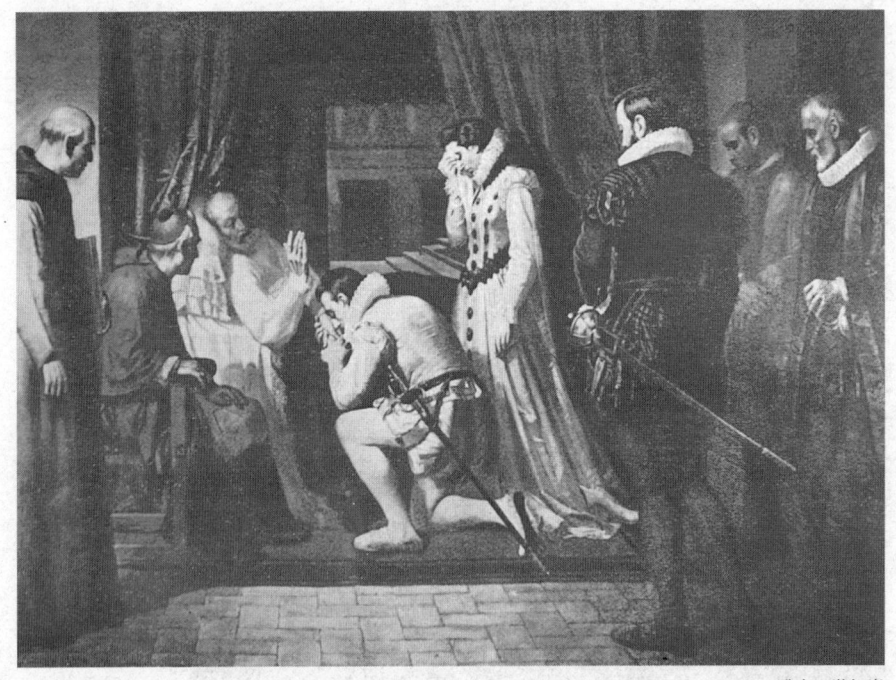

腓力二世驾崩

信念和忠心,安然死去。"腓力二世享年七十一岁,统治西班牙王国四十多年。他是一个虔诚而狂热的天主教教徒,始终将自身利益与天主教利益视为一体。我们看到,他的计划很宏大,他的策略意义深远。但腓力二世的宏伟谋划一一落空,让他一败涂地。1597年,腓力二世宣布拒绝偿还债务,毁掉了许多欧洲大商行。他的财政规划不是为国家而存在,而是为王朝利益而存在,完全旨在扩大个人影响力及其家族势力。在诸多领土上,腓力二世大肆征收苛捐杂税,为财政计划提供资金,但不合理的税收让西班牙王国各行各业出现停滞。因此,腓力二世的计划落空时,西班牙人民已因过高的税负而捉襟见肘。腓力二世统治时期,卡斯蒂尔是西班牙王国的政权重心,完全由腓力二世掌控,也因此受难最重。西班牙王国逐渐跌落欧洲神坛,与本国的经济问题有很大关系。西班牙王国需要为查理五世和腓力二世的宏图伟业付出代价,却并未从中获得任何竞争优势,无法弥补计划失败带来的负面影响。腓力二世能留给继承人的,除了崇高的王位外，只剩一贫如洗的国库和极具危害性的政体。只需几年，西班牙王国的空虚国库和腐朽政体就足以毁灭西班牙王国君主的崇高地位。

腓力二世尽管已经做出多番努力，却只能眼看着手中的荷兰共和国大权旁落。直到临终之际，腓力二世才将臣服西班牙王国的尼德兰省份的大权移交给伊莎贝拉·克拉拉·欧亨尼娅公主及其丈夫阿尔布雷希特七世。[1]这对夫妻将以大公之衔，共同统治西属尼德兰各省。安布罗焦·斯皮诺拉将军才干过人，

安布罗焦·斯皮诺拉

---

[1] 之后，这些省份被称为"西属尼德兰"。——原注

奥兰治亲王莫里斯

是亚历山大·法尔内塞的得力继任者。1607年，在安布罗焦·斯皮诺拉的带领下，西班牙王国在尼德兰的战事频频告捷。但很快，荷兰联合省也涌现了大批将才。其中，"沉默者"威廉之子奥兰治亲王莫里斯就是一个能力过人的谋略家。奥兰治亲王莫里斯与安布罗焦·斯皮诺拉对战时，尼德兰已然是欧洲各国的练兵场。面对侵略势力，荷兰联合省始终泰然自若。1607年，交战双方签署停战协议,并且应荷兰联合省的要求,承认荷兰联合省独立。此后,在荷兰联合省总督奥兰治亲王莫里斯的带领下,荷兰联合省逐渐成为欧洲强国。很快,荷兰联合省商业活动与殖民活动蓬勃发展,成为首屈一指的强国。

同时,英格兰王国依旧面临爱尔兰王国暴动的严重困境。伊丽莎白一世谋臣中的鸽派人士认为,罗伯特·德弗罗热血好斗,所以这次危机正是他大显身手的最好时机。因此,罗伯特·德弗罗被迫出任爱尔兰总督,统领两万二千人的大军。众人翘首以盼,想看看罗伯特·德弗罗的作战时是否真如他夸谈策略时那般英勇。此时,适逢罗伯特·德弗罗和伊丽莎白一世关系遇冷,所以罗伯特·德弗罗便勉为其难地借机离开英格兰宫廷。

成为爱尔兰总督后,罗伯特·德弗罗沉湎在权力中,时常忘却身为总督的基本职责。他总是借着伊丽莎白一世的宠信耀武扬威,还认为自己是伊丽莎白一世身边不可或缺的存在。在一次商议爱尔兰王国事务的会议上,罗伯特·德弗罗与伊丽莎白一世产生了意见分歧。当伊丽莎白一世拒绝听从他的意见时,罗伯特·德弗罗竟轻蔑地转过身背对她。一怒之下,伊丽莎白一世打了他一个耳光。接着,罗伯特·德弗罗立马手压腰间佩剑,大喊说,如果是亨利八世对他如此动粗,他绝不会这般隐忍。据说,此事发生后,罗伯特·德弗罗一度远离政府事务。但事实上,罗伯特·德弗罗与伊丽莎白一世的争吵不过是空穴来风。1599年3月,罗伯特·德弗罗启航前往爱尔兰王国时,有许多大臣随行。一路上,人们的掌声绵延不绝,充满期许。

然而,罗伯特·德弗罗领军的表现不孚众望。他并未讨伐阿尔斯特的休·奥尼尔,而是花费四个月时间镇压芒斯特的小规模叛乱。即使在芒斯特,罗伯特·德弗罗的战绩也不喜人,他军中的将士还纷纷染上疾病。在他终于打算攻打休·奥尼尔时,军中士兵已经意志消沉。罗伯特·德弗罗再也无法冒险开战,只能和叛党首领谈判。其间,有传闻称西班牙王国计划再次向英格兰王国宣战,罗伯特·德弗罗便急着返回英格兰王国。因此,他违背命令与休·奥尼尔签订和约,但依旧认为自己深得宠爱。1599年9月,罗伯特·德弗罗匆匆返

星室法庭

回英格兰王国，随即与伊丽莎白一世会面。起初，伊丽莎白一世对他还十分和气。但很快，反对罗伯特·德弗罗的声音便占了上风。英格兰王国议会传唤罗伯特·德弗罗，让他解释自己在爱尔兰王国的所作所为。随后，他便受到拘禁。接受星室法庭的盘问后，罗伯特·德弗罗官职不保，还被软禁在家中，除非获得伊丽莎白一世的释放。罗伯特·德弗罗在爱尔兰王国的举动引起了伊丽莎白一世的怀疑。他的仇敌也提出指控，称他曾与蒂龙叛党勾结，获得蒂龙叛党的援助，很有可能在英格兰王国发起叛乱。此后，罗伯特·德弗罗被禁止进入英格兰王国宫廷。1600年9月，罗伯特·德弗罗独得宠信的时光走向终结。从前，他的主要收入都来自伊丽莎白一世的宠信。如今，他的荣宠生涯已一去不复返。

眼下，罗伯特·德弗罗深知，他的对手将运用一切手段打压他。因此，他当机立断，敞开家门，在家中呼朋引伴。他依旧相信，自己的人气能够震慑住伊丽莎白一世，并且重新建立往日对她的影响力。英格兰枢密院已十分警觉罗伯特·德弗罗的盘算，便传唤他上庭，但他拒绝露面。后来，枢密院派人询问罗伯特·德弗罗在家中聚众的原因，来人却被他囚禁了起来。随后，罗伯特·德弗罗及其拥趸一同进入伦敦，希望伦敦人民可以跟他一道起兵造反。但伦敦人民没有掀起暴动的任何理由。于是，1601年2月8日，罗伯特·德弗罗一路艰辛地回到家中，最后仍被迫投降。后来，他被带到法庭受审，被判犯有重度叛国罪。

对伊丽莎白一世来说，要在旧爱的死刑执行书上签字，无疑是一种痛苦的折磨。但眼下形势所逼，她必须狠下心来。伊丽莎白一世曾无情地处死第四代诺福克公爵托马斯·霍华德和苏格兰女王玛丽。因此，在目前的形势下，伊丽莎白一世即使再想放过罗伯特·德弗罗，也决不能饶他一命。1601年2月25日，罗伯特·德弗罗被处决。从那以后，风烛残年、思虑重重的伊丽莎白一世再也无法从沉痛的打击中振作起来。

处决罗伯特·德弗罗

到了统治末期，伊丽莎白一世的生活阴云密布。她身边的老臣都已离世，周遭还萦绕着她无法掌控的阴谋诡计。新一代的英格兰人已经长大成人，伊丽莎白一世惯用的多变政策已远远无法满足他们的利益需求。虽然英格兰王国已经渡过关乎国家安全的重大危机，但当初为英格兰王国赢得独立的谨慎政策让满身傲骨的英格兰人嗤之以鼻。伊丽莎白一世已功德圆满，寿命也比想象中更长。但她处死罗伯特·德弗罗一事让英格兰人民愤怒不已。因此，1601年议会召开会议时，伊丽莎白一世始终没有听到往日熟悉的欢呼声。爱尔兰战争耗费的巨额资金也开始变成她的沉重负担。

在此之前，伊丽莎白一世一直实行紧缩性经济政策，以此勉强摆脱议会补助金数额的约束。因此，面对英格兰王国议会时，伊丽莎白一世向来都会摆出居高临下的姿态。1601年，英格兰王国议会为爱尔兰战争拨出巨款。但伊丽莎白一世因授予大臣垄断权[①]及让大臣领俸时无须交税的行为，遭到议会的严厉谴责。伊丽莎白一世百口莫辩，眼见自己必须退让，却依旧从容不迫，并且向议会传信，称她会撤销之前授予大臣的一切不合法垄断权。收到这个消息，英格兰王国议会成员喜出望外。有个议员甚至认为这是"福音般的喜讯"。英格兰王国议会派出代表团，向伊丽莎白一世表示感谢。伊丽莎白一世也以庄重得体的措辞感谢议会指出她因判断失误而犯下的过错。

此时，英格兰人民开始渴求更大的政治自由，也表现出一种全新的民族精神。在都铎王朝的专制统治下，一切都必须围绕君权运转。强大的英格兰政府费了很多心力，极大地改变了国家面貌。此后，专制制度已不再符合英格兰新国情。英格兰王国议会开始采取更加自由而独立的措施，要求伊丽莎白一世继续像往日一般圆滑行事、巩固威信。有迹象显示，伊丽莎白一世的继承人将要变革她统治时期的政体。但政体变革只有富有成效，才会得到英格兰人民的接纳。

在爱尔兰王国，芒乔伊男爵查尔斯·布朗特取得胜利。西班牙与爱尔兰联

---

[①] 即买卖某种物品的专有权利。——原注

查尔斯·布朗特

军惨败,为伊丽莎白一世统治末期的英格兰王国带来一线希望。虽然休·奥尼尔已走投无路,但查尔斯·布朗特依旧要求休·奥尼尔与自己签订停战协议。于是,伊丽莎白一世驾崩的四天前,查尔斯·布朗特降服了休·奥尼尔。

伊丽莎白一世已经大限将至。自罗伯特·德弗罗死后,伊丽莎白一世变得喜怒无常,总是任性妄为。她发现自己孑然一身,整个人消沉多疑。"她常常在枢密院里不停走动,"约翰·哈林顿说道,"一听到坏消息就止不住地跺脚,有时还会怒气冲冲地用生锈的剑猛地往挂毯上刺去。即便危机解除以后,她还是会在桌旁放一把剑。"伊丽莎白一世的身心病痛急剧恶化。到1603年3月,她已卧床不起。伊丽莎白一世的同族亲戚罗伯特·凯里这样描述她当时的状况:"她紧紧地攥住我的手,说,'不,罗宾①,我一点都不好。'然后对我说出她的

---

① 罗宾,伊丽莎白一世对罗伯特·凯里的昵称。——译者注

不适。她还说,过去十几天以来,她一直觉得十分低落。说话间,她深深地叹了不下四五十次气。"伊丽莎白一世的病情持续加重。1603年3月23日,她已经不能言语。据说,伊丽莎白一世曾用手势暗示英格兰王国议会,钦定苏格兰国王詹姆斯六世为王位继承人。随后,她示意大主教理查德·班克罗夫特来到自己面前,久久地聆听他的祷告。理查德·班克罗夫特两次抬腿想要起身离开,伊丽莎白一世都示意他继续祈祷。1603年3月24日清晨,在统治生涯的第四十六年,六十九岁的伊丽莎白一世驾崩。

伊丽莎白一世驾崩

通过回顾伊丽莎白一世参与的各类事件，我们可以全面了解她的为人。伊丽莎白一世的功绩充分体现了她的聪明才智和谨慎的性格。在各国宏图壮举层出不穷的时代，伊丽莎白一世虽然在财力方面有所欠缺，但依旧带领国家渡过重重危机。伊丽莎白一世统治时期，英格兰国内资源迅速增长，国际地位突飞猛进。摆脱了对西班牙王国的疑惧后，英格兰王国的欧洲海上霸主地位开始凸显，英格兰人民心中开始产生一种新的民族精神。英格兰诗歌的井喷说明英格兰人民对个性力量的感受愈加强烈。伊丽莎白一世时代，英格兰王国最有别于当时其他国家的特质逐渐清晰可见。

# 译名对照表

| | |
|---|---|
| *A Midsummer Night's Dream* | 《仲夏夜之梦》 |
| *A Short History of the English People* | 《英格兰人民简史》 |
| *A Survey of London* | 《伦敦调查》 |
| Abraham Hayword | 亚伯拉罕·海沃德 |
| *Accord* | 《协议书》 |
| *Act of Uniformity* | 《单一法案》 |
| *Aeneid* | 《埃涅阿斯纪》 |
| Albrecht VII | 阿尔布雷希特七世 |
| Alexander Farnese | 亚历山大·法尔内塞 |
| Alexander Home | 亚历山大·霍姆 |
| Alexander Nowell | 亚历山大·诺埃尔 |
| Alkmaar | 阿尔克马尔 |
| Alonso Pérez de Guzmán y | 阿隆索·佩雷斯·德·古兹曼·索托马约尔 |
| Alps | 阿尔卑斯山脉 |
| Amboise | 昂布瓦斯 |
| Ambrogio Spinola | 安布罗焦·斯皮诺拉 |
| Ambrose Dudley | 安布罗斯·达德利 |
| Amy Robsart | 埃米·罗布萨特 |
| Anna d'Este | 安娜·德埃斯特 |
| Anna of Lorraine | 洛林的安娜 |
| *Annals of Commerce* | 《商业年鉴》 |
| *Annals of the Reformation* | 《宗教改革年鉴》 |
| Anne Bacon | 安妮·培根 |

| | |
|---|---|
| Anne Boleyn | 安妮·博林 |
| Anne de Montmorency | 蒙莫朗西公爵安内 |
| Anne Hathaway | 安妮·哈撒韦 |
| Anthony Babington | 安东尼·巴宾顿 |
| Antonie Perrenot de Granvella | 安托万·佩勒诺·德·格朗韦勒 |
| Antonio | 安东尼奥 |
| Antonio Perez | 安东尼奥·佩雷斯 |
| Antwerp | 安特卫普 |
| Apollos | 阿波罗 |
| *Arcadia* | 《阿卡狄亚》 |
| Archbishop of Bourges | 布尔日大主教 |
| Archduke Maximilian Ernest of Austria | 奥地利的马克西米利安·恩斯特大公 |
| Archduke of Austria | 奥地利大公 |
| Archduke of Austria Matthias | 奥地利大公马蒂亚斯 |
| Arion | 阿里昂 |
| Arkhangelsk | 阿尔汉格尔斯克 |
| Armado | 阿马多 |
| Arras | 阿拉斯 |
| *Arte of English Poesie* | 《诗歌的艺术》 |
| Arthur Grey | 阿瑟·格雷 |
| *As you like it* | 《皆大欢喜》 |
| *Astrophel* | 《爱星者》 |
| Audley End | 奥德雷恩德 |
| *Augsburg Interim* | 《奥格斯堡临时敕令》 |
| *Aulularia* | 《一坛黄金》 |
| Auneau | 欧诺 |
| Azores | 亚速尔群岛 |
| Balthasar Gerard | 巴尔塔扎·赫拉德 |
| Baron Burghley | 伯利男爵 |
| Baron Grey de Wilton | 格雷·德·威尔顿男爵 |

| | |
|---|---|
| Baron Mountjoy | 芒乔伊男爵 |
| Baron Seymour of Sudeley | 休德利的西摩男爵 |
| Basilica of Saint-Denis | 圣丹尼圣殿 |
| Battle of Gembloux | 让布卢战役 |
| Battle of Lepanto | 勒班陀战役 |
| Battle of Pinkie | 平基战役 |
| Battle of St. Quentin | 圣昆廷战役 |
| Battle of Zutphen | 聚特芬战役 |
| Beggars | 乞丐帮 |
| Belgium | 比利时 |
| Ben Jonson | 本·琼森 |
| Bernardino de Mendoza | 贝纳迪诺·德·门多萨 |
| Berwick | 贝里克 |
| Biscay | 比斯开 |
| Bishop of Arras | 阿拉斯主教 |
| Bishop of Canterbury | 坎特伯雷主教 |
| Bishop of Ely | 伊利主教 |
| Bishop of London | 伦敦主教 |
| Bishop of Ross | 罗斯主教 |
| Bishop of Winchester | 温彻斯特主教 |
| Bishop of Worcester | 伍斯特主教 |
| Bishopric of Arras | 阿拉斯主教 |
| Blank verse | 无韵诗 |
| Blois | 布卢瓦 |
| Blood Council | 血腥议会 |
| Bolton Castle | 博尔顿城堡 |
| *Book of Common Prayer* | 《公祷书》 |
| Borthwick Castle | 博斯威克城堡 |
| Bothwellhaugh | 博斯韦尔平原 |
| Boulogne | 布洛涅 |

| | |
|---|---|
| Brill | 布里尔 |
| *Britannia* | 《不列颠尼亚》 |
| Brittany | 布列塔尼 |
| Bruges | 布鲁日 |
| Brussels | 布鲁塞尔 |
| Calais | 加来 |
| Caliban | 卡利班 |
| Cambray | 康布雷 |
| Canary | 卡纳里 |
| Candlemas | 圣烛节 |
| Cape Finisterre | 菲尼斯特雷角 |
| Cape St. Vincent | 圣文森特角 |
| Carberry | 卡伯里 |
| Cardinal | 枢机主教 |
| Cardinal of Lorraine Charles | 洛林枢机主教夏尔 |
| Carlisle | 卡莱尔 |
| Carlos I | 卡洛斯一世 |
| Carlos, Prince of Asturias | 阿斯图里亚斯亲王卡洛斯 |
| Carthagena | 卡塔赫纳 |
| Cascaes | 卡斯卡斯 |
| Castilian | 卡斯蒂尔 |
| Castle Of Dunbar | 邓巴城堡 |
| Castle of St. Andrew's | 圣安德鲁斯城堡 |
| Cathedral of Our Lady | 圣母大教堂 |
| Catherine de Medici | 凯瑟琳·德·美第奇 |
| Catherine of Aragon | 阿拉贡的凯瑟琳 |
| Catholic League | 天主教联盟 |
| Catholic world | 天主教世界 |
| Chalons | 查隆斯家族 |
| Charles Blount | 查尔斯·布朗特 |

| | |
|---|---|
| Charles de Berlaymont | 查尔斯·德·贝尔蒙特 |
| Charles de Bourbon | 夏尔·德·波旁 |
| Charles de Maurevert | 夏尔·德·莫勒维尔 |
| Charles Howard | 查尔斯·霍华德 |
| Charles II | 查理二世 |
| Charles IX | 查理九世 |
| Charles Neville | 查尔斯·内维尔 |
| Charles the Bold | "大胆"查理 |
| Charles V | 查理五世 |
| Charles X | 查理十世 |
| Chastity | 贞洁之神 |
| Chief Secretary for Ireland | 爱尔兰布政司 |
| Christmas | 圣诞节 |
| Christopher Hatton | 克里斯托弗·哈顿 |
| Christopher Marlowe | 克里斯托弗·马洛 |
| *Chronicles of England, Scotland and Ireland* | 《英格兰、苏格兰和爱尔兰编年史》 |
| Circe | 喀尔刻 |
| Clement VIII | 克莱门特八世 |
| Clyde | 克莱德河 |
| *Colin Clout's Come Home Again* | 《科林·克劳特归家》 |
| College of Sorbonne | 索邦神学院 |
| *Comedy of Errors* | 《错中错》 |
| Commission of Divines | 神学委员会 |
| Company of Jesus | 耶稣的同伴 |
| Company of Merchant | 商人冒险家公司 |
| Compromise of Nobles | 贵族同盟 |
| Confidential Secretary | 机要秘书 |
| Consistorial Court | 天主教监督法院 |
| Constantinople | 君士坦丁堡 |
| *Constitutional History* | 《宪政史》 |

| | |
|---|---|
| Cork | 科克郡 |
| Cornwell | 康沃尔 |
| Corunna | 科伦纳 |
| Council of Trent | 特伦特宗教会议 |
| Council of Trouble | 除暴委员会 |
| Count of Egmont Lamoral | 埃格蒙特伯爵拉莫拉尔 |
| Count of Horn | 霍恩伯爵 |
| Count of Nassau-Dillenburg | 拿骚－迪伦堡伯爵 |
| Countess of Essex | 埃塞克斯伯爵夫人 |
| Countess of Salisbury | 索尔兹伯里女伯爵 |
| Court of High Commission | 高等宗教事务法庭 |
| Coutras | 库特拉 |
| Coventry | 考文垂 |
| Cuba | 古巴 |
| Cupid | 丘比特 |
| Cydnus | 塞德纳斯河 |
| *Cymbeline* | 《辛白林》 |
| Danube valley | 多瑙河河谷 |
| David Beaton | 戴维·比顿 |
| David Macpherson | 戴维·麦克弗森 |
| David Rizzio | 戴维·里奇奥 |
| *Defence of Poesie* | 《诗辩》 |
| Delft | 代尔夫特 |
| Denmark | 丹麦王国 |
| *Description of Elizabethan England* | 《伊丽莎白女王时代的英格兰王国》 |
| *Description of England* | 《英格兰概览》 |
| Diana | 狄安娜女神 |
| Diet of Augsburg | 奥格斯堡帝国议会 |
| Divines | 神学家 |
| Dominican | 多明我修会 |

| | |
|---|---|
| Don Luis de Requesens y Zúñiga | 路易·德·雷肯斯·苏尼加 |
| Dort | 多特 |
| Douay | 杜埃 |
| Dove | 鸽派 |
| Dreux | 德勒 |
| Duke of Alba | 阿尔瓦公爵 |
| Duke of Alençon | 阿朗松公爵 |
| Duke of Anjou Henry | 安茹公爵亨利 |
| Duke of Brabant | 布拉班特公爵 |
| Duke of Braganza | 布拉干萨公爵 |
| Duke of Burgundy | 勃艮第公爵 |
| Duke of Chatelherault | 沙泰勒罗公爵 |
| Duke of Clarence | 克拉伦斯公爵 |
| Duke of Guise Charles | 吉斯公爵夏尔 |
| Duke of Guise Claude | 吉斯公爵克劳德 |
| Duke of Guise Francis | 吉斯公爵弗朗索瓦 |
| Duke of Joyeuse Henri | 茹瓦约斯公爵亨利 |
| Duke of Lennox | 伦诺克斯公爵 |
| Duke of Mayenne Charles | 马耶讷公爵夏尔 |
| Duke of Norfolk | 诺福克公爵 |
| Duke of Orkney | 奥克尼公爵 |
| Duke of Parma | 帕尔马公爵 |
| Duke of Savoy | 萨伏依公爵 |
| Duke of Somerset | 萨默赛特公爵 |
| Dumbarton Rock | 邓巴顿岩石 |
| Dunbar | 邓巴 |
| Dunkirk | 敦刻尔克 |
| Durham | 达勒姆 |
| Earl of Devon | 德文伯爵 |
| Earl of Westmorland | 威斯特摩兰伯爵 |

| | |
|---|---|
| Earl of Arran | 阿伦伯爵 |
| Earl of Bothwell | 博斯韦尔伯爵 |
| Earl of Cumberland | 坎伯兰伯爵 |
| Earl of Desmond | 德斯蒙德伯爵 |
| Earl of Dorset | 多塞特伯爵 |
| Earl of Douglas | 道格拉斯伯爵 |
| Earl of Essex | 埃塞克斯伯爵 |
| Earl of Gowrie | 高里伯爵 |
| Earl of Huntly | 亨特利伯爵 |
| Earl of Leicester | 莱斯特伯爵 |
| Earl of Lennox | 伦诺克斯伯爵 |
| Earl of Moray | 莫里伯爵 |
| Earl of Morton | 莫顿伯爵 |
| Earl of Northumberland | 诺森伯兰伯爵 |
| Earl of Pembroke | 彭布罗克伯爵 |
| Earl of Southampton | 南安普敦伯爵 |
| Earl of Surrey | 萨里伯爵 |
| Earl of Sussex | 萨塞克斯伯爵 |
| Earl of Tyrone | 蒂龙伯爵 |
| Earl of Warwick | 沃里克伯爵 |
| Easter | 复活节 |
| *Ecclesiastical Reservation* | 《教会保留原则》 |
| *Edict of Amboise* | 《安博瓦兹敕令》 |
| *Edict of Nantes* | 《南特敕令》 |
| Edmund Bonner | 埃德蒙·邦纳 |
| Edmund Campion | 埃德蒙·坎皮恩 |
| Edmund Dudley | 埃德蒙·达德利 |
| Edmund Grindal | 埃德蒙·格林德尔 |
| Edmund Spenser | 埃德蒙·斯潘塞 |
| Edward Fairfax | 爱德华·费尔法克斯 |

| | |
|---|---|
| Edward I | 爱德华一世 |
| Edward III | 爱德华三世 |
| Edward Seymour | 爱德华·西摩 |
| Edward VI | 爱德华六世 |
| Effingham | 埃芬厄姆 |
| El Dorado | 埃尔多拉多 |
| Elector of Saxony | 萨克森选帝侯 |
| Elector of Saxony Maurice | 萨克森选帝侯莫里斯 |
| Elizabeth Courtenay | 伊丽莎白·考特尼 |
| Elizabeth I | 伊丽莎白一世 |
| Elizabeth Throgmorton | 伊丽莎白·思罗格莫顿 |
| Elizabeth Tudor | 伊丽莎白·都铎 |
| Emmanuel Philibert | 伊曼纽尔·菲利伯特 |
| *Englische Geschichte* | 《英国史》 |
| English Chanel | 英吉利海峡 |
| English Church | 英格兰教会 |
| *English Seamen under the Tudors* | 《都铎王朝时期的英格兰航海家》 |
| English seminary | 英格兰王国神学院 |
| Erasmus | 伊拉斯谟 |
| Erik XIV | 埃里克十四世 |
| Esme Stewart | 埃斯米·斯图亚特 |
| *Essays* | 《论说文集》 |
| Established Church | 国教 |
| Estates | 等级会议 |
| Estremadura | 埃斯特雷马杜拉 |
| Eton College | 伊顿公学 |
| Euphumism | 尤弗伊斯体 |
| Fadrique lvarez de Toledo | 法德瑞克·阿尔瓦雷斯·德·托莱多 |
| *Faerie Queen* | 《仙后》 |
| Faial Island | 法亚尔岛 |

| | |
|---|---|
| Falstaff | 福斯塔夫 |
| Federigo Giambelli | 费代里戈·詹贝利 |
| Ferdinand I | 斐迪南一世 |
| Ferdinand of Austria | 奥地利的斐迪南 |
| Fernando Álvarez de Toledo | 费尔南多·阿尔瓦雷斯·德·托莱多 |
| Ferrol | 费罗尔 |
| *First Covenant* | 《第一盟约》 |
| Flanders | 佛兰德斯 |
| Fleming | 佛兰芒人 |
| Florentine | 佛罗伦萨 |
| Florida | 佛罗里达 |
| Flushing | 弗拉兴 |
| Fort of Blackwater | 黑水港 |
| Fotheringhay Castle | 福瑟临黑城堡 |
| *Fragmenta Regalia* | 《伊丽莎白女王晚年故事》 |
| Frances Grey | 弗朗西丝·格雷 |
| Francesco Xavier | 弗朗切斯科·哈维尔 |
| Francis | 弗朗索瓦 |
| Francis Bacon | 弗朗西斯·培根 |
| Francis Beaumont | 弗朗西斯·博蒙特 |
| Francis Drake | 弗朗西斯·德雷克 |
| Francis I | 弗朗索瓦一世 |
| Francis II | 弗朗索瓦二世 |
| Francis Throgmorton | 弗朗索瓦·思罗格莫顿 |
| Francis Walsingham | 弗朗西斯·沃尔辛厄姆 |
| Franciscan friar | 方济会修士 |
| Frederic de Toledo | 弗雷德里克·德·托雷多 |
| Friesland | 弗里斯兰 |
| *Fürsten und Völker der Süd-Europa* | 《欧洲南部的首领及人民》 |
| *Gammer Gurton's Needle* | 《葛顿老太太的针》 |

| | |
|---|---|
| Gaspard de Coligny | 加斯帕尔·德·科利尼 |
| Gelderland | 海尔德兰 |
| General Council | 最高宗教会议 |
| Geneva | 日内瓦 |
| *Geneva Confession of Faith* | 《日内瓦信仰声明》 |
| Genoese | 热那亚 |
| George Chapman | 乔治·查普曼 |
| George Clifford | 乔治·克利福德 |
| George Gordon | 乔治·戈登 |
| George Peele | 乔治·皮尔 |
| George Plantagenet | 乔治·金雀花 |
| George Puttenham | 乔治·帕特纳姆 |
| George Wishart | 乔治·威沙特 |
| Gerald FitzGerald | 约翰·菲茨杰拉德 |
| German | 德意志 |
| *Geschichte Frankreichs* | 《法国史》 |
| Gian Pietro Carafa | 吉安·皮耶罗·卡拉法 |
| Giovanni Angelo Medici | 乔凡尼·安吉罗·美第奇 |
| Glasgow | 格拉斯哥 |
| Goes | 胡斯 |
| *Gorboduc* | 《高布达克》 |
| Gorhambury | 戈勒姆伯里 |
| Grammar schools | 文法学校 |
| Grave | 赫拉弗 |
| Gravelines | 格拉沃利讷 |
| Great Rebellion | 大叛乱时期 |
| Gregory XIII | 格列高利十三世 |
| Groningen | 格罗宁根 |
| Guiana | 圭亚那 |
| Guildhall | 市政厅 |

| | |
|---|---|
| Guilford Dudley | 吉尔福德·达德利 |
| Haddington | 哈丁顿 |
| Hainault | 艾诺 |
| Hamilton | 汉密尔顿 |
| *Hamlet* | 《哈姆雷特》 |
| Hatfield | 哈特菲尔德 |
| Havre de Grace | 格雷斯德阿夫尔 |
| Hawk | 鹰派 |
| Hebrides | 赫布里底群岛 |
| Heir-Presumptive | 假定继承人 |
| Henry Fox Bourne | 亨利·福克斯·伯恩 |
| Henry Grey | 亨利·格雷 |
| Henry Hallam | 亨利·哈勒姆 |
| Henry Howard | 亨利·霍华德 |
| Henry I | 亨利一世 |
| Henry II | 亨利二世 |
| Henry III | 亨利三世 |
| Henry IV | 亨利四世 |
| Henry Percy | 亨利·珀西 |
| Henry Stewart | 亨利·斯图亚特 |
| Henry VIII | 亨利八世 |
| Henry Wriothesley | 亨利·赖奥思利 |
| *History of Elizabeth* | 《伊丽莎白女王时代》 |
| *History of England* | 《英格兰史》 |
| *History of the Turks* | 《土耳其史》 |
| *History of the United Netherlands* | 《尼德兰七省联合共和国史》 |
| *History of the World* | 《世界史》 |
| *Holinshed's Chronicle* | 《霍林谢德编年史》 |
| Holland House | 荷兰屋 |
| Holofernes | 荷罗孚尼 |

| | |
|---|---|
| Holyrood Palace | 霍利鲁德宫 |
| Homer | 荷马 |
| Honourable Corps of Gentlemen at Arms | 绅士侍卫队 |
| House of Commons | 众议院 |
| House of Habsburg | 哈布斯堡王朝 |
| Houses of Correction | 感化院 |
| Hugh Latimer | 休·拉蒂默 |
| Hugh O'Neill | 休·奥尼尔 |
| Huguenots | 胡格诺派 |
| Humphrey Gilbert | 汉弗莱·吉尔伯特 |
| Ignatius of Loyola | 洛约拉的伊格内修斯 |
| *Iliad* | 《伊利亚特》 |
| Imperial Diet | 帝国议会 |
| India | 印度 |
| Indies | 印度群岛 |
| Inigo Lopez de Recalde | 伊尼戈·洛佩斯·德·雷卡尔德 |
| Innocent IX | 英诺森九世 |
| Inns of Court | 律师学院 |
| Innsbruck | 因斯布鲁克 |
| Inquisition | 异端裁判所 |
| Invincible Armanda | 无敌舰队 |
| Isabella Clara Eugenia | 伊莎贝拉·克拉拉·欧亨尼娅 |
| Islands Voyage | 诸岛航行 |
| Isthmus of Darien | 达里恩地峡 |
| Ivan IV | 伊凡四世 |
| Jacqueline de Montbel d'Entremont | 杰奎琳·德·蒙贝尔·德昂特勒蒙 |
| Jacques Clement | 雅克·克莱芒 |
| James Athony Froude | 詹姆斯·安东尼·弗劳德 |
| James Douglas | 詹姆斯·道格拉斯 |
| James Fitzmaurice Fitzgerald | 詹姆斯·菲茨莫里斯·菲茨杰拉德 |

| | |
|---|---|
| James Hamilton | 詹姆斯·汉密尔顿 |
| James Hepburn | 詹姆斯·赫伯恩 |
| James I | 詹姆斯一世 |
| James Stewart | 詹姆斯·斯图亚特 |
| James V | 詹姆斯五世 |
| James VI | 詹姆斯六世 |
| Jarnac | 雅纳克 |
| Jean de Hangest | 让·德·昂热 |
| Jean de Poltrot | 让·德·博尔特罗特 |
| Jean Gordon | 琼·戈登 |
| Jeanne d'Albret | 让娜·德阿尔布雷 |
| Jemmingen | 耶明根 |
| *Jerusalem Delivered* | 《被解放的耶路撒冷》 |
| Jesuits | 耶稣会 |
| *Jew of Malta* | 《马耳他岛的犹太人》 |
| Jews | 犹太人 |
| John Aylmer | 约翰·艾尔默 |
| John Calvin | 约翰·加尔文 |
| John Dudley | 约翰·达德利 |
| John Felton | 约翰·费尔顿 |
| John Fletcher | 约翰·弗莱切 |
| John Ford | 约翰·福特 |
| John Frederick I | 约翰·腓特烈一世 |
| John Harrington | 约翰·哈林顿 |
| John Holles | 约翰·霍利斯 |
| John Hooper | 约翰·胡珀 |
| John Knox | 约翰·诺克斯 |
| John Leslie | 约翰·莱斯利 |
| John Lothrop Motley | 约翰·洛斯罗普·莫特利 |
| John Lyly | 约翰·利利 |

| | |
|---|---|
| John Nicholas | 约翰·尼克尔斯 |
| John Norris | 约翰·诺里斯 |
| John of Austria | 奥地利的胡安 |
| John of Gaunt | 冈特的约翰 |
| John Richard Green | 约翰·理查德·格林 |
| John Shakespeare | 约翰·莎士比亚 |
| John Still | 约翰·斯蒂尔 |
| John Stow | 约翰·斯托 |
| John Strype | 约翰·斯特赖普 |
| John Stubbs | 约翰·斯塔布斯 |
| John Webster | 约翰·韦伯斯特 |
| Juan de Escovedo | 胡安·德·埃斯瓦尔多 |
| Juan de Jáuregui | 胡安·德·豪雷吉 |
| Julius III | 尤利乌斯三世 |
| *Justification* | 《辩护词》 |
| Katherine Parr | 凯瑟琳·帕尔 |
| Kenilworth | 凯尼尔沃思 |
| Kenilworth Castle | 凯尼尔沃思城堡 |
| Kent | 肯特郡 |
| Kerry | 凯里郡 |
| Kilcolman | 基尔科曼 |
| King Arthur | 亚瑟王 |
| *King Lear* | 《李尔王》 |
| King of Navarre | 纳瓦拉国王 |
| Kirk o' Field | 柯克奥菲尔德 |
| Knowle | 诺尔 |
| La Rochelle | 拉罗谢尔 |
| Lady Jane Grey | 简·格雷夫人 |
| Lady Jean Stewart | 简·斯图亚特夫人 |
| Landgrave of Hesse | 黑森伯爵 |

| | |
|---|---|
| Langside | 朗赛 |
| Laura | 劳拉 |
| Lawrence Humphrey | 劳伦斯·汉弗莱 |
| *Leicester's Commonwealth* | 《罗伯特·达德利控制下的英格兰政府》 |
| Leith | 利斯 |
| Lent | 大斋节 |
| Leopold Von Ranke | 利奥波德·冯·兰克 |
| Lepanto | 勒班陀 |
| Lettice Knollys | 莱蒂丝·诺利斯 |
| *Life of Edward VI* | 《爱德华六世传》 |
| *Life of Queen Mary* | 《玛丽女王传》 |
| Lincoln's Inn | 林肯律师学院 |
| Linlithgow | 林利斯戈 |
| Lisbon | 里斯本 |
| Little John | 小约翰 |
| Lizard Point | 利泽德角 |
| Loch Leven Castle | 利文湖城堡 |
| Lollards | 罗拉德派 |
| Lombard Street | 隆巴德街 |
| Longleat | 朗利特 |
| Lord Chancellor | 大法官 |
| Lord High Admiral | 海军上将 |
| Lord High Treasurer | 财政大臣 |
| Lord keeper | 掌玺大臣 |
| Lord of Darnley | 达恩利勋爵 |
| Lord Protector | 护国公 |
| Lorenzo de Medici | 洛伦佐·德·美第奇 |
| Lorraine | 洛林 |
| Louis of Nassau | 拿骚的路易 |
| Louis XI | 路易十一 |

| | |
|---|---|
| *Love's Labor's Lost* | 《空爱一场》 |
| Low Countries | 低地国家 |
| Lucy Aikin | 露西·艾金 |
| Ludovico Ariosto | 卢多维科·阿廖斯托 |
| Madrid | 马德里 |
| Magdeburg | 马格德堡 |
| Maid Marian | 梅德·玛丽安 |
| Manuel I | 曼努埃尔一世 |
| Marcellus II | 马塞勒斯二世 |
| Margaret Douglas | 玛格丽特·道格拉斯 |
| Margaret of Parma | 帕尔马的玛格丽特 |
| Margaret of Valois | 瓦卢瓦的玛格丽特 |
| Margaret Parker | 玛格丽特·帕克 |
| Margaret Pole | 玛格丽特·波尔 |
| Margate | 马盖特 |
| Margret Tudor | 玛格丽特·都铎 |
| Margert of Angoulême | 昂古莱姆的玛格丽特 |
| Martin Bucer | 马丁·布策尔 |
| Martin Frobisher | 马丁·弗罗比舍 |
| Martin Luther | 马丁·路德 |
| Mary I | 玛丽一世 |
| Mary of Guise | 吉斯的玛丽 |
| Mary Stuart | 玛丽·斯图亚特 |
| Mary Tudor | 玛丽·都铎 |
| Matthew Parker | 马修·帕克 |
| Matthew Stewart | 马修·斯图亚特 |
| Maximilian I | 马克西米利安一世 |
| Maximilian II | 马克西米利安二世 |
| May Day | 五朔节 |
| Meaux | 莫城 |

| | |
|---|---|
| Mechlin | 梅希林 |
| Melrose | 梅尔罗斯 |
| *Memoirs of the Court of Queen Elizabeth* | 《伊丽莎白女王宫廷回忆录》 |
| Mercury | 墨丘利 |
| Mercutio | 马库修 |
| *Merry Wives of Windsor* | 《温莎的风流娘儿们》 |
| Metz | 梅茨 |
| Meuse | 默兹河 |
| Milan | 米兰公国 |
| Miracle Plays | 奇迹剧 |
| Mole | 莫尔山 |
| Monasterio de El Escorial | 埃斯科里亚尔修道院 |
| Monastery of Yuste | 尤斯特修道院 |
| Monceaux | 蒙索 |
| Moncontour | 蒙孔图尔 |
| Mons | 蒙斯 |
| Montauban | 蒙托邦 |
| Moorish corsairs | 摩尔海盗 |
| Moors | 摩尔人 |
| Morrice Dancings | 莫里斯舞 |
| Mulla | 穆拉河 |
| Munster | 芒斯特 |
| Musselburg | 马瑟尔堡 |
| Naarden | 纳尔登 |
| Nathan Drake | 内森·德雷克 |
| Navarre | 纳瓦拉 |
| Neus | 诺伊斯 |
| *New Testament* | 《新约全书》 |
| New World | 新世界 |
| Niccolò Machiavelli | 尼科洛·马基雅维利 |

| | |
|---|---|
| Nicholas Ridley | 尼古拉·里德利 |
| Nicholas Udall | 尼古拉·尤德尔 |
| Nicolas Bacon | 尼古拉·培根 |
| Nismes | 尼姆 |
| Norfolk | 诺福克郡 |
| Normandy | 诺曼底 |
| North Sea | 北海 |
| Northamptonshire | 北安普敦郡 |
| Norway | 挪威王国 |
| Norwich | 诺里奇 |
| *Novum Organum* | 《新工具》 |
| *Nugae Antiquae* | 《古代诗歌散文论集》 |
| Ombre Selvaggio | 狂野之影 |
| Ommegang | 奥米冈 |
| *Orlando Furioso* | 《疯狂的奥兰多》 |
| Orleans | 奥尔良 |
| Orthodox | 东正教 |
| Othello | 奥赛罗 |
| Ottoman Turks | 奥斯曼土耳其人 |
| Ottomans | 奥斯曼人 |
| Overijssel | 上艾瑟尔 |
| Pacification of Ghent | 根特同盟 |
| Papal legate | 教廷使节 |
| Paris Matins | 巴黎晨曦 |
| Passau | 帕绍 |
| Patrick Ruthven | 帕特里克·鲁思文 |
| Paul III | 保罗三世 |
| *Peace of Cateau-Cambresis* | 《卡托－康布雷齐和约》 |
| *Peace of Longjumeau* | 《隆瑞莫和约》 |
| *Peace of Passau* | 《帕绍和约》 |

| | |
|---|---|
| *Peace of St.Germain* | 《圣日耳曼和约》 |
| *Peace of Vervins* | 《韦尔万和约》 |
| *Perpetual Edict* | 《永久赦令》 |
| Perth | 珀斯 |
| Peter Carew | 彼特·卡鲁 |
| Peter Faber | 彼得·法贝尔 |
| Peter Martyr Vermigli | 彼得·马特·韦尔米利 |
| Petrarch | 彼得拉克 |
| Philip de Montmorency | 菲利普·德·蒙莫朗西 |
| Philip I | 腓力一世 |
| Philip II | 腓力二世 |
| Philip III | 腓力三世 |
| Philip Massinger | 菲利普·马辛杰 |
| Philip Sidney | 菲利普·悉尼 |
| Philipp Melanchthon | 菲利普·梅兰希通 |
| Phillip IV | 腓力四世 |
| Picardy | 皮卡第 |
| Pinkie | 平基 |
| Pius IV | 庇护四世 |
| Pius V | 庇护五世 |
| Plain of Ivry | 伊夫里平原 |
| Plautus | 普拉图斯 |
| Plough Monday | 主显节 |
| Plymouth | 普利茅斯 |
| Poland | 波兰 |
| Pope Julius III | 教皇尤利乌斯三世 |
| Pope Sixtus V | 教皇西克斯图斯五世 |
| *Prayer Book* | 《公祷书》 |
| Predestination | 宿命论 |
| Prime Minister | 首相 |

| | |
|---|---|
| Prince of Conde Louis | 孔代亲王路易 |
| Prince of Eboli | 埃博利亲王 |
| Prince of Orang Maurice | 奥兰治亲王莫里斯 |
| Prince of Orange William | 奥兰治亲王威廉 |
| Prior of Crato | 克拉图修道院院长 |
| privy council | 枢密院 |
| *Progresses of Elizabeth* | 《伊丽莎白女王时期的出巡与公众游行》 |
| Prophesying | 先知会 |
| Protestant Court of Commissaries | 新教代理主教法院 |
| Protestant Dissenters | 新教反对派 |
| *Queen of the May* | 《五月女王》 |
| *Ralph Royster- Doister* | 《拉尔夫·罗伊斯特－多伊斯特》 |
| Raphael Holinshed | 拉斐尔·霍林斯赫德 |
| Reformation | 宗教改革 |
| Reginald Pole | 雷吉纳尔德·波尔 |
| Renaud de Beaune | 雷诺·德·博纳 |
| René of Chalon | 沙隆的勒内 |
| *Revenge* | "复仇"号 |
| Rheims | 兰斯 |
| Rhine | 莱茵河 |
| Richard Bancroft | 理查德·班克罗夫特 |
| Richard Chancellor | 理查德·钱塞勒 |
| Richard Cox | 理查德·考克斯 |
| Richard Grenville | 理查德·格伦维尔 |
| Richard Hakluyt | 理查德·哈克卢特 |
| Richard Hawkins | 理查德·霍金斯 |
| *Richard II* | 《理查二世》 |
| Richard Knolles | 理查德·诺尔斯 |
| Riot | 暴乱之神 |
| *Rise of the Dutch Republic* | 《荷兰共和国的崛起》 |

| | |
|---|---|
| Robert Carey | 罗伯特·凯里 |
| Robert Cecil | 罗伯特·塞西尔 |
| Robert Devereux | 罗伯特·德弗罗 |
| Robert Dudley | 罗伯特·达德利 |
| Robert Greene | 罗伯特·格林 |
| Robert Kett | 罗伯特·凯特 |
| Robert Naunton | 罗伯特·农顿 |
| Robert Parsons | 罗伯特·帕森斯 |
| Roberto di Ridolfi | 罗伯特·迪·里多尔菲 |
| Roger Ascham | 罗杰·阿斯卡姆 |
| *Romance of Euphues* | 《尤弗伊斯传奇》 |
| *Römische Papste* | 《教皇史》 |
| Rouen | 鲁昂 |
| Royal Exchange | 皇家交易所 |
| Rudolf II | 鲁道夫二世 |
| Ruy Gomez de Silva | 鲁伊·戈麦斯·德·席尔瓦 |
| Saint-Jean-d'Angély | 圣让当热利 |
| Samuel Daniel | 塞缪尔·丹尼尔 |
| San Domingo | 圣多明戈 |
| *San Filipe* | "圣菲利佩"号 |
| Sancerre | 桑塞尔 |
| Sandwich | 桑威奇 |
| Savoy | 萨伏伊公国 |
| Savoyard | 萨瓦人 |
| Scheldt | 斯顿尔特河 |
| Schmalkaldic League | 施马尔卡尔登同盟 |
| *Schoolmaster* | 《教师手册》 |
| *Scriptures* | 《圣经》 |
| Secretary of State | 内阁大臣 |
| Seminary at Rheims | 兰斯神学院 |

| | |
|---|---|
| *Shakespeare and his Times* | 《莎士比亚及其时代》 |
| Shepherd of the ocean | 海洋的牧羊人 |
| Shrove Tuesday | 忏悔节 |
| Sicily | 西西里王国 |
| Siege of Dreux | 德勒之围 |
| Siege of Haarlem | 哈勒姆之围 |
| Siege of Pampeluna | 潘普洛纳之围 |
| Siege of Paris | 巴黎之围 |
| Smerwick | 斯梅里克 |
| Somerset House | 萨默塞特宫 |
| Southampton | 南安普敦 |
| Southern Africa | 南非 |
| Spanish Fury | 西班牙之怒 |
| Spanish treasure fleet | 西班牙珍宝船队 |
| St. Bartholomew's Day | 圣巴塞洛缪节 |
| St. Germain | 圣日耳曼 |
| St. Paul's Cathedral | 圣保罗大教堂 |
| St. Andrew's day | 圣安德鲁日 |
| Stadtholder of Holland | 荷兰总督 |
| Star Chamber | 星室法庭 |
| State Council | 政务院 |
| Stephen Gardiner | 斯蒂芬·加德纳 |
| Stirling | 斯特灵 |
| Straits of Gibraltar | 直布罗陀海峡 |
| Strand | 斯特兰德 |
| Stratford-upon-Avon | 斯特拉福德昂埃文 |
| *Survey of London* | 《伦敦调查》 |
| Sweden | 瑞典王国 |
| Tagus | 塔古斯河 |
| *Te Deum* | 《赞美颂》 |

| | |
|---|---|
| *Tempest* | 《暴风雨》 |
| Teodósio II | 特奥多西奥二世 |
| Thames | 泰晤士河 |
| Thanks Giving | 感恩节 |
| Thirty Years War | 三十年战争 |
| *Thirty-nine Articles* | 《三十九条信纲》 |
| Thomas Cranmer | 托马斯·克兰默 |
| Thomas Goodwin | 托马斯·古德温 |
| Thomas Gresham | 托马斯·格雷沙姆 |
| Thomas Howard | 托马斯·霍华德 |
| Thomas Lucy | 托马斯·露西 |
| Thomas Middleton | 托马斯·米德尔顿 |
| Thomas Nashe | 托马斯·纳什 |
| Thomas Percy | 托马斯·珀西 |
| Thomas Radclyffe | 托马斯·拉德克利夫 |
| Thomas Sackville | 托马斯·萨克维尔 |
| Thomas Seymour | 托马斯·西摩 |
| Thomas Sotherton | 托马斯·索瑟顿 |
| Thomas Stukley | 托马斯·斯蒂克利 |
| Thomas Wilson | 托马斯·威尔逊 |
| Thomas Wyatt | 托马斯·怀亚特 |
| Thomas Wyatt the Younger | 小托马斯·怀亚特 |
| Tilbury | 蒂尔伯里 |
| Torquato Tasso | 托尔夸托·塔索 |
| Toul | 图勒 |
| *Toxophilus* | 《箭术爱好》 |
| *Tragedy of Dr. Faustus* | 《福斯图斯博士的悲剧》 |
| *Treaty of Edingburgh* | 《爱丁堡条约》 |
| Tudors | 都铎王朝 |
| Twelfth Night | 主显节前夜 |

| | |
|---|---|
| Tyrone | 蒂龙 |
| Ulster | 阿尔斯特 |
| Union of Utrecht | 乌得勒支同盟 |
| University of Cambridge | 剑桥大学 |
| University of Oxford | 牛津大学 |
| University of Paris | 巴黎大学 |
| Utrecht | 乌得勒支 |
| Valenciennes | 瓦朗谢讷 |
| Vassy | 瓦西 |
| Venerable English College | 英格兰圣徒学院 |
| Venice | 威尼斯 |
| Venus | 维纳斯 |
| *Venus and Adonis* | 《维纳斯与阿多尼斯》 |
| Verdun | 凡尔登 |
| Virgil | 维吉尔 |
| Virgin | 圣母 |
| Virginia | 弗吉尼亚 |
| Viscount Lisle | 莱尔子爵 |
| Walloon | 瓦隆 |
| Walter Mill | 沃尔特·米尔 |
| Walter Raleigh | 沃尔特·雷利 |
| Wantonness | 放纵之神 |
| War of the Three Henrys | 三亨利之战 |
| Warden of the Scottish Borders | 苏格兰边境守卫官 |
| Water beggars | 海上乞丐 |
| Westminster | 威敏斯特 |
| Westminster School | 威斯敏斯特学院 |
| William Allen | 威廉·艾伦 |
| William Camden | 威廉·卡姆登 |
| William Cecil | 威廉·塞西尔 |

| | |
|---|---|
| William Courtenay | 威廉·考特尼 |
| William Davison | 威廉·戴维森 |
| William Harrison | 威廉·哈里森 |
| William Herbert | 威廉·赫伯特 |
| William I | 威廉一世 |
| William II de La Marck | 威廉二世·德·拉·马克 |
| William Parker | 威廉·帕克 |
| William Ruthven | 威廉·鲁斯温 |
| William Shakespeare | 威廉·莎士比亚 |
| William Winter | 威廉·温特 |
| Wittenberg | 威滕伯格 |
| Ypres | 伊普尔 |
| Zeeland | 泽兰 |
| Zuid-Beveland | 南贝弗兰 |